KB116949

결정적 순간의 대화

ⓒ Crucial Learning.

cruciallearning.com

조셉 그레니 | 케리 패터슨 | 론 맥밀런 | 알 스위츨러 | 에밀리 그레고리   김경섭 | 박우정 옮김

결정적

CRUCIAL CONVERSATIONS

순간의 대화

상황과 사람을
내 편으로 만드는
성공적 대화 기술

김영사

결정적 순간의 대화

1판 1쇄 발행 2013. 7. 12.
1판 8쇄 발행 2022. 8. 26.
2판 1쇄 인쇄 2023. 8. 14.
2판 2쇄 발행 2023. 8. 21.

지은이 조셉 그레니·케리 패터슨·론 맥밀런·알 스위즐러·에밀리 그레고리
옮긴이 김경섭·박우정

발행인 고세규
편집 박완희 디자인 유향주 마케팅 백선미 홍보 이한솔
발행처 김영사
등록 1979년 5월 17일(제406-2003-036호)
주소 경기도 파주시 문발로 197(문발동) 우편번호 10881
전화 마케팅부 031)955-3100, 편집부 031)955-3200 | 팩스 031)955-3111

값은 뒤표지에 있습니다.
ISBN 978-89-349-7796-4 03190

홈페이지 www.gimmyoung.com   블로그 blog.naver.com/gybook
인스타그램 instagram.com/gimmyoung   이메일 bestbook@gimmyoung.com

좋은 독자가 좋은 책을 만듭니다.
김영사는 독자 여러분의 의견에 항상 귀 기울이고 있습니다.

아낌없는 사랑과 든든한 지원, 무한에 가까운 인내심으로 함께해준
셀리아, 루이즈, 보니, 린다, 앨런에게 이 책을 바칩니다.

항상 경이로운 학습의 원천이 되어준 우리의 아이들
크리스틴, 레베카, 테일러, 스콧, 에이슬린, 카라, 세스, 새뮤얼, 하이럼,
앰버, 메건, 체이스, 헤일리, 브린, 앰버, 로라, 베카, 레이첼, 벤저민,
메리디스, 린지, 켈리, 토드, 스펜서, 스티븐, 케이틀린, 브래들리, 애나,
사라, 레베카, 매런, 테사, 헨리에게도 고마움을 전합니다.

이 책 속 개념들을 지금의 형태로 발전시키는 여정을 함께해준
수백 명의 동료, 수만 명의 공인 트레이너, 수백만 명의 고객들에게도
감사드립니다.
이들은 무엇이 효과적인지 확인할 수 있는 본보기를 제공해주었습니다.
우리가 결정적 순간의 대화를 헤쳐 나갈 때 함께해준
인내심 있는 상대들에게도 감사드립니다.
모든 사람을 위해 세상을 더 나은 곳으로 만드는 원칙에 따라 살고,
그 원칙을 공유하는 데 일생을 바치는
재능 있는 강사와 전문가로 이뤄진
전 세계적인 커뮤니티의 일원이 되어 영광입니다.

차례

STEP 1 입을 열기 전에 할 일

STEP 2 입을 여는 법

2002년 이 책을 처음 출간했을 때 우리는 대담한 주장을 내놓았
다. 중요한 이해관계가 걸려 있는 감정적 사안을 두고 서로 의견
이 다를 때, 사람들이 어떻게 행동하는지가 많은 문제의 근본 원
인이라고 말이다. 물론 모든 문제가 그렇다는 건 아니지만. 우리
는 중요한 이해관계가 걸려 있는 '결정적 순간'을 정복하는 방법
을 찾은 사람들이 일상적으로 연마한 기술을 배우면 조직의 성과
를 극적으로 높일 수 있다고 제시했다.

　이 원칙에 관한 우리의 확신은 이후 수십 년 동안 더 강해졌다.
리더가 지적·정서적으로 정직한 문화를 만들면 원자력 발전소
가 더 안전해지고 일터가 더 포용적으로 변하며, 금융 서비스 업
체의 고객 충성도는 더 높아지고 병원은 더 많은 생명을 살리며,
정부 조직은 더 나은 서비스를 제공하고 기술 업체는 국경을 초
월해 원활하게 일하는 법을 배우며, 비영리기관은 임무를 더 잘
수행하고 조직 내에서 편견이 사라진다는 것을 보여주는 증거가
점점 늘어났기 때문이다.

하지만 솔직히 지난 20년 동안 우리가 경험한 가장 흐뭇한 결과는 성공사례 연구 건수가 아니라, 가장 중요한 순간에 이 기술들을 사용해 변화를 불러온 용감하고 능숙한 독자들이 들려준 수천 건의 이야기였음을 인정할 수밖에 없다. 어떤 여성은 아버지와 사이가 멀어졌다가 이 책을 읽은 뒤 화해했고, 한 간호사는 환자의 증세를 잘못 해석한 방어적인 의사와 결정적 순간의 대화를 시도해 환자의 생명을 구한 과정을 설명했다. 한 남성은 아버지가 돌아가신 뒤 가족을 갈라놓을 뻔한 유언장을 둘러싼 갈등을 잘 해결했고, 어떤 형제는 한 명이 자신의 성적 지향을 인정한 뒤 10년 동안 소원해졌던 관계를 회복할 돌파구를 찾았다. 심지어 한 용감무쌍한 독자는 브라질에서 차량을 탈취당했을 때 결정적 순간의 대화 훈련 덕분에 목숨을 건졌다고 이야기했다.

이 이야기들을 500만 명이 넘는 독자 수와 곱해보면 우리가 여러분과 관계를 맺으면서 얻은 의미와 만족감이 어떨지 짐작할 것이다.

새로 바뀐 내용

우리는 이번 개정판에 많은 중요한 변화를 주었고, 이로써 이 책이 더욱 효과적인 안내서가 될 것이라고 믿는다. 그 변화 중 하나는 이 책에서 소개한 개념들을 최신 소통 방식에 어떻게 적용하는지 보여준 점이다. 오늘날 많은 '결정적 순간의 대화'가 화상, (실시간이 아닌) 소셜 미디어, 음성, 혹은 세상에! 오직 문자를 통해서 이뤄진다. 우리는 이런 영역에서 무엇이 효과적이고 무엇이 그렇지 않은지 많은 것을 배웠다. 또한 우리는 지난 10년 동안 다양성, 포용, 무의식적 편견 문제를 표면화하고 여기에 대처하는 데 무엇이 필요한지 연구했다.

우리의 획기적인 연구 중 하나는 13,000명을 대상으로 이 책에서 공유하는 기술 중 일부의 효과를 테스트한 일이다. 또 다른 변화는 점점 더 세계화·이질화하는 우리 사회의 새로운 업무 방식과 스트레스를 다룬 것이다. 이제 대다수 일터에서 거리상 멀리 떨어진 관계와 다양한 문화가 보기 드문 예외가 아니라 일반적인 현상이 되었고, 그에 따라 결정적 순간의 대화의 중요성은 더 높아졌다. 마지막으로 최근 정치적·사회적 의견 차이를 솔직히 밝히면서도 서로 존중하며 논의하는 방법을 찾지 못해 위험한 갈등이 발생하고 있음을 보여주는 증거가 갈수록 더 많이 나타나고 있다. 이 책에서 업데이트한 일부 내용은 이 새로운 과제에서 우리 모두가 가장 중요한 순간에 최선을 다할 수 있는 방법을 다룬다.

독자들이 알아차릴 가장 유용한 변화 중 하나는 결정적 순간의 대화를 준비하고 시작해서 마무리하기까지의 과정을 이해하기 쉬운 모델로 정리하여 전체 내용을 재구성한 점이다. 우리는 기술을 시간순으로 배치하면 독자들이 최상의 결과를 얻기 위해 어떤 기술을 언제 사용할지 훨씬 쉽게 이해한다는 것을 알았다.

마지막으로 오래된 독자들이 알아차릴 가장 분명한 변화 중 하나는 새로운 저자의 합류다. 에밀리 그레고리는 거의 20년 동안 우리 연구에 중요한 공헌을 해왔다. 그녀는 우리와 협력해 연구를 심화하고 교육과정을 강화했으며 전 세계 트레이너가 2만 명 가깝게 늘어날 만큼 우리의 영향력을 확대하는 데 기여했다. 이번 개정판에 에밀리의 목소리가 더해지면서 각 장이 더욱 알차졌다.

우리는 이런 변화가 독자들의 독서 경험을 키울 뿐 아니라, 독자들이 활자로 된 내용을 직장 생활과 개인 생활 속 습관에 적용하는 데 큰 힘이 될 것이라고 자신한다.

앞으로는?

우리는 아주 많은 사람이 이 연구에 긍정적으로 호응해준 것에 감동했다. 솔직히 20년 전 우리는 대담하게도 우리가 공유한 개념들이 세상을 바꿔놓을 거라는 꿈에 부풀었다. 물론 우리는 세상이 우리가 바라는 대로 반응할지 알지 못했다.

지금까지는 순조롭다. 많은 사람이 결정적 순간의 대화가 실제로 차이를 만들어낼 수 있다는 개념을 받아들이는 것을 보면 몹시 흐뭇하다. 우리는 정부 요직을 맡은 사람, 사업계 거물, 영향력 있는 사회적 기업가 들을 가르치는 영광을 누렸다. 한 권은 아랍어, 다른 한 권은 히브리어로 된 우리 책 두 권을 손에 받아든 날에는 더 큰 가능성을 예감했다. 우리는 방콕, 베닌시티같이 성장 중인 영향력 있는 도시뿐 아니라 카불이나 카이로 같은 혼란스럽고 불안정한 지역에서도 원칙을 공유했다. 새로운 청중을 만나고 새로운 성공사례를 접할 때마다 우리 연구로 지속적인 차이를 만들어내겠다는 더 큰 동기가 생긴다.

그래서 이 개정판을 내게 된 것이다.

이번 개정판으로 독자 여러분이 인생을 뒤바꿀 수도 있는 개념들을 훨씬 더 효과적으로 접할 수 있기를 바란다.

조셉 그레니
케리 패터슨
론 맥밀런
알 스위즐러
에밀리 그레고리

1 | 결정적 순간의 대화란 무엇인가
그리고 누가 하는가

> 소통의 가장 큰 문제는
> 소통이 되고 있다고 착각하는 일이다.
>
> _조지 버나드 쇼

'결정적 순간의 대화'라는 말을 들으면 많은 사람이 으레 대통령, 황제, 총리 같은 거물이 커다란 회담 테이블에 둘러앉아 미래를 논의하는 장면을 떠올린다. 그런 논의가 파급력이 큰 건 사실이지만, 우리가 이 책을 쓰면서 염두에 둔 건 그러한 유형의 대화만은 아니다. 결정적 순간의 대화는 누구에게나 일어난다. 결정적 순간의 대화란 바로 당신의 삶을 바꾸는 일상 대화를 가리킨다.

그렇다면 당신이 하는 일상 대화를 평범하지 않은 결정적 순간의 대화로 만드는 것은 무엇일까?

첫째, 대화를 나누는 사람들의 의견이 다양한 경우다. 승진 가능성을 놓고 직장 상사와 이야기하는 상황을 예로 들 수 있다. 상사는 당신이 아직 승진할 준비를 하지 못했다는 입장인 반면, 당신은 자신이 승진할 만한 자격이 충분하다고 말한다.

둘째, 중요한 이해관계가 걸려 있는 때다. 가령 직장 동료들과 회의하면서 새로운 마케팅 전략을 수립하려 애쓰는 경우가 있다. 당신은 지금껏 하지 않은 색다른 무언가를 시도해야 하고 그러지 못하면 회사는 어려움에 처한다.

셋째, 감정이 격해지는 경우다. 당신과 한창 일상 대화를 나누던 배우자가 갑자기 어제 동네 파티에서 일어난 '꼴사나운 사건' 이야기를 꺼낸다. 배우자는 당신이 분명 누군가에게 치근덕거렸다면서 "엉겨 붙은 게 아니고 뭐냐"라고 비꼰다. 당신에게는 그런 기억이 없고 정중하고 친절하게 대한 것밖에 생각나지 않는다. 하지만 배우자는 발끈해서 나가버린다.

그 파티에 대해 이야기하자면, 그날 밤 당신은 옆집에 사는 좀 괴팍하고 별난 이웃과 잡담을 나눴다. 그는 자기 콩팥이 줄어들었다고 미주알고주알 늘어놓다가 갑자기 그 전날 밤 당신이 저녁으로 먹은 음식 냄새가 통풍구로 퍼졌다며 "그게 말이지, 난 생강 알레르기가 있단 말이요"라고 투덜댔다. 그때부터 당신은 향신료 냄새 때문에 상대의 귀에서 땀이 나든 어쨌든 당신이 볶음요리를 할 권리가 우선이라며 열띤 논쟁을 벌였다. 이 대화에서 당신은 사교적 수완을 그다지 발휘하지 못했다. 대화는 고성으로 치달았고 결국 이웃이 '요리 폭행'이라며 고소하겠다고 협박하는 와중에 당신은 자리를 박차고 나왔다. 감정이 몹시 격해졌다.

무엇이 대화를 결정적으로 만드는가

각 대화를 단순히 불만스럽거나 두렵거나 짜증이 나는 데 그치지 않고 결정적 순간의 대화로 만드는 때는 그 대화가 불러오는 결과가 당신에게 중요한 의미가 있는 관계나 성과에 지대한 영향을 미칠 수 있는 순간이다.

앞에서 말한 각 사례에서 당신의 일상은 대화 결과에 따라 계속해서 좋아질 수도 영영 나빠질 수도 있다. 승진은 분명 당신에게 큰 변화를 일으킬 수 있고, 회사의 성공은 당신과 모든 동료에게 영향을 미친다. 당신과 배우자의 관계는 당신 삶의 모든 측면에 영향을 준다. 음식 냄새를 둘러싼 다툼처럼 사소한 사건도 당신의 삶의 질을 떨어뜨릴 수 있다.

물론 이 예들은 대화의 참사로 이어질 수 있는 불쾌한 화제 중 빙산의 일각일 뿐이다. 다른 예로는 다음과 같은 것이 있다.

- 관계를 끝내자고 말하기
- 모욕적인 발언을 한 동료에게 따지기
- 빌려 간 돈을 갚으라고 친구에게 독촉하기
- 상사의 행동을 피드백하기
- 자신이 직접 세운 안전 정책과 품질 정책을 지키지 않는 상사를 지적하기
- 인종차별 혹은 성차별 행동에 대응하기

- 동료의 업무 결과물 비판하기
- 룸메이트에게 방을 비워달라고 말하기
- 전 배우자와 양육권이나 방문권 문제 결정하기
- 반항적인 10대 상대하기
- 약속을 지키지 않는 팀원에게 이야기하기
- 성관계에 따른 불만 이야기하기
- 약물 남용 문제로 사랑하는 사람과 대립하기
- 정보나 자원을 공유하지 않는 동료와 이야기하기
- 성과를 비판적으로 평가하기
- 시부모나 처부모에게 간섭하지 말아달라고 이야기하기
- 동료에게 위생에 신경 써달라고 귀띔하기

이 모든 상황은 우리 삶에서 스트레스와 긴장을 유발하고 한 번만 실수해도 엄청난 결과를 불러올 수 있다. 그러나 꼭 그래야 한다는 법은 없다. 결정적 순간의 대화를 다루는 방법을 알면 어떤 어려운 화제에 관한 대화도 효과적으로 나눠 상황을 거의 해결할 수 있다. 하지만 보통은 그렇게 되지 않는다.

> **결정적 순간의 대화란?**
> 두 사람 이상이
> (1) 의견에 차이가 있고
> (2) 중요한 이해관계가 걸린 문제를 다루고 있으며
> (3) 감정이 격해질 때 일어나는 대화.

결정적 순간의
대화

의견 대립

중요한 이해관계

격한 감정

'지체 시간'이 관건이다

각각의 대화 사례에서 성패를 결정하는 요인은, 문제가 발생한 시점부터 관련자들이 솔직하면서도 정중한 방식으로 그 문제를 해결하기까지 걸린 시간이다.

시부모와의 관계를 가장 악화하는 것은 시부모가 가끔 하는 간섭이 아니라 솔직한 대화의 부재로 나타나는 유해한 감정과 문제 행동이다. 직장에서 편파적 행동을 하는 것도 문제이지만 사람들이 서로 마주하고 대화로 문제 행동을 해결하지 못하면 그 영향이 배가된다. 상사가 약속을 지키지 않는 것과 그 문제에 관해 솔직하게 이야기를 나누지 않고 뒤에서만 수군거려 험담과 불신, 은밀한 원한으로 악화하는 것은 별개의 문제다. 진짜 피해는 사람들이 상사의 약점을 알아차린 때부터 그 약점을 해결하는 데 걸린 시간 동안 발생한다.

당신이 문제를 알아채고 그 문제에 관해 이야기를 나누기까지의 지체 시간lag time이 짧은 관계를 떠올려보라. 그 관계의 특징을 말해보라면 당신은 아마 신뢰, 생산성, 친밀성을 얘기할 것이다. 이제 그 반대를 생각해보라. 모두가 알고 있지만 말하기를 꺼리는 문제를 솔직히 이야기해서 해결하는 데 몇 주, 몇 달, 심지어 몇 년이 걸리는 팀을 떠올려보라. 솔직히 대화하지 않을 경우 무슨 일이 일어나는가? 다툼, 적의, 속임수, 나쁜 결정, 변칙적인 업무 수행, 놓친 기회들….

인간관계나 팀, 조직, 심지어 국가가 안고 있는 거의 모든 만성적 문제의 중심에는 사람들이 결정적 순간의 대화를 하지 않거나 효과적으로 하지 못한다는 사실이 있다.

수십 년간의 연구 끝에 우리는 다음과 같은 결론에 이르렀다.

"관계, 팀, 조직의 건전성은 문제를 확인하고 해결하기까지 걸리는 지체 시간을 측정함으로써 평가할 수 있다."

문제를 해결하는 확실한 방법은 효과적인 대화를 시작하는 가장 빠른 방법을 찾는 것뿐이다.

왜 지체 시간이 길어질까

결정적 순간의 대화를 해야 하는 순간이 왔을 때 우리에겐 3가지 선택지가 있다.

- 대화를 회피한다.
- 대화에 임하지만 제대로 대화하지 않는다.

- 대화에 임해 잘 처리한다.

겉보기엔 몹시 단순하다. 결정적 순간의 대화를 회피해 그 대가를 치르거나, 제대로 대화하지 않아 그 대가를 치르거나, 아니면 대화를 효과적으로 나눠 상황을 해결하고 관계를 개선하거나.

'글쎄', 당신은 생각한다. '셋 중에서 선택하라면 대화를 효과적으로 나누는 쪽을 선택해야겠지.'

과연 우리는 결정적 순간의 대화를 정말 효과적으로 나누는가? 대화가 점점 까다로워지면 우리는 말을 멈추고 심호흡한 뒤 내적 자아에게 "어, 대화가 심각해지네. 바짝 신경 쓰는 게 좋겠어"라고 말한 뒤 최선의 행동을 하는가? 때로는 그렇게 한다. 때로는 쟁점 주제를 대담하게 다루고, 자신의 행동을 관찰해 문제를 해결하고 관계를 유지한다. 때로 우리는 똑 부러지게 잘 해낸다.

그런데 우리는 나머지 2가지 입장을 굉장히 자주 취한다. 문제 확인과 효과적인 해결 사이의 지체 시간이 길어지는 이유는 우리가 문제를 아예 방치하거나 제대로 처리하지 않아 문제가 지속되기 때문이다.

결정적 순간의 대화를 회피하는 이유

결정적 순간의 대화가 중요한데도 불구하고 우리는 대화하다가 오히려 상황이 더 나빠질까 봐 뒷걸음치는 경우가 많다. 우리는 까다로운 대화를 피하는 데 달인이 된다. 동료는 전화기를 집어 들고 솔직히 이야기를 나눠야 할 때 이메일만 보낸다. 상사는 영상통화를 하기보다 문자를 보낸다. 가족은 어떤 문제를 두고 대화가 아슬아슬하게 흐르면 얼른 화제를 바꿔버린다. 17년 동안 함께 살아온 아내가 남긴 포스트잇 쪽지에서 뭔가를 깨달은 친구도 있다. 우리는 민감한 문제를 피하기 위해 갖가지 방법을 동원한다.

물론 목소리를 내는 데는 위험이 따른다. 특히 당신보다 더 힘이 있는 사람에게 이야기할 때는 더욱 그렇다. 사람들은 대부분 위험을 감수하는 대신 자신에게 솔직해지지 않는 쪽을 택한다. 결정적 순간의 대화에 관한 한 당신에게는 2가지 선택지밖에 없다.

1. 대화로 푼다.
2. 행동으로 티를 낸다.

문제를 상사나 배우자, 이웃, 동료와 논의하지 않으면 그 문제가 마법처럼 사라질까? 아니다. 오히려 당신은 그 문제라는 렌즈를 거쳐 다른 사람을 보게 된다. 그리고 당신의 시각은 당신의 행동에 드러나기 마련이다. 누군가에게 적의를 품고 있으면 그 사람을 대하는 태도에서 그런 마음이 묻어 나온다. 예를 들어 당신은 그 사람에게 쏘아붙이고 같이 있는 시간을 가능한 한 줄인다. 또 그 사람이 정직하지 않다거나 이기적이라고 성급하게 비난하며 정보나 애정을 주지 않는다. 문제는 지속되고, 감정을 대화로 풀지 않고 행동으로 티를 내면 그렇지 않아도 어려운 상황에 긴장이 더해진다. 감정을 솔직히 이야기하지 않고 행동으로 티를 내는 지체 시간이 길어질수록 이는 당신의 관계와 성과에 더 많은 해를 끼친다.

결정적 순간의 대화를 제대로 하지 않는 이유

회피의 이면에는 결정적 순간의 대화를 제대로 하지 못한다는 문제가 있다. 이 힘든 순간에 우리는 종종 최악의 행동을 한다. 과장하고, 소리를 지르고, 자리를 피하고, 나중에 후회할 말을 내뱉는 것이다. 결정적 순간의 대화의 슬픈 아이러니는 가장 중요한 순간에 우리가 최악의 수를 두는 경향이 있다는 점이다.

왜 그럴까?

우리는 그렇게 타고났다. 일상 대화가 결정적 순간의 대화로 흘러가면 우리의 본능이 반란을 일으킨다. 이때 감정이 격해지는 바람에 효과적으로 대화할 준비를 하지 못한다. 무수한 세대에 걸쳐 형성된 유전자가 대인관계에서 오는 위협에 신체적 위협을 다룰 때와 같은 방식으로 대응하도록 인간을 몰아가기 때문이다. 위협적으로 보이는 순간 우리의 타고난 성향은 귀를 기울이고 이야기하기보다 싸우거나 도망가는 쪽으로 기운다.

예를 들어 전형적인 결정적 순간의 대화를 생각해보자. 누군가가 굉장히 중요한 문제와 관련해 당신이 동의하지 않는 말을 하면 당신은 본능적으로 위협을 인식하고 신체적 안전을 위해 대비하게 된다. 일단 신장 맨 위에 자리 잡은 2개의 작은 기관이 혈류 속으로 아드레날린을 분비한다. 우리 뇌는 중요치 않다고 여기는 행동(사려 깊고 정중하게 대화 시작하기)보다 우선순위가 높은 생존 과업(때리고 달아나기)에 집중한다. 이때 팔과 다리의 큰 근육으로 가는 혈액이 늘어나면서 뇌의 더 고차원적 추론 영역으로 들어가는 혈액의 양이 줄어든다. 그 결과 당신은 설치류나 다름없는 지적 수준으로 힘든 대화에 직면한다. 당신의 몸은 상사나 이웃, 사랑하는 사람들이 아니라 당신을 공격하는 검치호랑이를 상대할 준비를 하고 있다.

우리는 압박을 받는다. 결정적 순간의 대화는 일반적으로 갑자기 시작된다. 기습을 당한 상태에서 지침서나 코치 없이, 사교술의 대가들이 달려와 원만하게 대화를 나눌 아이디어를 알려줄 잠깐의 작전타임도 없이 실시간으로 대단히 복잡한 상호작용에 돌입해야 한다.

이런 상황에서 당신은 눈앞의 쟁점, 대화 상대, 그리고 아드레날린에 취해 이성적 사고를 거의 하지 못하는 당신의 뇌를 상대해야 한다. 간혹 우리가 그 순간에는 완벽한 것 같았는데 나중에 돌이켜보면 어리석게 느껴지는 말과 행동을 하는 건 이상하지 않다.

"도대체 내가 무슨 생각을 했던 거지?" 이렇게 어리둥절했던 적이 있을 것이다. 실은 그보다 "도대체 내 뇌의 어떤 부분으로 생각하고 있었던 거지?"라고 물어야 한다.

사실 당신은 생존을 보장하는 것 이상은 거의 하지 못하도록 설계된 뇌로 복잡한 대인관계 문제를 해결하려 애쓰고 있었다. 뇌졸중을 일으키지 않은 것만으로도 다행이다.

우리는 당황한다. 우리는 결정적 순간의 대화에 효과적으로 접근하기 위해 어디서부터 시작해야 하는지 모른다. 효과적인 실생활 대화법 모델을 아는 사람이 거의 없는 탓에 대화를 진행하면서 접근방식을 만들어간다. 실제로 당신이 힘든 대화에 대비해 계획을 세웠다고 해보자. 아마 머릿속으로 예행연습까지 했을 것이다. 그래서 준비를 했다고 여기며 침착하게 대화에 나선다. 과연 당신은 성공할까? 진정한 성공이 무엇인지 알지 못하면 성공하기 어렵다. 연습이 완벽을 만들진 않는다. '완벽한' 연습이 완벽을 만든다.

이는 먼저 무엇을 연습해야 하는지 알아야 한다는 뜻이다. 친구나 동료, 심지어 부모를 보면서 '저렇게 하면 안 되겠다'고 깨달을 기회는 많다. 사실은 저러지 말아야겠다고 여러 번 다짐도 한다. 당신은 할머니가 아버지를 나무랄 때 아버지가 고개만 끄덕일 뿐 표정은 부루퉁한 것을 보았다. 당신의 어머니는 누군가가 불친절하게 대하면 신랄하게 비아냥댔다. 당신의 첫 직장에서 상사가 입에 달고 살던 말은 "좋은 말을 못 하겠으면 아예 아무 말도 하지 마"였다. 적어도 그 상사가 좋게 말해줄 수 없는 사람이 방을 나가기 전까지는 말이다.

참고할 만한 모델이 없으면 어떻게 하는가? 우리는 대다수 사람이 하는 대로 한다. 그러니까 즉흥적으로 대화를 이어나간다. 단어들을 이어 맞추고 위협적으로 들리지 않게 말하려 애쓰면서 상대가 당신의 생각에 곧바로 동의하길 바란다. 그렇지만 이야기를 어떻게 문제없이 꺼낼지, 상대의 주장에 어떻게 대응할지 모르기 때문에 그런 시도는 미흡한 결과를 낳고 지체 시간이 길어진다.

우리는 문제를 키우는 식으로 행동한다. 흥분하는 바람에 말문이 막힌 상태에서 우리가 종종 결정적 순간의 대화를 위해 선택하는 전략은 우리가 실제로 원하는 것과 거리가 먼 결과를 낳기 딱 좋다. 우리는 자신에게 최악의 적이 되어버린다. 왜 그렇게 될까?

가령 당신을 향한 배우자의 관심이 점점 줄어들고 있다고 해보자. 당신은 배우자가 일 때문에 바쁘다는 걸 알고 있지만 그래도 더 많은 시간을 함께 보내길 바란다. 그 마음을 슬그머니 내비치지만 배우자는 알아차리지 못한다. 기분이 상한 당신은 더 이상 부담을 주지 않기로 마음먹고는 입을 다물어버린다. 당연히 그러는 게 행복하지 않아 가끔 빈정대는 말로 불만을 표출한다. "또 늦으셨네? 어떻게 된 게 난 자기보다 페이스북 친구들과 더 친한 것 같아."

유감스럽게도 (더구나 이 지점에서 문제를 더 키우고 마는데) 당신이 퉁명스럽게 굴고 투덜거릴수록 배우자는 당신과 함께 있는 시간을 더 꺼린다. 그래서 당신과 시간을 덜 보내려 하고 당신은 더 화가 나 악순환이 이어진다. 당신의 행동은 이제 당신이 애초에 원하지 않았던 바로 그 상황을 만들어내고 있다. 당신은 불건전한 자기패배의 고리에 갇혀버린다.

혹은 당신이나 다른 사람들의 옷을 물어보지도 않고 뻔뻔스럽게 제 것처럼 입는 '테리'라는 룸메이트가 있다고 해보자. 어느 날 문밖으로 나서는데 테리가 룸메이트들의 옷장에서 옷을 각각 하나씩 꺼내 입었다고 떠든다. 그러고 보니 테리는 테일러의 바지, 스콧의 셔츠, 심지어 크리스가 색깔을 맞춰 장만한 새 신발과 양말까지 착용하고 있다. 그렇다면 당신 옷장에선 뭘 꺼내 입었을까? 웩!

당신의 대응은 지극히 당연하게도 친구에게 테리의 뒷담화를 하는 것이다. 그러다 어느 날 우연히 테리가 그 힐뜯는 소리를 듣는다. 몹시 당황한 당신은 이후로 테리가 있으면 자리를 피한다. 이제 앙심을 품은 테리는 당신이 방을 비우면 당신의 옷을 입고 당신의 음식을 먹는가 하면 랩톱까지 사용한다.

또 다른 사례를 생각해보자. 당신은 관리자가 남성인 프로젝트 팀에서 일하는 여성이다. 지난 두 달 동안 당신은 브레인스토밍 회의에서 남성 팀원들이 아이디어를 제시하면 팀장이 "좋은 의견"이라며 자상하게 고개를 끄덕이는 것을 알아챘다. 그런데 여성이 아이디어를 제시하면 팀장은 거의 눈을 마주치는 법 없이 가볍게 "오케이"라고 말했다.

첫 회의 때 팀장의 그런 행동에 당신은 호기심이 일었다. 이 점을 팀장에게 환기시키는 게 좋을 것 같았다. 그러나 프로젝트 초기부터 그의 기분을 상하게 할까 봐 겁이 나서 그렇게 하지 않기로 마음먹었다. 두 번째 회의에서 다시 똑같은 반응을 보자 팀장의 그런 행동이 고질적인 패턴 같다는 확신이 들었다. 그러다 그 패턴이 여덟 번째 반복되자 격렬한 분노가 치솟았다.

당신의 심기가 뒤틀려 있음을 눈치챈 팀장은 당신이 자신을 존중하지 않거나, 더 나쁘게는 프로젝트에 피해를 주고 있다고 판단한다. 그는 왜 그러는지 당신의 이야기는 들어보지도 않고 잔뜩 날을 세운다. 결국 회의하는 동안 그는 당신 쪽을 거의 쳐다보지 않고 당신이 내놓는 건설적인 의견까지 개인적인 공격으로 치부해버린다.

두 경우 모두에서 당신은 자기패배의 고리에 갇힌다. 당신이 격앙된 채 침묵할수록 다른 사람이 싫어하는 바로 그 행동을 더 많이 하게 된다.

이렇게 갈수록 상황이 악화하는 바람직하지 않은 각각의 사례에서 위험성은 중상 정도이고 의견이 엇갈렸으며 감정이 격해졌다. 두 사례에서 처음에는 위험성이 상당히 낮았지만 시간이 지나고 감정이 격해지면서 관계가 틀어지고 삶의 질이 떨어져 위험성이 높아졌다.

희망은 있다

문제를 질질 끌다가 감당하지 못할 수준으로 악화하기 전에 대화를 시작해 효과적으로 상황을 해결하는 방안은 무엇일까?

답은 이러한 관계를 성공적으로 다루고 해결하는 데 필요한 결정적 순간의 대화 기술을 습득하는 일이다. 필요한 기술을 갖췄다는 자신감이 생기면 이런 대화를 시도하는 데 주저하지 않게된다. 당신은 좋은 결과가 나올 수 있음을 알고 모든 관련자가 자신의 걱정거리를 마음 놓고 논의하도록 시나리오를 만들 것이다. 앞으로 이 책에서 그런 긍정적 결과를 얻는 기술을 알려주겠다.

우선 이 기술들이 어떻게 당신 삶의 모든 영역에 더 나은 방향으로 영향을 미치는지 살펴보자.

이혼을 겪으며

당신이 이 책에서 배울 기술은 인생의 가장 중요한 순간에 어떻게 접근할지에 도움을 줄 것이다. 공동 저자 에밀리 그레고리는 인생을 바꾸는 결정을 내려야 했을 때 이 기술에 의지해 중요한 변화를 일으켰다. crucialconversations.com에서 '이혼을 겪으며Working Through Divorce' 영상을 보면서 결정적 순간의 대화 기술의 힘을 배워보자.

결정적 순간의 대화 기술은 삶을 어떻게 바꾸는가

탄탄한 관계와 경력, 조직, 공동체를 만드는 힘은 동일하다. 바로 중요한 이해관계가 걸려 있고 감정을 자극하며 논란의 여지가 있는 주제에 관해 솔직하게 이야기하는 능력이다.

다음은 우리에게 이 중요한 통찰을 안겨준 수십 년에 걸친 연구의 표본 일부다.

당신의 영향력을 높여준다

결정적 순간의 대화에 숙달하면 경력에 도움이 될까? 물론이다. 우리는 17개 조직을 대상으로 한 일련의 연구에서 이른바 '오피니언 리더' 수천 명을 찾아냈다. 이 용어의 의미는 다음 장에서 더 자세히 다루겠다. 지금은 이들이 뛰어난 능력과 통찰력으로 동료나 상사에게 인정받는 사람이라는 것만 알면 된다.

사람들이 이들과 관련해 가장 흔히 언급하는 기술 중 하나는 감정적·정치적으로 위험한 문제를 다른 사람은 할 수 없는 방식으로 제기하는 능력이었다. 동료들은 권한이 있는 사람에게 사실을 이야기하는 이들의 능력을 부러워했다. 다른 사람이 고위경영진에게 그들이 현실을 모른다는 것을 어떻게 알려야 할지 고민할 때 이 노련한 사람들은 대개 그 지체 시간을 줄였다.

우리는 민감한 문제를 효과적으로 논의하지 못해 경력이 손상되는 사람들을 보았다. 어쩌면 당신도 그랬을지 모르겠다. 상사의 오래된 무분별한 행동 패턴에 진력이 난 당신은 마침내 입을 열지만 너무 느닷없이 들이댄 감이 없지 않다(이런 제길). 혹은 어떤 문제가 너무 심각해 동료들이 몸을 부들부들 떨고 안절부절못하며 뇌졸중 경고 증상을 보이는 상황에서 당신이 한마디 하기로 결심할 수도 있다. 아름다운 대화는 아니겠지만 누군가에게는 상사의 바보짓을 막을 배짱이 있어야 한다(꿀꺽).

우리는 대부분 서너 살 때부터 가끔 자신도 모르게 '진실이냐 우정이냐'를 놓고 선택해야 한다는 위험한 결론을 내린다. 대화를 나누면 문제를 해결해 관계가 더 굳건해질 수 있는데 계속 미루며 꾸물거리다 보니 지체 시간이 하나의 생활방식이 되어버린다. 또 문제가 있으면 털어놓고 말하는 게 아니라 행동으로 티를 내 적의만 쌓고 사이가 멀어진다.

결정적 순간의 대화를 일상적으로 나누고 잘 해내는 사람은 논란의 여지가 있고 심지어 모험적인 의견도 사람들이 귀를 기울이도록 표현한다. 덕분에 상사, 동료, 직속 부하직원 들은 방어적으로 반응하거나 화를 내지 않고 그들의 이야기를 듣는다.

우리는 오피니언 리더가 사실을 말하면서도 관계를 유지하는 방법을 찾는 모습을 누차 목격했고, 실제로 그들이 업무 관계를 더 탄탄히 만드는 방식으로 대화에 접근하는 것을 보고 놀랐다. 그래서 '진실을 피하는 것'이 아니라 '진실에 기반하는 것'이 관계를 강화하는 유일한 길임을 알게 되었다.

당신의 경력과 관련해서는 어떤가? 당신은 결정적 순간의 대화를 피하고 있는가, 아니면 하더라도 잘 해내지 못하고 있는가? 그 결과 당신의 영향력이 줄어들고 있는가? 더 중요하게는, 당신이 이런 대화를 다루는 방식을 발전시킨다면 좀 더 좋은 경력을 쌓을 수 있겠는가?

조직을 개선한다

개인이 결정적 순간의 대화를 처리하는 섬세하고 감정적인 방식이 조직 성과를 좌우할 수 있을까?

많은 연구가 그렇다고 말해준다.

우리는 이른바 '결정적 순간'을 찾아 30년 전에 연구를 시작했다. 우리는 '누군가의 행동이 핵심 성과 지표에 상대적으로 큰 영향을 미치는 순간이 있을지' 궁금했다. 만약 그렇다면 그건 어떤 순간이고 그럴 때 우리는 어떻게 행동해야 할까?

이러한 탐구가 우리를 결정적 순간의 대화로 이끌었다. 우리는 사람들이 아주 위험한 문제를 형편없이 다루거나 매우 능숙하게 다룰 때 종종 세상이 바뀐다는 것을 발견했다. 예를 들어보자.

침묵은 살인이다. 한 의사가 환자 몸에 중심정맥관을 삽입할 준비를 하면서 가능한 한 안전하게 수술하는 데 필요한 장갑과 가운, 마스크를 착용하지 않았다. 간호사가 의사에게 적절한 보호용구를 착용하라고 알려주었으나 의사는 그 말을 무시하고 삽입을 시작한다. 7,000명 넘는 의사와 간호사를 대상으로 한 연구에서 우리는 의료인이 늘 이런 결정적 순간에 직면한다는 것을 알게 되었다. 응답자의 84%가 손쉬운 방법을 택하거나 무능을 보여주거나 규칙을 깨는 사람을 자주 본다고 말했다.

문제는 그게 아니다!

진짜 문제는 이렇게 규칙을 어기는 행동을 알아차린 사람들이 침묵한다는 사실이다. 우리는 전 세계에서 그런 결정적 순간에 문제를 지적할 간호사가 12명 중 한 명 정도밖에 안 된다는 것을 발견했다. 의사가 그와 비슷한 결정적 순간의 대화에 나설 확률도 그다지 더 높지 않았다.

더구나 그들이 입을 다물고 결정적 순간의 대화를 효과적으로 나누지 않으면 환자의 안전, 간호사의 이직률, 의사의 만족도, 간호 업무의 생산성 같은 중요한 결과에 영향을 미친다.

침묵은 실패를 부른다. 기업 임원과 관리자의 가장 흔한 불만은 직원들이 다른 팀과 소통하지 않고 따로따로 일한다는 것이다. 직원들은 자기 팀이 전담하는 업무는 아주 잘한다. 하지만 유감스럽게도 부서 간 협력이 필요한 프로젝트의 80% 가까이는 예산보다 훨씬 많은 비용이 들고 기대치보다 성과가 낮다.

그 이유가 궁금했던 우리는 전 세계 수백 개 조직에서 수행한 2,200개가 넘는 프로젝트와 프로그램을 연구했다. 그 결과는 놀라웠다. 몇 달 혹은 몇 년 전에 어떤 프로젝트가 실패할지 거의 90% 정확도로 예측할 수 있었기 때문이다. 성공과 실패를 가늠

하는 요소는 바로 '사람들이 구체적이고 의미 있는 결정적 순간의 대화를 할 수 있는가'였다. 예를 들면 이러하다. 프로젝트 범위와 일정이 비현실적이라는 생각이 들 때 팀원들이 거리낌 없이 지적할 수 있는가? 교차기능팀의 팀워크가 무너지기 시작할 때 여기에 관해 말하는가, 아니면 침묵하는가? 좀 더 곤란한 상황으로, 프로젝트를 관리하는 임원이 리더십을 발휘하지 못할 때 팀원들은 어떻게 하는가?

우리가 연구한 대다수 조직에서 직원들은 그런 결정적 순간이 닥쳤을 때 침묵했다. 다행히 이런 걱정거리를 솔직하고 효과적으로 이야기할 수 있는 조직에서는 프로젝트가 실패할 확률이 절반 이하였다. 프로젝트가 실패하면 비용 급증, 납기 지연, 사기 저하 같은 핵심 성과 지표상의 문제가 나타났다. 우리 연구에 따르면 그 근본 원인은 결정적 순간에 목소리를 내지 않으려 하거나 낼 수 없는 데 있었다.

우리가 수행한 다른 연구들은 결정적 순간의 대화를 능숙하게 나누는 직원들이 일하는 회사에 다음과 같은 특징이 있음을 보여주었다.

- 대화 기술에 덜 능숙한 동료들보다 경기 침체에 5배 더 빨리 대처하고 훨씬 더 현명하게 예산을 조정한다.
- 안전하지 않은 환경으로 인해 발생하는 부상과 사망을 막을

가능성이 3분의 2 증가한다.

- 직원들이 회피하지 않고 결정적 순간의 대화를 나눌 때마다 8시간과 1,500달러를 절약한다.
- 가상작업팀에서 신뢰가 현저하게 증가하고 거래 비용이 감소한다. 가상작업팀에서 결정적 순간의 대화를 나누지 못하는 사람들은 물리적으로 같은 사무실에서 일하는 팀에서보다 최대 3배 더 고생한다(험담, 소문, 기반 약화하기, 소극적 공격 등).
- 따돌림을 조장하거나 잘못을 눈감아주거나 부정직하고 무능한 동료들을 변화시킨다. 응답자 4,000명 이상 가운데 93%가 자신의 조직 내에서 그런 사람들이 현재 거의 '아무도 못 건드리는' 존재로 책임 추궁도 받지 않고 4년 이상 자리를 지키고 있다고 말했다.

대다수 리더는 조직의 생산성과 성과가 회사의 방침, 절차, 구조, 시스템에 달려 있다고 잘못 생각한다. 그래서 소프트웨어 제품을 제때 출하하지 못하면 다른 회사의 개발 과정을 벤치마킹한다. 혹은 생산성이 떨어지면 성과관리 시스템을 조정하고, 팀들이 협업하지 않으면 구조조정을 한다.

우리 연구에 따르면 직원들은 그냥 두고 그 외의 요소만 바꿀 경우 성공하기보다 실패하는 사례가 더 많다. 문제해결의 핵심은 새로운 절차 시행이 아니라 사람들이 절차를 책임지게 하는 데 있기 때문이다. 이를 위해서는 결정적 순간의 대화 기술이 필요하다.

최악의 회사에서는 실적이 나쁜 직원을 처음에는 무시하다가 나중엔 전출한다. 좋은 회사에서는 결국 상사들이 문제를 처리한다. 최고의 회사에서는 지위나 입장에 상관없이 모든 사람이 서로 책임을 진다. 높은 생산성은 정적인 시스템이 아니라 얼굴을 마주한 대화로 달성할 수 있다.

당신의 조직은 어떠한가? 중요한 목표를 향해 나아가는 중에 꼼짝달싹 못 하고 있는가? 정치적·정서적으로 위험한 문제를 확인하고 논의하기까지 지체되는 시간은 보통 얼마인가? 사람들이 결정적 순간의 대화에 나서는가, 아니면 피하는 편인가? 일반적인 지체 시간을 줄임으로써 한 걸음 크게 나아갈 수 있겠는가?

대인관계를 강화한다

결정적 순간의 대화의 실패가 관계의 실패로 이어질 수 있을까? 평범한 사람들에게 부부가 헤어지는 이유를 물어보면 대개 의견 차이 때문이라고 대답한다. 알다시피 사람들은 재산 관리나 애정 생활, 자녀 양육에서 선호하는 방식이 저마다 다르다.

사실 모든 사람이 중요한 문제에서 다툼을 벌인다. 그렇다고 모든 부부가 헤어지지는 않는다. '어떻게' 다투는지가 중요하기 때문이다.

예를 들어 한창 열띤 말싸움을 벌이고 있는 부부들을 연구한

심리학자 하워드 마크맨은 사람들이 대체로 3가지 범주에 속한다는 것을 알아냈다. 주제에서 벗어나 위협하고 욕하는 사람, 씩씩대며 다시 입을 다물어버리는 사람, 속마음을 솔직하면서도 효과적으로 표현하는 사람.

마크맨과 그의 동료 클리포드 노타리우스는 수백 시간 동안 부부들을 관찰한 뒤, 각 부부가 이혼할지 말지 예측했다. 그리고 다음 10년 동안 이들을 추적한 결과, 놀랍게도 그들이 이혼할 것이라고 예상한 부부 가운데 거의 90%가 실제로 이혼한 것으로 나타났다.[1] 더 중요한 점은 부부들이 결정적 순간의 대화를 더욱 효과적으로 나누는 법을 배우도록 돕자 불행이나 파경에 이를 확률이 절반 이상 줄었다는 것이다!

당신은 어떤가? 당신이 맺고 있는 중요한 관계를 생각해보라. 결정적 순간의 대화를 회피하거나 제대로 나누지 못하고 있지는 않은가? 일부 문제의 책임을 무작정 다른 사람에게 떠넘기고 피하지는 않는가? 형편없는 의견을 고집하며 빈정대거나 치사한 짓을 하고 있지는 않는가? 가장 중요한 순간에 (어쨌든 당신이 사랑하는 소중한 사람에게) 최악의 행동을 하진 않는가? 만약 그렇다면 결정적 순간의 대화를 나누는 방법을 더 많이 배움으로써 분명 무언가를 얻을 수 있을 것이다.

신체를 건강하게 만든다

지금까지 한 얘기를 듣고도 고개가 갸웃거리는가? 그럼 결정적 순간의 대화가 더 건강한 삶과 장수에 큰 도움을 준다면 어떤가? 솔깃하지 않은가?

면역체계가 강화된다. 재니스 키콜트-글레이저 박사와 로널드 글레이저 박사가 수행한 획기적인 연구를 생각해보자. 두 사람은 평균 42년 동안 결혼생활을 해온 부부들의 면역체계를 연구해 끊임없이 다툰 부부와 서로의 견해 차이를 효과적으로 해결한 부부를 비교했다. 수십 년에 걸친 언쟁은 끊임없는 갈등에 따른 타격을 줄이는 데 도움이 안 된 것으로 나타났다. 오히려 그 반대였다. 결정적 순간의 대화에 늘 실패한 부부는 갈등을 잘 해결할 방법을 찾은 부부보다 면역체계가 훨씬 약하고 건강이 더 나빴다.[2]

생명을 위협하는 질병을 예방한다. 건강과 관련해 매우 흥미로운 사실을 밝힌 한 연구에서는 악성 흑색종 환자를 두 그룹으로 나눠 한 그룹은 치료받은 뒤 6주 동안 매주 만나게 하고 다른 그룹은 치료만 받게 했다. 연구 진행자들은 회복 중인 첫 번째 그룹 환자에게 대화법을 가르쳤다.

그런데 고작 여섯 번 만나 생각을 효과적으로 표현하는 법을 배운 뒤 5년 동안 흩어져 산 이 그룹이 더 높은 생존율을 보였다. 이 그룹 환자는 9%가 사망한 반면, 대화법 훈련을 받지 않은 환자의 사망률은 거의 30%에 이르렀다.[3] 이 연구 결과가 무엇을 의미하는지 생각해보라. 단지 다른 사람들과 대화하고 마음을 나누는 능력을 어느 정도만 높여도 사망률이 3분의 2나 줄어든다는 뜻이다.

이 연구는 당신이 대화를 나누는 방식 혹은 대화를 나누지 않는 것이 건강에 극적인 영향을 미칠 수 있음을 보여주는 한 표본에 불과하다. 우리가 억누르고 있는 부정적 감정과 건전하지 않은 대화로 받는 정서적 고통이 우리의 건강을 서서히 갉아먹는다는 것을 보여주는 연구가 많다. 실패한 대화의 영향은 사소한 문제만 일으키기도 하지만 재앙을 불러오기도 한다. 어떤 경우든 실패한 대화는 절대 우리를 더 행복하거나 건강하거나 부유하게 만들지 못한다.

당신은 어떠한가? 당신을 가장 괴롭히는 대화는 구체적으로 어떤 것인가? 어떤 대화(만약 당신이 그런 대화를 하거나 대화법을 개선한다면)가 면역체계를 강화하고 질병을 물리치도록 도와 삶의 질과 행복을 높일 것 같은가?

요약: 결정적 순간의 대화란 무엇인가

중요한 이해관계가 걸려 있고 의견이 다양하며 감정이 격하게 흐르기 시작할 때 일상 대화는 결정적 순간의 대화로 바뀐다. 아이러니하게도 결정적인 대화일수록 우리가 대화를 효과적으로 나눌 가능성은 작아진다. 결정적 순간의 대화에 실패하면 직장부터 경력, 공동체, 인간관계, 건강까지 삶의 모든 측면이 영향을 받을 수 있다. 그리고 지체 시간이 길어질수록 악영향을 끼칠 여지는 더 커진다.

하지만 좋은 소식도 있다. 일련의 효과적인 기술로 결정적 순간의 대화를 발전시키고 잘 해내는 법을 배우면 그것이 우리 삶의 거의 모든 영역에 영향을 미칠 수 있다.

그렇다면 지극히 중요한 이 기술은 무엇일까? 결정적 순간의 대화를 순조롭게 이끌어가는 사람들은 실제로 어떻게 할까? 더 중요하게는, 우리도 그렇게 할 수 있을까?

2 | 결정적 순간의 대화 마스터하기

대화의 위력

> 우리가 중요한 문제에 침묵해버리는 그날,
> 우리 삶은 끝날 것이다.
>
> _마틴 루서 킹

솔직히 말하면 우리가 처음부터 결정적 순간의 대화를 연구한 것은 아니다. 우리는 이 개념을 우연히 발견했다.

수십 년 동안 우리는 극적인 변화를 시도하려 노력 중인 다양한 산업 분야의 리더 수십 명과 함께 일했다. 우리의 컨설팅 방법론은 이들이 조직 곳곳에 자리한 '오피니언 리더'를 발견하도록 돕는 것도 포함하고 있었다. 우리가 사용한 방법은 상당히 간단했다. 일단 우리는 사람들에게 어떤 일을 해내려 애쓸 때 가장 먼저 의지하는 사람 2~3명을 말해달라고 요청했다. 지난 수십 년간 우리는 수만 명에게 그들 조직에서 다른 사람이 곤경에 처했을 때 일을 성사시킬 방법을 아는 사람을 알려달라고 부탁했다.

우리는 그냥 영향력이 있는 정도가 아니라 나머지 사람보다 훨씬 더 영향력이 큰 사람들을 찾고 싶었다.

그렇게 지명받은 사람들을 목록에 정리할 때마다 한 가지 패턴이 나타났다. 많은 사람이 동료 1~2명에게 지명받았고 어떤 사람들은 5~6회 추천을 받았다. 이들은 영향력이 상당하긴 하지만 최고의 오피니언 리더로 널리 인정받기에는 충분하지 않았다. 그러다 30회 이상 추천받은 사람이 몇 명 나왔다. 그들이 바로 자기 분야에서 큰일을 성사시킬 최고의 오피니언 리더였다. 그중 일부는 관리자와 감독관이었으나 다수는 일반 사원이었다.

우리가 특히 만나고 싶었던 오피니언 리더 중 한 명은 케빈이었다. 케빈이 일하던 회사에는 그 말고도 부사장 7명이 있었는데 케빈만 대단히 영향력 있는 사람으로 지목받았다. 우리는 그 이유가 궁금해 그가 일하는 모습을 가까이에서 지켜보았다.

처음에 케빈은 그다지 눈에 띄는 행동을 하지 않았다. 실은 여느 다른 부사장과 비슷해 보였다. 그는 전화를 받거나 직속 부하직원들과 이야기를 나누며 즐겁게 일상적인 업무를 처리했다.

놀라운 발견

거의 일주일이 지나도록 특별한 점을 발견하지 못한 우리는 케빈이 정말로 다른 사람과 차별화된 행동을 하는지, 아니면 그저 인기가 많은 것인지 의아해지기 시작했다. 그러다 우리는 케빈을 따라 회의를 참관할 기회를 얻었다.

그날 회의에서 케빈은 동료, 상사와 함께 새로 이전할 사무실 위치를 선정하고 있었다. 다른 도시로 옮길 것인가, 아니면 다른 주나 아예 다른 나라로 옮길 것인가? 처음에 임원 2명이 각자 일순위로 선택한 지역을 지지하는 주장을 펼쳤는데, 예상대로 팀 전체의 예리한 질문 공세에 부딪혔다. 모호한 주장은 죄다 명확히 파헤쳐졌고 근거 없는 논리에는 어김없이 의문이 제기되었다.

그 뒤 CEO 크리스가 자신이 선호하는 지역을 지지하고 나섰는데, 직원들의 반응도 나쁘고 자칫하면 회사에 막대한 피해를 줄 수도 있는 곳이었다. 사람들이 동의하지 않거나 반박하려 하자 크리스는 한심하게 대응했다. CEO라는 지위를 등에 업은 크리스는 지위 덕분에 자신이 원하는 것을 얻기 위해 사람들을 윽박지를 필요도 없었다. 크리스가 눈썹을 치켜올리고 손가락을 곧추세운 뒤 언성만 살짝 높였는데도 사람들은 금세 이의 제기를 멈추었고, 크리스의 부적절한 제안은 조용히 받아들여졌다.

아니, 거의 받아들여질 뻔했다. 케빈이 입을 연 건 그때였다. 그는 간단히 말을 꺼냈다. "저기, 사장님. 제가 뭔가 확인해도 되겠습니까?"

사람들은 아연실색했다. 회의실 안의 모두가 숨을 삼켰다. 그러나 케빈은 동료들의 두려워하는 기색 따윈 아랑곳하지 않고 밀어붙였다. 이어 몇 분 동안 케빈이 CEO에게 한 말의 핵심은 크리스가 스스로 정해놓은 의사결정 지침을 어기는 것처럼 보인다는 것이었다. 크리스는 새 사무실을 자신의 고향 쪽으로 옮기기 위해 교묘하게 완력을 행사하고 있었다.

케빈은 자신이 본 것을 설명했다. 민감한 대목을 건드린 그의 얘기가 끝났을 때, 크리스는 잠시 말이 없다가 고개를 끄덕이며 마침내 결론을 내렸다. "자네 말이 맞네. 내가 너무 내 주장만 한 것 같군. 괜찮다면 처음부터 다시 시작하는 게 어떨까?"

이것은 결정적 순간의 대화였고 케빈은 어떤 술수도 부리지 않았다. 동료들처럼 침묵에 기대거나 자신의 주장을 다른 사람에게 강요하려 하지도 않았다. 그는 매우 솔직했으나 크리스에게 깊은 존중을 보여주면서 그렇게 했다. 지켜보고 있자니 놀라웠다. 결국 팀은 훨씬 더 합리적인 지역을 선택했고 케빈의 상사는 그의 배려심 있는 코칭에 고마워했다.

회의가 끝났을 때 그의 동료 중 한 사람이 우리를 돌아보며 말했다. "케빈이 어떻게 하는지 보았지요? 케빈이 어떻게 일이 되게끔 하는지 알고 싶으면 그가 방금 한 일을 이해하면 됩니다."

그래서 우리는 그렇게 했다. 실제로 우리는 이후 케빈 같은 사람이 하는 일을 알아내는 데 30년을 보냈다. 그들과 나머지 사람들의 차이는 '어리석은 선택'을 피하는 능력에 있었다.

보다시피 케빈이 한 일에 통찰력이 필요한 것은 아니었다. 거의 모든 사람이 무슨 일이 일어나고 있는지 알 수 있었고 자신들이 나쁜 결정을 허용하고 있다는 것도 알았다. 하지만 케빈을 제외한 모든 사람이 2가지 나쁜 대안 중 하나를 선택해야 한다고 생각했다.

- 자신의 의견을 말하고 회사에서 가장 힘 있는 사람을 불구대천의 적으로 만들기
- 침묵하다가 회사를 망칠지도 모르는 나쁜 결정 내리기

우리 대부분이 결정적 순간의 대화를 할 때 저지르는 실수는 진실을 말하는 것과 관계를 유지하는 것 중에서 선택해야 한다고 잘못 생각하는 것이다. 이는 1장에서 제시한 것처럼 우리가 늘 어릴 때부터 어리석은 선택을 믿기 시작했기 때문이다. 예를 들어 할머니가 자부하는 음식인 아이스크림을 얹은 방울양배추 파이를 손자에게 만들어 먹이면서 "할머니 파이 맛있지?"라고 묻는 진짜 의도는 "이 할미를 좋아하지?"다. 그럴 때 정직하게 "맛없어"라고 대답했다가 상처받고 실망하는 할머니의 얼굴을 본 우리는 평생 영향을 끼칠 이런 결정을 내린다. "앞으로는 솔직함과 다정함 중에서 선택해야 할 때 바짝 신경을 써야겠어."

'어리석은 선택' 거부하기

그날부터 우리는 상사, 동료, 연인, 새치기하는 사람들에게서 이

러한 순간을 수없이 경험한다. 지체 시간이 점점 길어지는 것이 삶의 방식이 되고 그 결과들이 뒤따른다.

우리의 케빈(그리고 그와 비슷한 사람 수백 명) 연구가 그토록 중요했던 건 그 때문이다. 우리는 '어리석은 선택'을 거부한 핵심 그룹을 발견했다. 그들의 목표는 보통 사람들과 달랐다. 케빈이 입을 열었을 때 그가 마음속으로 던진 질문은 "어떻게 하면 크리스를 깊이 존중하는 동시에 매우 솔직할 수 있을까?"였다.

그 중요한 회의 이후 우리는 케빈 같은 사람을 더 찾기 시작했고 전 세계 업계, 정부 기관, 학계, 비영리단체에서 그들을 발견했다. 그들을 찾는 건 상당히 쉬웠다. 다들 자신이 몸담은 조직에서 거의 언제나 가장 영향력 있는 사람이었기 때문이다. 그들은 어리석은 선택을 하길 거부했을 뿐 아니라 동료들보다 훨씬 더 노련하게 행동했다.

그들은 정확히 뭘 했을까? 케빈은 동료들과 별반 다르지 않았다. 그렇다면 그가 한 일을 다른 사람들이 배워서 따라 할 수 있을까?

이 질문에 답하기 전에 먼저 케빈이 무엇을 이룰 수 있었는지 살펴보자. 그러면 우리가 어디로 가려고 노력해야 하는지 더 쉽게 알 수 있다. 그런 뒤 효과적으로 의사소통하는 사람들이 일상적으로 사용하는 도구를 검토해 우리의 결정적 순간의 대화에 적용하는 법을 알아보겠다.

'의미 공유 대화' 나누기

결정적 순간의 대화를 해야 할 때, 노련한 사람은 자신과 다른 사람들이 갖고 있는 모든 관련 정보를 공개적으로 끄집어낼 방법을 찾는다.

바로 이거다. 모든 성공적인 대화의 핵심에는 자유로운 정보 흐름이 있다. 사람들은 자기 의견을 터놓고 솔직하게 말하고 감정을 공유하며 자신의 논리를 분명하게 표현한다. 설령 논란의 여지가 있거나 반응이 좋지 않을 의견도 기꺼이 능숙하게 공유한다. 우리가 연구한 케빈과 그 외에 대단히 효과적으로 의사소통하는 사람들이 일상적으로 해내는 한 가지가 바로 이거다.

그들은 대화를 효과적으로 만드는 일을 한다.

> **의미 공유 대화란?**
> 둘 이상의 사람 사이에서 이뤄지는 자유로운 의미 흐름

의미 공유 대화를 논의하면서 우리는 2가지 질문에 부딪혔다. 첫째, 자유로운 의미 흐름은 어떻게 성공적인 대화로 이어지는가? 둘째, 의미가 자유롭게 흐르도록 돕기 위해 무엇을 할 수 있는가?

이 장에서는 자유로운 의미 흐름과 성공적인 대화의 관계를 살펴보겠다. '가장 중요한 순간 성공적인 대화를 하기 위해 무엇을 해야 하는가?'라는 둘째 질문의 답은 뒤에서 다시 논의한다.

공유한 의미 늘려가기

우리는 각자 해당 주제에 관한 자기만의 생각과 감정을 가지고 대화에 임한다. 그 고유한 생각과 감정의 조합이 우리가 지닌 개인적 의미의 집합체를 구성한다. 이 집합체는 우리에게 정보를 제공할 뿐 아니라 우리의 모든 행동을 촉발한다.

당연한 얘기이지만 두 사람 이상이 결정적 순간의 대화를 시작할 때 우리가 지닌 의미는 서로 같지 않다. 각자 의견이 다르다. 나는 이것을 믿는데 당신은 다른 것을 믿고, 내겐 이런 경험이 있는데 당신에겐 다른 경험이 있기 때문이다.

대화에 능숙한 사람은 모든 사람이 마음 놓고 의미를 공유하게 만들기 위해 최선을 다한다. 얼핏 보기에 논란의 여지가 있거나 틀린 것 같은 아이디어라도 말이다. 분명 모든 사람이 모든 아이디어에 동의하진 않는다. 이들은 그저 사람들이 모든 아이디어를 공개하도록 최선을 다한다.

공유한 의미가 많아지면 2가지 이점이 있다. 첫째, 개개인이 더 정확하고 의미 있는 정보에 노출되면서 보다 나은 선택을 하게 된다. 공유한 의미 집합체는 집단의 IQ 척도와 같다. 공유한 의미가 많을수록 더 현명한 판단을 내릴 수 있다.

한편 우리는 공유한 의미가 위험할 정도로 적을 때 어떤 일이 일어나는지도 보았다. 사람들이 의도적으로 다른 사람이 지닌 의미를 억누르면 개인으로서는 똑똑한 사람들이 모여 집단으로서는 어리석은 짓을 할 수도 있다.

예를 들어 우리 고객이 다음 이야기를 들려준 적이 있다.

한 여성이 편도선을 절제하기 위해 입원했는데 외과팀이 그녀의 다리를 절단하는 실수를 저질렀다. 어떻게 이런 비극이 일어날 수 있을까? 실제로 미국의 병원에서 해마다 약 22,000명이 의료 과실로 사망하는 이유는 뭘까?[1] 이는 의료진이 자신의 생각을 말하길 겁내기 때문이다. 이번 사건의 경우 무려 7명이 왜 의사가 환자의 다리를 자르려고 하는지 이해하지 못했지만 아무도 의문을 제기하지 않았다. 사람들이 말을 꺼내길 두려워하는 바람에 의미는 자유롭게 흘러가지 않았다. 물론 이러한 두려움이 병원에만 있는 건 아니다. 상사가 똑똑하고 보수가 높으며 자신감 넘치고 거침없이 말하는 모든 경우 (세계 대다수 지역에서) 사람들은 힘 있는 사람을 화나게 할 위험을 무릅쓰기보다 자신의 의견을 말하지 않는 경향이 있다.

반면 사람들이 편하게 자기 생각을 밝히고 의미가 자유롭게 흘러갈 경우 집단이 더 나은 결정을 내릴 능력이 극적으로 높아졌다. 팀의 모든 사람이 자기 의견을 설명하기 시작하면 사람들은 상황을 더 명확하고 완전하게 파악한다.

사람들이 각각의 다른 제안이 나온 이유를 이해할 경우 서로의 의견을 기반으로 아이디어를 발전시켜 나갈 수 있다. 한 아이디어가 다른 아이디어로, 그 아이디어가 또 다른 아이디어로 이어지면서 결국 처음에는 누구도 생각하지 못했지만 모든 사람이 진심으로 동의하는 대안을 찾아낸다. 의미가 자유롭게 흘러간 결과 전체(최종 선택)가 원래의 부분들을 합친 것보다 커진다.

한마디로 공유한 의미들이 시너지를 창출한다.

솔직한 토론을 끝까지 나누다 보면 사람들이 왜 함께 찾아낸 해결책이 최상의 선택인지 이해하게 되면서 실행에 최선을 다한다. 케빈과 다른 부사장들이 최종 선택을 받아들인 것은 단지 그들이 토론에 참여해서가 아니라 그 선택을 이해했기 때문이다.

반대로 민감한 대화가 벌어지는 동안 사람들이 입을 다물고 팔짱을 낀 채 지켜보고만 있으면 최종 결정을 충실히 이행하지 못한다. 아이디어가 머릿속에만 머물고 의견을 공개적으로 표현하지 않은 그들은 최종 선택을 조용히 비판하고 소극적으로 거부한다. 마찬가지로 다른 사람이 자기 아이디어를 강요하면 사람들은 그 정보를 잘 받아들이지 않는다. 동의한다고 말할지는 몰라도 마지못해 건성으로 따른다. 새뮤얼 버틀러의 말을 인용하자면, "자신의 뜻에 반하지만 마지못해 따르는 사람은 자기 의견이 바뀐 게 아니다."

의미를 미리 공유하는 데는 시간이 들지만, 나중에는 더 빠르고 더 통합되고 더 헌신적인 실천으로 이어져 그 시간은 보상을 받고도 남는다.

예를 들어 케빈과 다른 리더들이 새 사무실 위치를 결정하는 데 최선을 다하지 않았다면 끔찍한 결과가 뒤따랐을지도 모른다. 어떤 사람은 결정에 동의하고, 어떤 사람은 실행을 미적거릴 수 있다. 또 어떤 사람은 복도에서 열띤 토론을 벌일 테고, 아무 말없이 있다가 조용히 계획을 방해하는 사람도 있을 것이다. 팀은 십중팔구 다시 회의를 소집해 재토론하고 결정을 번복해야 하리라. 원래의 결정을 지지하는 사람은 한 명뿐인데 그 결정으로 모든 사람이 영향을 받기 때문이다.

오해는 하지 마시라. 모든 것을 합의해서 결정해야 한다거나 상사가 논의에 참여하거나 최종 결정을 내려서는 안 된다는 뜻이 아니다. 어떤 방식으로 의사결정을 하든 누가 선택하든, 공유한 의미가 많을수록 더 나은 선택을 하고 통합성이 높아지며 확신이 강해진다는 말이다.

말다툼을 벌이거나 자리를 떠나거나 비효율적인 방식으로 행동하는 이유는 의미를 공유하는 방법을 모르기 때문이다. 우리는 건전한 대화에 참여하는 대신 비용이 많이 드는 게임을 한다.

이를테면 때로는 침묵 모드로 들어가 인사만 한 뒤 내내 입을 다문다. 권위 있는 위치의 사람에게 맞서지 않고, 집에서는 사랑하는 사람을 냉대한다. 상대가 우리에게 더 잘하도록 만들기 위해 이처럼 비뚤어진 방법으로 사랑하는 사람을 쌀쌀맞게 대한다 (이게 말이 되는가?).

때로는 자신의 주장을 관철하려고 은근히 힌트를 주거나 비꼬거나 빈정대거나 싫은 표정을 짓는다. 또 때로는 순교자 행세를 하며 돕기 위해 노력하는 척한다. 혹은 개인과 맞서는 게 두려워 어떤 문제를 놓고 팀 전체를 탓한다. 그 비난이 해당 개인에게 가 닿길 바라면서 말이다. 어떤 수를 쓰더라도 전반적인 방법은 동일하다. 우리는 의미를 공유하지 않고 숨긴다. 침묵한다.

반대로 어떨 땐 대화를 유지하는 방법을 몰라서 자신이 지닌 의미를 강요한다. 혹평부터 지능적 따돌림, 노골적인 폭언까지 정서적 폭력에 의지한다. 사람들이 우리의 주장을 믿길 바라며 자신이 뭐든 다 아는 것처럼 행동한다. 다른 사람을 믿지 않고 자신이 바라는 걸 얻기 위해 힘을 이용한다. 상사의 힘을 빌리는가 하면 혼자 편파적인 주장을 늘어놓으며 사람들을 공격한다. 상처를 주는 말도 한다. 이 모든 행동의 목표는 하나다. 다른 사람에게 우리의 견해를 강요하는 것이다.

요약하자면 이렇다. 중요한 이해관계가 걸려 있고 의견이 다양하며 감정이 격할 때 우리는 종종 최악의 상태가 된다. 최상의 상태로 바뀌려면 자신이 지닌 의미, 특히 위험하고 민감하며 논란의 여지가 있는 생각과 의견을 설명할 방법을 찾고 다른 사람이 각자의 의미를 공유하게 만들어야 한다. 이를 위해서는 마음 놓고 문제를 논의하고 의미를 공유하게 하는 도구를 개발해야 한다.

대화 기술은 배울 수 있다

정말 좋은 소식은 중요한 이해관계가 걸려 있는 소통을 능숙하게 해낼 기술을 쉽게 찾아낼 수 있고, 어느 정도 배우기도 쉽다는 것이다. 결정적 순간의 대화를 능숙하게 진행하는 사람은 으레 눈에 띄게 마련이다. 중요한 이해관계가 걸려 있는 데다 감정이 격해지고 논란의 여지가 있는 위험한 대화를 잘 풀어내는 사람을 보면 당연히 감탄이 나온다. 파행으로 치달을 것 같던 논의를 건전한 합의로 이끌어내는 것을 보면 숨이 턱 막힐 정도로 놀랍다.

더 중요한 건 대화 기술을 발견하기도 쉽고 배우기도 상당히 쉽다는 점이다. 다음 장부터 그 기술을 배워보자. 우리는 수십 년 동안 연구하면서 대화에 재능이 있는 사람들의 기술을 찾아내 포착했다. 먼저 우리는 케빈이나 그와 비슷한 사람들을 쫓아다니며 대화가 결정적으로 바뀌면 상세하게 기록했다. 그 뒤 우리가 관찰한 내용을 비교하고 가설을 테스트하면서 대화 모델을 다듬어 뛰어난 소통자들의 성공을 일관성 있게 설명해주는 기술을 발견했다. 마지막으로 우리의 이론과 모델과 기술을 통합해 학습 가능한 도구 세트, 즉 위험성이 큰 상황에서 대화하기 위한 도구를 만들었다. 그리고 그 기술을 가르친 다음 핵심 성과 지표와 관계가 좋아지는 것을 관찰했다.

이제 우리가 알게 된 것을 공유할 준비를 마쳤다. 결정적 순간의 대화를 겁나는 과제가 아니라 성공과 성과를 내는 상호작용으로 바꾸는 법을 함께 살펴보자. 이것은 당신이 습득할 가장 주요한 기술이 될 것이다.

내 결정적 순간의 대화: 보비 R.

내 결정적 순간의 대화는 2004년 내가 처음 이라크로 배치받기 전날 밤에 시작되었다. 과거의 사건들과 의견 대립으로 이미 갈등이 많던 우리 가족은 내가 전장으로 떠난다는 것에 스트레스가 더 심해졌다. 그날 밤 아버지가 좋은 의도였겠지만 뭔가 저의가 있는 질문을 던지는 바람에 나는 화가 머리끝까지 치밀었다. 그 뒤 2시간 동안 내가 보인 반응 때문에 가족 전체의 관계가 악화일로를 걷기 시작했다. 형제자매, 사촌, 고모, 삼촌, 부모님, 아이들, 조부모님까지 전부 편을 갈라 싸웠다.

내가 소대장으로 바그다드 거리를 누빌 때도 가족 간의 감정의 골은 풀리지 않았다. 아내는 한 살배기 첫째 아이와 집에 있었고 둘째를 임신 중이었다. 내가 파병을 나간 동안 새 가족이 태어나면서 상황은 더 악화했고, 14개월 동안의 전투를 마친 뒤 내가 집으로 돌아갔을 때는 서로 완전히 연을 끊은 채 살고 있었다. 나와 아버지는 5년 동안 말을 하지 않았다.

결정적 순간의 대화는 나와 부모님의 관계를 회복시켜주었다. 내가 이라크로 3차 파병을 나가기 전 결정적 순간의 대화 강사인 이웃이 나를 수업에 초대했다. 그리고 파병을 가기 2주 전에 나는 아버지에게 연락해 아버지가 못 본 두 아이가 있으며 내가 곧 전장으로 떠날 것이라고 알렸다. 나는 5년 전에 저지른 실수를 되풀이하지 않을 것이라고 말했고 우리는 만나기로 했다.

아름다운 노을이 지는 휴스턴 집의 발코니에서 우리 부자는 그간 쌓인 많은 고통과 원망을 털어놓으며 긴장감 속에서 3시간을 보냈다. 수업에서 배운 것을 마음 깊이 새긴 나는 마음을 숨기는 대신 우리 둘 다 솔직하고 서로를 존중하는 분위기를 만들기 위해 최선을 다했다. 믿을 수 없을 정도로 힘든 대화였다. 때로는 너무 솔직하게 말하는 바람에 우리 관계를 그 지경으로 만든 분노 상태로 되돌아갈 뻔했지만 나는 내가 정말 원하는 것, 즉 가족의 화합에 계속 초점을 맞췄다.

아버지와 대화를 마치고 우리는 어머니를 만나 함께 저녁을 먹었다. 과거에 화를 냈던 내게 크게 상처받은 어머니는 관계를 회복할 수 있을지에 회의적이었다. 어머니는 내가 여전히 예전처럼 따지기 좋아하고 냉소적이며 악의적이고 오만하다고 확신했다. 하지만 내가 존중하는 태도와 반성하는 모습을 보이고 함께 이뤄나갈 목표도 분명히 보여주었다는 아버지의 말을 듣고 어머니는 내게 기회를 주었다. 지금 나는 아내, 아이 4명, 그리고 부모님과 서로 사랑하며 지내고 있다. 우리는 마음에 걸리는 일을 다시는 침묵 속에 숨기지 않기로 약속했다.

나는 우리 가족의 관계 회복이 발코니에서 나눈 결정적 순

간의 대화가 성공한 덕분이라고 믿는다. 내가 워크숍에서
배운 것을 실천하지 않았다면 아버지와 내 관계는 분노와 무
관심으로 인해 돌이킬 수 없었을 것이다. 그 대화를 할 수 있
었던 것은 내게 결정적 순간의 대화를 소개해준 친구 덕분
이다.

앞으로 다룰 주제들

지금부터 성공적인 대화 분위기를 조성하기 위해 사용할 수 있는
도구를 알아보겠다. 결정적 순간의 대화는 딱 떨어진 형태로 흘
러가지 않지만 우리가 공유할 원칙과 기술은 일반적으로 예상 가
능한 순서대로 적용할 수 있다. 예를 들어 1부 '입을 열기 전에 할
일'은 우리가 효과적인 대화를 할 준비를 마쳤다고 확신하기 전
에 해야 하는 일, 즉 '준비 원칙'을 설명한다. 적절한 문제에 초점
을 맞추지 않으면(3장 '초점을 맞출 주제를 선택하라'), 자신의 동기를
제대로 이해하지 못하면(4장 '진심을 가지고 시작하라'), 감정 관리를
하지 않으면(5장 '내 스토리를 돌아보라') 건전한 대화를 나눌 가능성
이 거의 없다.

2부에서는 '입을 여는 법'을 다룬다. 우선 문제의 초기 징조를
알아차리는 법을 설명한 뒤(6장 '과정을 살펴보라') 거의 모든 사람
과 일에 관해 마음 놓고 이야기를 나눌 수 있는 분위기를 조성하

는 법을 이야기한다(7장 '안전지대를 만들어라'). 그 뒤 구체적인 방법으로 들어가 당신의 의견을 신뢰성 있으면서도 방어적 태도를 유발하지 않는 방식으로 공유하고(8장 '내 입장을 말하라'), 다른 사람도 자신의 의견을 건설적으로 표현하도록 돕는 전략을 설명한다(9장 '상대방의 입장을 알아보라'). 그다음에는 독자 여러분을 미국 로키산맥 기슭의 멋진 도시로 데려가 부정적인 피드백을 받았을 때 느끼는 괴로움을 줄이는 법을 배워보도록 하겠다(10장 '당신의 펜을 되찾아라').

3부 '대화를 마무리하는 법'에서는 대화를 잘 끝맺기 위한 중요한 2가지 도구를 소개한다(11장 '행동에 나서라').

또한 독자는 책을 계속 읽어가면서 관계와 성과를 모두 개선하는 방식으로 말하고, 듣고, 행동하는 기술을 배울 것이다(12장 '맞습니다, 하지만'). 마지막으로 우리는 모델과 확장 사례를 제공해 모든 이론과 기술을 통합한다(13장 '대화 원칙 총정리').

우리는 당신이 책을 읽는 데 그치지 않고 배운 것을 실행하면 중요한 이해관계가 걸려 있는 대화를 할 때 점점 더 큰 자신감을 얻을 것이라고 확신한다.

요약: 결정적 순간의 대화 마스터하기

결정적 순간의 대화에 직면했을 때 우리는 대부분 자신도 모르게 어리석은 선택을 한다. '사실 말하기'와 '우정 유지하기' 중 하나를 선택해야 한다고 생각하기 때문이다. 그러나 노련한 소통자는 그릇된 양자택일을 거부하고 둘 다를 이루는 방법, 매우 솔직한 동시에 깊이 존중하는 태도를 보여줄 방법을 찾는다. 다시 말해 이들은 대화가 이뤄지게 할 방법, 즉 당사자들 사이에 의미가 자유롭게 흘러 모든 사람이 더 많은 의미를 공유하는 상황을 조성할 방법을 모색한다.

의미를 보다 많이 공유할수록 더 나은 결정, 더 좋은 관계, 더 통합된 행동으로 이어진다. 지금부터는 가장 결정적인 순간의 대화를 돕기 위해 설계한 기술을 가르쳐주겠다.

성공적인 결정적 순간의 대화 중 70%는 입이 아니라 머릿속에서 이뤄진다. 1부에서 소개할 기술은 성공적인 대화의 전제조건이다. 이 기술을 이해하면 적절한 말이 입에서 자연스럽게 흘러나올 것이다. 반면 이 기술을 무시하면 어떤 기법이나 책략으로도 보완할 수 없다.

1부는 적절한 주제를 이야기하고 있는지 확신하는 법(3장 '초점을 맞출 주제를 선택하라'), 자신의 동기를 제대로 이해하는 법(4장 '진심을 가지고 시작하라'), 감정이 대화를 방해할 때 이를 이해하고 관리하는 법(5장 '내 스토리를 돌아보라')을 다룬다.

STEP 1

입을 열기 전에
할 일

3 { 초점을 맞출 주제를 선택하라
적절한 대화를 나누고 있는지 확신하는 법

> 문제를 잘 파악하면
> 반은 해결한 것이나 마찬가지다.
>
> _찰스 케터링

결정적 순간의 대화를 나누려고 입을 여는 순간 당신은 무엇을 이야기할지 이미 결정한 상태다. 우리가 저지르는 커다란 실수 중 하나는 대화를 하고 있으니 문제를 제대로 해결하고 있다고 생각하는 것이다. 그건 그리 간단하지 않다. 대화해봤자 문제를 '제대로' 이야기하지 않으면 결국 같은 대화를 몇 번이고 반복하고 만다.

결정적 순간의 대화를 하다 보면 여러 화제가 나온다

인간의 상호작용과 관계는 복잡하다. 여러 주제와 지엽적 문제가 나오고 옆길로 새기도 한다. 당신은 아마 그런 대화를 해본 적 있을 것이다. 당신은 다가오는 가족 모임을 계획하려고 동생과 상의하고 있다고 생각했는데, 어느새 화제는 부모님이 늘 당신을 편애하고 동생은 기대에 못 미쳐 당신에게만 새 자전거를 사주었다는 전혀 다른 이야기로 흐른다. 당신은 생각한다. '와, 대체 이 이야기가 전부 어디서 나왔을까?'

결정적 순간의 대화는 초점을 한 가지 문제에 맞출 때 가장 성공적으로 이뤄진다. 인간의 상호작용은 본질적으로 복잡하기 때문에 대화의 초점을 한 가지 주제에 맞추려면 노력이 필요하다. 즉, 당면한 문제를 신중하게 분리해 우선순위를 정해야 한다.

예를 들어 웬디와 산드린의 경우를 살펴보자. 웬디는 세계적인 기술 기업의 프로젝트 관리자로 그 회사에서 수년 동안 일하며 크고 작은 많은 프로젝트를 성공적으로 이끌었다. 그녀는 최근 새로운 관리자인 산드린과 함께 일하기 시작했다. 산드린은 출세욕이 넘치고 일을 해내는 사람, 필요하면 희생도 감수하는 경영자라는 소문과 함께 1년 전 그 회사에 들어왔다. 산드린은 웬디에게 새 프로젝트의 일정표를 짜라고 요청했고, 지금 두 사람은 그 일정표를 검토하려고 함께 앉았다.

산드린 웬디와 팀원들이 이 프로젝트에 참여해주어 기대가 큽니다. 자, 일정을 이야기해볼까요.

웬디 프로젝트는 여섯 달 남짓 걸릴 겁니다.

산드린 아, 글쎄요···. 내가 살펴보니 이번 분기 말까지는 전부
          끝낼 수 있을 것 같은데요.

이 지점에서 결정적 순간의 대화의 첫 요소가 나타났다. 바로
의견 차이다. 웬디는 프로젝트가 산드린의 예상보다 적어도 두
달은 더 걸릴 것이라고 생각한다.

웬디   음, 우리가 어떤 약속을 하기 전에 이 문제를 이야기하
          게 되어 다행입니다. 말씀하신 때까지 끝낼 방법이 없거
          든요. 이번 분기 말까지라면 보통 이런 프로젝트에 걸리
          는 시간의 절반밖에 안 되니까요.
산드린 애초에 내가 웬디에게 이 일을 맡긴 이유가 그 때문이에
          요. 웬디는 불가능한 일을 해낼 수 있는 사람이니까요.
          이 프로젝트가 얼마나 중요한지 전체 상황을 알려드리
          죠. 이번 분기 말까지 프로젝트를 끝낼 방법을 생각해내
          야 합니다. 지체하면 다른 프로젝트를 시작하기가 힘듭
          니다. 마스터플랜에 이미 앞당긴 일정을 반영했습니다.
          윗선에서는 우리만, 아니 좀 더 구체적으로 말하면 웬디
          만 믿고 있어요.

여기에는 결정적 순간의 대화의 다른 두 요소가 작용한다. 중요
한 이해관계가 걸려 있고, 감정이 격해지고 있다. 이번 프로젝트

는 웬디, 산드린, 그리고 그들의 조직에 매우 중요하다. 산드린은 압박감을 느끼고 있고 웬디에게도 동일한 압박감을 가하고 있다.

그러면 다음에 어떤 일이 벌어질까?

웬디   잠깐만요…. 벌써 약속을 했다고요? 가능한지 이야기도 나누기 전에 마감일에 동의했단 말인가요?

산드린   웬디, 올해 우리에게 큰 성과가 필요하다는 걸 알잖아요. 난 이 프로젝트를 이끌 사람으로 웬디를 밀었어요. 내가 웬디를 두고 뭐라고 말했는지 알아요? 웬디가 팀 플레이어라고 말했어요. 내가 잘못 생각한 건가요?

와! 이 한 번의 대화에서 많은 일이 벌어지고 있다. 웬디가 일 정표를 짜서 관리자와 공유했는데, 맙소사! 모든 상황이 그녀를 궁지로 몰아넣었다. 웬디는 관리자가 제시한 프로젝트 일정에 울며 겨자 먹기로 동의해야 할 뿐 아니라(원래의 문제) 다른 많은 문제까지 나타났다. 당신이 웬디라면 지금 어떤 생각이 들까? 예를 들어보자.

- "이 프로젝트를 어떻게 해내지?"
- "산드린은 내가 실패할 수밖에 없도록 만들고 있어!"
- "이건 내 팀에게 불공평해!"
- "퇴근도 못 하고 죽어라 일에 매달려야 할 텐데 가족한테 어

떻게 설명하지?"

- "지금 내 생각을 사실대로 말할 수 있을까? 그러면 회사에서 잘릴까?"
- "내가 이 일을 원하긴 하는 걸까? 너, 산드린 밑에서 일하고 싶어?"

지금 웬디는 분명 결정적 순간의 대화에 직면했다. 관건은 '어떤 대화를 해야 하는가'다. 산드린과 마주하고 있는 그 순간, 웬디는 무엇을 이야기해야 할까?

우리가 부적절한 주제를 선택하는 이유

이처럼 복잡한 문제에 직면했을 때 잠시 말을 멈추고 어떤 문제를 다뤄야 하는지 곰곰이 생각하는 경우는 드물다. 대신 우리는 자연스럽게 다음 2개의 잘못된 방향 중 하나로 나아간다.

어려운 길보다 쉬운 길을 택한다. 중요한 이해관계가 걸려 있는 감정적인 대화에 직면했을 때 우리는 자신이 이길 수 있다고 생각하는 주제를 선택하는 경향이 있다. 실제로 우리의 가장 중요한 목표를 방해하는 주제가 아니라 쉬운 주제를 선택한다는 뜻이다. 우리는 '일단 이 사소한 문제로 이야기를 시작해 어떻게 되나 봐야지'라고 생각한다. 간을 보는 것이다. 이런 접근방식은 젖지 않고 호수를 건너려고 하는 것과 비슷하다.

예를 들어 직속 부하직원이 어떤 업무를 잘하지 못한다고 생각할 때 당신은 그 직원이 최근 저지른 사소한 실수를 이야기함으로써 문제를 둘러말할 수 있다. 당신이 대놓고 말하지 않으면서 부하직원이 문제가 얼마나 심각한지 깨닫게 만들고 싶은 것이 당신의 속마음이다. 시도는 좋다. 그러나 쉬운 방법은 거의 효과가 없는 법이다.

적절한 주제보다 최근의 문제를 말한다. 우리는 가장 중요한 사건이나 행동이 아니라 가장 최근의 일에 초점을 맞추는 경향이 있다. 회의할 때마다 한 동료가 당신의 말에 무례하게 대응하는 경우 당신은 더 큰 패턴을 말해주기보다 가장 최근의 무례한 행동을 이야기한다. 회의가 끝난 뒤 당신은 그 동료에게 "이봐, 아까 내가 중요한 얘기를 다 끝내지도 않았는데 끼어들더군"이라고 말한다.

그러면 동료는 어깨를 으쓱하며 대답한다. "이런, 미안하게 됐군. 내가 너무 열의가 넘쳤던 모양이네." 당신은 "으응"이라고 얼버무리지만 속으로는 '넌 항상 그러잖아. 이 이기적인 새끼야!'라고 생각한다.

우리가 최근 일어난 일을 말하길 선호하는 데는 2가지 이유가 있다. 첫째, 구체적인 내용을 기억할 수 있기 때문이다. 둘째, 옛날 일을 들춘다는 비난을 받고 싶지 않아서다.

부적절한 대화를 하고 있다는 3가지 신호

이러한 함정에 빠지면 충분히 예상 가능한 결과가 나타난다. 결국 부적절한 대화를 나누면서 앞으로 나아가지 못한다.

이런 실수를 피하려면 당신이 지금 부적절한 대화를 하고 있음을 알려주는 3가지 신호를 배워서 기억해야 한다. 그 신호를 발견하면 머릿속에서 "엉뚱한 얘기를 하고 있어!"라고 알려주는 노란 경고등이 번쩍인다고 상상하자. 그때 잠시 자리를 떠나 "지금 진짜 문제가 뭐지?"라고 자신에게 물어보자.

1. **감정이 고조된다.** 부적절한 대화를 나누고 있으면 대화가 잘 흘러가도 지금 진짜 문제를 다루거나 해결하고 있지 않다는 것을 어느 정도 알 수 있다. 그래서 답답함을 느끼고 대화를 진행할수록 그 느낌은 더 커진다. 앞서 예로 든 대화에서 웬디가 겪고 있는 상황이다. 대화를 시작할 때만 해도 웬디는 자신이 짠 일정표에 자신이 있었다. 그런데 대화가 끝날 무렵에는 불안하고 직장에서 잘릴까 봐 걱정스러웠다. 그 고조된 감정은 웬디에게 더 이상 프로젝트 마감일이 문제가 아니라는 신호를 보낸다. 더 중요한 일을 해결해야 한다고!

2. **회의적인 마음으로 자리를 뜬다.** 물론 합의하고 대화를 끝낼 수도 있다. 이 경우 자리를 뜨면서 '이래서는 아무것도 바뀌지 않을 거야'라는 회의감이 든다. 합의는 했어도 당신이 결정한 변화가 진

짜 문제를 해결할 수 있을지 의심이 들기 때문이다. 어떤 합의에 도달했어도 당신이 정말로 원하는 결과를 낼 수 없다면 빛 좋은 개살구일 뿐이다.

3. 예전에 이런 대화를 한 것 같은 느낌이 든다. 같은 사람과 같은 대화를 두 번째로 나눈다면 문제는 '상대'가 아니라 '당신'에게 있다. 당신은 적절하지 않은 대화를 하고 있다. 전에, 아마 열두 번도 더 그런 대화를 한 적이 있어서 당신이 상대가 익숙하게 느낄 말을 한다면 적절하지 않은 주제를 다루고 있는 것이다.

적절한 주제를 이야기하는 좋은 방법 중 하나는 지금 부적절한 주제를 이야기하고 있다는 사실을 잘 알아차리는 일이다. 위 3가지 경고 신호를 기억하라. 그리고 그런 상황이 벌어지고 있음을 알아차릴 때마다 잠시 물러나 "내가 해결해야 하는 진짜 문제가 무엇인가?"를 자신에게 물어보라.

적절한 주제를 찾기 위한 기술

당신은 진짜 문제를 콕 집어 말하는 재능을 갖춘 듯한 사람을 알고 있을지도 모른다. 대화가 꼬이고 뒤죽박죽일 때 느닷없이 누군가가 "저기, 제 생각에 지금 진짜 문제는 신뢰예요. 우리는 서로 믿음을 잃었어요"라고 말하거나 바로 전에 53분 동안 벌어진 혼란을 훌륭하게 분석한다. 그 말을 들은 10여 명이 고개를 끄덕이고 그때부터 갑자기 대화가 진전을 보이기 시작한다. 이제 진짜 문제를 이야기하고 있기 때문이다. 그 사람은 어떻게 그렇게 한 걸까?

그 사람이 적절한 주제를 선택하기 위한 3가지 요소를 숙달했다는 것이 그 답이다. 즉, 그 사람은 관련된 여러 주제를 '구분'하고 '선택'해 '단순화'하는 법을 알고 있다.

먼저 구분하기부터 살펴보자.

구분하기

문제 자체를 3가지 수준으로 나눠 대화할 수도 있고, 문제를 논의하는 과정 자체를 놓고 대화할 수도 있다. 후자는 나중에 다루겠다. 적절한 주제를 찾는 좋은 방법은 다양한 문제를 수준별로 구분하는 것이다. 이 3가지 수준을 CPR이라는 약어로 기억하자.

내용Content. 문제가 처음 나타난 경우 그 내용, 즉 문제가 일으키는 직접적인 고통을 이야기하라. 행동 자체나 행동의 직접적 결과가 문제라면 그건 내용 문제다. 예를 들어 어떤 동료가 당신이 관리자에게 제출해야 할 보고서를 끝내는 데 필요한 마케팅 분석 자료를 주지 않는 바람에 당신이 보고서를 제시간에 제출하지 못해 목이 달아나게 생겼다면? 혹은 팀 회의에서 당신이 프레젠테이션을 하고 있는데 한 동료가 계속 방해하고 끼어든다면? 이런 일이 처음 일어났다면 그건 내용 문제다.

패턴Pattern. 같은 문제가 다음에도 나타나면 패턴을 생각해보라. 이제 걱정거리는 그 문제가 나타났을 뿐 아니라 패턴을 형성하기 시작하거나 이미 형성했다는 점이다. 가령 몹시 흥미로운 프로젝트가 팀에 세 번 들어왔을 때 당신이 관심을 표현했는데도 불구하고 관리자가 매번 다른 사람에게 그 업무를 맡겼다면? 이제 문제는 한 번의 업무 배정이 아니라 매번 나타나고 있는 패턴이다.

내용에서 패턴으로 언제 바뀌는지 판단하기는 어려울 수 있다. 문제가 고작 두 번 발생했는데 패턴으로 넘어가면 속단한다는 느낌이 들기도 한다. 하지만 당신은 패턴이 단단히 자리 잡기 전에 일찌감치 솔직하게 얘기해 해결하길 원할 것이다. 그렇게 생각하면 도움을 받을 수 있다. 어떤 일이 처음 일어났을 땐 하나의 사건이다. 두 번째는 우연일 수 있다. 세 번째 일어나면 패턴이다.

관계Relation. 마지막으로 문제가 지속되면 관계에 영향을 미칠 수 있다. 관계 문제는 '신뢰'나 '능력' 또는 '존중'과 관련해 더 깊은 우려를 품게 만든다. 이를테면 우리가 누군가의 능력에 의문을 품거나 어떤 사람이 약속을 지킬 것이라 믿어도 괜찮은지 의심할 수 있다. 또는 동일한 사건을 반복해서 겪고 어떤 사람이 우리의 역할이나 공헌을 존중하지 않는다는 결론을 내릴 수도 있다. 이러한 의심과 의문에 사로잡히면 우리는 (교묘하게 혹은 공공 연하게) 그 사람들을 이전과 다르게 언급하기 시작한다.

때로는 관계 문제가 처음부터 노골적으로 나타날 수도 있다. 예를 들어 한 동료가 민감한 내용이 담긴 파일을 플래시 드라이 브에 저장해서 집으로 가져가는 모습을 보면 곧바로 신뢰 문제가 발생한다.

CPR이 어떻게 작동하는지 보기 위해 우리의 한 고객이 겪은 매우 민감한 사례를 살펴보자. 이 고객이 어떤 주제를 다룰지 결 정하도록 돕기 위해 당신은 CPR을 어떻게 사용하겠는가?

"나는 내 팀에서 유일하게 백인이 아니다. 회의에서 직속 관리자 는 내 이름을 여러 차례 잘못 불렀다. 이런 일이 세 번 일어나자 나는 그 자리에서 관리자의 실수를 바로잡아주었다. 나중에 그 녀는 내가 굳이 내 이름을 정정할 필요는 없었다고 말했다. 어차 피 우리 민족 사람들의 이름은 죄다 비슷하게 들리니 이름을 바 로잡아도 별반 차이가 없다는 것이었다. 한 번은 그녀가 내게 영 어 이름을 쓰라고 제안하기까지 했다."

이 사람이 대화에서 어떤 주제를 다뤄야 적절할지 결정하는 것 이 얼마나 중요한지 알겠는가? 구분하기는 사람들이 다양한 선 택지를 볼 수 있도록 돕는다.

1. 문제를 내용에 국한한다. 이름을 잘못 부르는 사람의 실수를 일일이 바로잡아 눈앞의 문제를 해결한다. 아니면 관리자에게 제안은 감사하지만 원래 이름으로 불리고 싶다고 말한다.

2. 패턴으로 옮겨간다. 관리자에게 당신의 이름을 잘못 부르는 것이 패턴으로 굳어졌다는 우려를 표현한다.

3. 관계를 이야기한다. 관리자에게 이름은 당신 정체성의 중요한 한 부분이고 함께 근무하는 누군가가 당신의 이름을 정확히 익히지 않으면 무시당하는 기분이 든다고 말한다. 더 중요하게는 이름을 바꾸라는 제안을 받았을 때 무시당하는 기분이 들었다고 털어놓는다.

CPR로 문제를 구분하면 상황을 명확히 파악하는 데 도움이 된다. 또한 그 대화를 어떤 수준에서 나누고 싶은지 의식적으로 선택할 수 있다. 그럼 그 결정을 내리기 전에 당신이 논의할 수 있는 문제를 하나 더 살펴보자. 바로 대화 과정 자체다.

과정을 이야기할 필요가 있는가

CPR은 복잡한 상호작용의 매듭을 풀고 우리를 나아가지 못하게 하는 문제를 검토하기 시작할 때 효과적인 진입점이다. 그렇지만 모든 문제가 내용, 패턴, 관계에 깔끔하게 들어맞는 건 아니다. 때로는 '우리가 문제를 어떻게 논의하고 있는가'라는 과정 문제로 대화를 확대해야 한다.

수년 전 우리는 상급 리더인 케일라의 관리 스타일을 코칭한 적이 있다. 케일라는 사무 보조원 에이프릴을 포함해 10여 명으로 이뤄진 팀을 이끌었다. 에이프릴은 팀에 들어온 지 얼마 되지 않았고 케일라는 그녀와 좋은 업무 관계로 발전하고 싶어 했다. 신입사원 에이프릴에게는 배워야 할 것이 있었고 케일라는 빠르고 직접적이며 예의 있게 피드백했다. 이처럼 케일라는 요령 있게 피드백과 코칭을 했으나 에이프릴은 거의 불가피하게 방어적이었다. 케일라는 에이프릴이 안심하고 그녀의 말을 듣도록 이야기하는 법에 관해 우리가 가르친 모든 방법(앞으로 독자 여러분이 배울 기술)을 시도했지만 먹히지 않았다.

몇 번의 대화를 관찰한 뒤 우리는 카일라에게 이것은 과정 문제라고 이야기했다. 케일라가 피드백하고 에이프릴이 듣는 과정에서 무언가가 두 사람을 꼼짝 못 하게 하는 문제를 만들고 있었다. 케일라는 이 문제를 얘기해보기로 마음먹었다. 그녀는 지금 두 사람이 어떤 식으로 함께 일하고 있고 어떻게 하면 자신이 에이프릴에게 가장 효과적으로 피드백할 수 있을지 에이프릴과 이야기를 나눌 시간을 마련했다. 먼저 케일라는 두 사람이 같이 잘 일할 수 있길 바라고 에이프릴이 성공하는 모습을 보고 싶다는 자신의 의도를 설명했다. 케일라가 피드백하는 건 그 때문이었다. 케일라는 이 책에 나오는 기술을 이용해 대화를 이어나갔다. 그녀는 에이프릴의 방어적인 태도를 알아차렸다고 말하면서 더 효과적인 피드백 과정을 이야기하고 싶다고 했다.

대화는 순조롭게 흘러갔다. 두 사람은 케일라가 에이프릴이 들으려 하고 또 들을 수 있는 방식으로 피드백하는 법을 두고 어느 정도 구체적인 합의에 도달했다. 그리고 에이프릴은 케일라가 더 잘 이해할 수 있는 방식으로 자신의 감정을 표현하겠다고 약속했다.

서로의 소통 스타일에 차이가 있거나 우리에게 익숙한 소통 방식이 바뀔 때, "현재 우리가 '어떻게' 소통하고 있는가"라는 과정 문제를 다루는 시간을 갖는 것은 특히 중요하다.

과정 문제는 종종 문화가 다른 경우에도 작용한다. 예를 들어 우리는 결정적 순간의 대화 기술을 유럽·아시아 전역에서 동료들과 협업해 가르치고 있는데, 원칙은 똑같아도 문화마다 사람들이 소통하는 방식에는 분명한 차이가 있다. 네덜란드의 한 동료는 아시아의 동료와 일한 경험을 공유했다.

"나는 우리가 함께 일하면서 생긴 약간의 문제에 관해 효과적이고 솔직한 대화를 나누고 싶었다. 하지만 내가 그에게 이 상황을 어떻게 생각하는지 듣고 싶다고 말했을 때 그는 거의 한마디도 하지 않았다. 대화는 대실패였다. 나중에 나는 대화에 성공하지 못한 것 같다며 둘 다 만족할 만한 해결책을 꼭 찾고 싶다고 이메일을 보냈다. 그 뒤 우리는 다시 대화를 시작했는데 이번에는 구체적인 문제보다 과정을 이야기했다. 나는 내가 다른 방식으로 접근하면 좋았을 부분이 무엇인지 물었다. 그는 문화적으로 자신은 무엇이 잘못되었는지 노골적으로 말하는 것에 익숙하지 않다고 대답했다. 내가 우리 문제를 대놓고 언급하자 무례하게 느껴졌다고 했다. 그에게는 요즘 어떻게 지내는지, 혹은 가족에 관한 이야기 등을 하면서 대화를 시작하는 것이 관례라는 것이었다. 사실 네덜란드인 시각으로 보면 난 잘하고 있었다. 이렇게 과정을 이야기한 경험은 동료에게 내 진짜 의도를 분명하게 전하는 법을 배우는 데 도움을 주었다."

또한 과정을 대화하는 것은 대체로 혹은 전적으로 비대면으로 소통하는 관계에서 더욱 중요하다. 물리적인 접촉이 빈번하지 않을 때는 소통 방식을 두고 분명하게 대화하는 것이 꼭 필요하다.

예를 들어보자. 어떻게 모든 사람에게 발언 기회가 돌아가게 할 것인가? 사람들이 잠시 이야기를 중단하고 생각할 틈을 어떻게 마련할 것인가? 어떤 도구를 사용할 것인가? 어떤 기준을 세울 것인가? 시차와 서로 다른 업무 형태를 어떻게 수용할 것인가?

이러한 질문에 답하려면 먼저 "온라인 대화가 내게 효과적인 때와 효과적이지 않은 때가 언제인가?"를 물어야 한다. 그런 뒤과정을 검토해보라. 솔직하게 말하지 않으면 행동에서 티가 난다는 것을 명심하라. 더구나 가상공간에서 이뤄지는 관계에서는 행동에서 티가 날 여지가 훨씬 더 많다.

선택하기

논의할 적절한 주제를 발견하는 다음 단계는 선택이다. 선택은 앞서 구분한 문제를 "내가 정말로 원하는 게 뭘까?"라는 질문(이 질문의 힘은 다음 장에서 더 자세히 다룬다)으로 걸러내는 작업이다.

당신의 최우선순위가 뭔지 깊이 생각한 다음 목표 달성을 방해하는 문제를 선택하라. 만약 당신이 정말로 원하는 것이 고객과의 문제해결이라면 관계("당신이 일을 제대로 처리할지 못 믿겠어")나 패턴("고객 직배송팀은 툭하면 위기 상황에 놓일 때까지 일을 미뤄")이 아니라 내용("이 주문 상품을 이틀 안에 말레이시아까지 어떻게 보내지?")을 다루기로 선택하고 다른 수준의 대화는 나중에 다시 나누겠다고 결정할 수 있다.

단순화하기

당신이 논의하고 싶은 주제를 선택했으면 간결하게 밝힐 수 있어야 한다. 대화를 어떻게 시작할지에 관한 이야기가 아니다. 문제를 간결한 표현으로 축약하라는 말이다. 이건 생각보다 어렵다. 결정적 순간의 대화를 잘 나누는 사람이 관심사를 이야기하기 직전에 물어보라(우린 이렇게 해봤다). "다루고 싶은 문제가 뭔가요?" 그러면 그들은 다른 사람보다 훨씬 짧은 문장으로 그 문제를 이야기한다. 주제를 설명하기 위한 말이 주절주절 길어질수록 대화할 준비가 덜 된 것이다. 가령 우리가 결정적 순간의 대화에 능숙한 어떤 사람에게 다가오는 업무평가에서 어떤 메시지를 전할지 물어보니 "나는 그가 사람이나 프로젝트 관리에 서툴다는 결론을 내렸어요"라고 대답했다. 와! 명쾌하다. 간결하다. 그는 준비되어 있었다.

이런 명확성이 왜 그토록 드문 걸까? 인간은 이렇게 하는 데 두려움을 느끼기 때문이다. 진짜 문제를 인정하기 시작하면 우리는 그걸 '어떻게' 말할지 큰 걱정에 휩싸인다. 문제를 모호하게 두면 덜 두렵다. 장황한 말로 문제 주변만 맴돌 경우 문제가 쉽게 희석될 수 있다. 반면 당신이 다뤄야 하는 문제의 본질을 간결하게 이야기하면 강한 책임감을 느끼고 문제의 심각성을 직시하게 된다.

하지만 이렇게 하면서 두려움을 느껴선 안 된다. 문제를 해결해야 한다. 두려움은 두 문제를 하나로 뒤섞을 때만 발생한다는 점에 주목하라. 머리 한쪽에서 "진짜 문제가 '무엇'인가?"를 검토하는 동안 다른 쪽에서는 "대체 그 말을 '어떻게' 꺼내지?"라고 비명을 지른다. 그러지 마라! 무엇을 말할지 솔직해지려고 애쓰면서 어떻게 말할지 걱정하면 정말 전하고 싶은 말의 수위를 낮추고 싶어진다. 이 경우 "나는 당신에게 사람이나 프로젝트를 관리할 능력이 부족하다고 생각한다"가 "제품 출시 상황이 어떻게 돌아가는 것 같은가?"가 된다. 빙빙 돌려 완곡하게 말하며 대화를 이어나가는 것이다.

문제를 간결하게 표현한 문장을 만들어보면 분명한 목적 아래 대화를 시작하고 책임감을 갖는 데 도움이 된다. 그 문장은 당신이 완전한 사실을 말하고 있는지 판단하는 하나의 기준이다. 어떻게 말할지는 걱정하지 마라. 그냥 당신이 말하고 싶은 일과 관련된 사실을 자신에게 이야기하라.

그래야 "어떻게 하면 사실을 말하는 '동시에' 관계를 탄탄하게 만들 수 있을까?"라는 다음 문제를 다룰 수 있다. 다음 몇 장에서 이 과제를 해결하도록 돕겠다.

일단 지금은 그 문제를 보류하자. 이 시점에서는 '무엇'을 이야기할지 올바로 파악하는 것만 걱정하고, 자기 자신에게 사실을 이야기하자. 이렇게 하는 건 힘들 수 있다. 그러나 먼저 자기 자신에게 정직해야 다른 사람에게도 정직할 수 있다.

가령 당신과 동료들이 회사에 새로 들어온 인턴들을 어느 부서에 배치할지 이야기하고 있다고 해보자. 어떤 인턴을 두고 한창 얘기하고 있는데 한 동료가 나선다.

"데이터 분석팀에 아시아인이 많으니 걔는 그 팀에 보내죠."

이 말을 들은 당신은 분노와 두려움이라는 2가지 모순된 감정에 휩싸인다. 그가 멍청하다거나 인종차별적 발언을 했다거나, 혹은 그 둘 다에 해당한다는 생각에 불쾌해진다. 그런데 분란을 일으키지 않고 문제를 해결할 방법이 생각나지 않아 두렵다. 슬그머니 문제를 내용 수준에서 다루고 싶은 마음이 든다.

결국 당신은 그 인턴을 위한 다른 선택지를 제안하며 그 부서가 그에게 더 나은 이유를 말한다. 그러는 동안 속에서는 진짜 걱정이 부글부글 끓어오른다.

이럴 땐 어떻게 해야 할까? 일단 자기 자신에게 사실을 말하

라. 그 순간 무슨 말을 해야 할지 모를지라도 잠시 이야기를 멈추고 정말로 당신을 괴롭히는 게 뭔지 분명히 파악하라. 그래야 적절한 다음 단계가 무엇인지 판단할 수 있다. 자신에게 사실을 말하면(당신은 그의 발언이 교묘하거나 지독한 인종차별 증거라고 생각한다) 언제 어떻게 그것에 관한 대화를 할지 판단할 수 있다.

주제가 바뀔 때 주의하라

우리가 직면하는 중요한 문제는 패턴이나 과정, 관계 수준에서 대부분 해결해야 한다. 내용 문제가 우리를 꼼짝 못 하게 만드는 경우는 굉장히 드물다. 잘 손질한 잔디밭에서 자란 민들레와 비슷하다고 보면 된다. 내용 문제는 그 선명한 노란색 꽃이다. 딱 티가 나고 명확하며 제거하기 쉽기 때문이다. 당장 그 꽃을 떼어 내면 잔디밭은 다시 녹색으로 가득 채워진다. 그러나… 당신은 그 뒤 무슨 일이 일어날지 알고 있다. 민들레가 다시 피고 아마 몇 배로 늘어날 것이다. 왜 그럴까? 뿌리를 그냥 놔두어서다.

우리 삶에서 패턴, 과정, 관계 수준의 문제는 그 뿌리와 비슷하다. 우리가 그 문제를 파악하고 해결하지 않으면 똑같은 내용 문제에 거듭 직면하고 만다.

하지만 조심하라. 단지 패턴이나 관계 수준의 대화가 필요하다는 것을 안다고 해서 대화가 쉬워지는 건 아니다. 일단 대화 수준을 선택했다면 그 수준을 유지하는 건 당신에게 달려 있다. 당신은 누군가와 패턴이나 관계 수준의 대화를 나누려 하는데 상대는 내용 수준의 대화로 안전을 추구하려는 경우가 흔하다.

예를 들어 당신이 지난 몇 달 동안 한 디자이너의 창작물이 약간 진부하다는 것을 알아차렸다고 해보자. 그는 모든 마감일을 지켰고 요구받은 결과물을 만들어냈지만 품질과 혁신성 면에서 당신의 기대에 미치지 못했다. 어느 한 가지 특정 디자인 문제가 아니었다. 전체적으로 봤을 때 최근 결과물이 예전 수준에 미치지 못했다. 그래서 당신은 패턴 수준의 대화를 하기로 결심한다.

"한번 볼까요?" 당신이 말한다. "이건 최근에 작업한 5개 디자인이고, 이건 예전에 작업한 5개예요. 내가 볼 때 지난 6개월 동안 한 디자인이 예전 작업물만큼 창의적이지 않아요. 엄밀히 말하면 타깃은 정확히 맞췄지만 창의적인 면에서는 빛이 바랜 감이 있네요. 어떻게 생각하는지 궁금합니다."

그는 곧바로 대답한다. "저도 존슨 프로젝트에서 제가 한 작업이 최상이 아니었다는 걸 알고 있습니다. 고객이 무엇을 원하는지 파악하기가 굉장히 어려웠고 또 같은 시기에 여러 다른 프로젝트와 균형을 맞춰야 했거든요."

이 대화에서 무슨 일이 일어났는지 알겠는가? 당신은 패턴 수준(지난 6개월간의 디자인)으로 대화에 접근했는데 상대는 내용 문제(가장 최근에 한 디자인)를 이야기하고 있다. 이 시점에 그런 대화에 말려들기 쉽다. "네, 많은 일을 진행하고 있다는 건 알아요. 그렇지만 존슨 프로젝트는 우리 팀에 정말 중요해요. 우리에겐 당신의 최상의 작업물이 필요해요"라고 말하기 쉬운 것이다. 실제로 당신은 의도했던 것과 달리 딱 이런 식으로 대화를 하고 만다. 결국 문제를 해결하지 못했음을 느끼며 자리를 뜬다. 왜 그럴까? 당신이 부적절한 대화를 했기 때문이다.

이 경우 그래픽 디자이너 쪽에 나쁜 의도가 있었던 건 아니다. 그가 일부러 당신이 경로를 이탈하도록 몰고 간 게 아니다. 그는 단지 우리 모두가 빠지는 함정에 빠졌을 뿐이다. 적절한 주제보다 최근의 문제, 어려운 길보다 쉬운 길을 택하는 함정 말이다. "이번 주에 존슨 프로젝트와 함께 많은 일을 진행하고 있었던 것은 알고 있습니다. 이해합니다. 그런데 내가 정말 걱정하는 건 존슨 프로젝트의 세부적인 부분보다 지난 6개월 동안 당신의 작업물에서 본 패턴입니다. 당신이 최상의 작업물을 내지 못하도록 방해하는 뭔가 더 큰 문제가 있는지 궁금합니다"라고 말해 당신이 원하는 수준으로 대화를 유지하는 건 당신에게 달려 있다.

일반적으로는 당신이 원하는 대화 수준을 선택했으면 이를 유지해야 한다. 하지만 예외가 있다.

북마크를 하라

명확성은 중요하다. 그만큼 유연성도 중요하다. 독백을 하는 게 아니라는 것을 기억하라. 대화를 해야 한다. 대화에는 상대가 있고 그들에겐 저마다 원하는 것과 필요한 것이 있다. 결정적 순간의 대화를 하다 보면 새로운 사안이 등장하기도 하는데, 이때 당신의 목표에 맞춘 초점과 그들의 목표 충족을 위한 유연성 사이에서 균형을 맞춰야 한다.

타이라가 필요한 데이터에 관해 동료 케이티와 나눈 대화를 들어보자.

> **타이라** 어센트Ascent 프로젝트에 사용할 원본 데이터를 어제받을 수 있을 줄 알았어. 근데 아직 구경도 못 했네. 파일 준비됐어?
>
> **케이티** 오늘 아침에 시스템이 다운됐어. 시스템에 접속할 수도없었어. 시스템이 안정적으로 작동하지도 않는 곳에서어떻게 일을 하라는 건지 모르겠어, 안 그래?
>
> **타이라** 음, 그래. 근데 시스템이 어제도 다운됐어?
>
> **케이티** 타이라, 네가 팀장이라도 돼? 왜 나를 질책하는 거야? 우린 친구야. 꼭 그렇게 몰아붙여야 해?
>
> **타이라** 우린 친구지. 동료이기도 하고. 내가 널 괴롭히려는 건아니야. 난 그저 그 보고서가 필요해.
>
> **케이티** 알아, 미안해. 아까 마크 때문에 너무 긴장했나 봐. 마크하고 있으면 소름 끼치거든. 마크의 눈이 내 몸을 더듬는 걸 못 견디겠어. 내가 신경이 곤두섰었어. 미안해.

음, 타이라가 예상한 것보다 많은 이야기가 나왔다. 타이라는 데이터를 받지 못했다는 꽤 간단해 보이는 문제를 해결하려고 이야기를 시작했다가 3가지 문제를 알게 되었다. 시스템이 다운된 사실, '우리는 친구잖아'라는 꼼수, 그리고 가장 걱정스러운 문제인 성희롱 암시다.

한 가지 문제에 초점을 두고 대화를 시작했는데 새로운 문제가 나타나면 어떻게 해야 할까? 그럴 땐 선택해야 한다. 원래 문제에 계속 초점을 둘 수도 있고 새로운 문제로 화제를 옮길 수도 있다. 두 경우 모두 북마크를 해두면 좋다. 지금 당장 나눌 대화의 방향과 나중에 다시 돌아올 주제를 인식하도록 언급해두라는 뜻이다.

타이라가 친구와 성희롱 암시라는 새로운 문제로 옮겨가길 원한다고 하자. 그녀는 새로운 문제로 화제를 옮기면서 다음과 같이 말해 원래의 문제를 북마크한다.

> **타이라**　세상에! 네가 얼마나 기분이 더러울지 알겠어. 이 문제를 얘기하자. 데이터 파일 문제는 나중에 다시 얘기하고.

새로운 문제의 심각성을 고려했을 때 새로운 문제를 북마크하고 원래 문제에 계속 초점을 맞추고 싶을 수도 있다(이 대화 사례에는 적절치 않지만).

> **타이라**　세상에! 큰일이네. 네가 무슨 일을 겪고 있는지 꼭 얘

기해보고 싶어. 해결해야 할 문제이니까. 근데 난 지금 30분 안에 이 데이터 파일을 운영팀에 넘겨야 해. 데이터 파일 문제를 먼저 알아보고 마크 얘기를 하자. 해결해야 할 문제잖아.

북마크를 해두면 당신이 이야기를 나누고 싶은 문제에 관해 의식적인 선택을 할 수 있다. 또 북마크한 문제를 나중에 다시 다룰 것이란 걸 상대에게 분명하게 인식시킬 수 있다. 당신이 자각하지 못한 채 대화가 다른 방향으로 흘러가거나 화제가 바뀌게 놔두지 마라.

웬디 이야기로 돌아가자

웬디를 기억하는가? 관리자와 대화하던 웬디는 아주 복잡한 상황에 직면했다. 두 사람은 프로젝트 일정을 놓고 이야기를 시작했는데 대화를 진행하면서 점차 새로운 문제가 개입했다. 결정을 어떤 방식으로 내리고 있는가? 어떤 의견을 검토하고 있는가? 관리자 산드린이 은근한 협박과 함께 웬디에게 압력을 가하고 있다. 자, 웬디가 어떻게 대응했는지 보자.

산드린이 "난 이 프로젝트를 이끌 사람으로 웬디를 밀었어요. 내가 웬디를 두고 뭐라고 말했는지 알아요? 웬디가 팀 플레이어

라고 말했어요. 내가 잘못 생각한 건가요?"라고 말했을 때, 웬디
는 그 상황에서 내릴 수 있는 현명한 판단을 했다. 프로젝트 일정
(내용 문제)을 북마크하고 대화를 관계 수준으로 바꾸기로 한 것
이다. 그녀는 '이건 내가 우리의 절차를, 그리고 당신을 믿을 수
있느냐에 관한 문제다'라는 문장으로 문제를 정리했다.

웬디는 산드린에게 "우리가 곤란한 입장에 처했다는 걸 이해
했어요. 저도 산드린만큼이나 윗분들에게 실망을 주고 싶지 않습
니다. 제가 일을 완수하기 위해 전력을 다하고 있다는 걸 알아주
었으면 합니다. 어쨌든 우리가 현실적인 목표를 세웠으면 좋겠어
요. 그러지 않으면 실패할 게 뻔하니까요. 더 중요하게는 우리가
원하는 것과 걱정거리를 서로 솔직하게 이야기하면서 같이 일하
길 바랍니다"라고 말했다.

이 말은 관계 수준 대화의 시작이자 더 나은 관계의 시작이 되
었다.

요약: 초점을 맞출 주제를 선택하라

적절한 주제를 선택하지 않으면 진짜 문제를 해결할 수 없다. 다
음은 당신이 적절한 주제를 이야기하고 있는지 확인하는 법이다.

부적절한 대화를 나누고 있음을 알려주는 3가지 신호를 익혀라.

- 감정이 고조된다.
- 회의적인 마음으로 자리를 뜬다.
- 예전에 이런 대화를 한 것 같은 느낌이 든다.

다음 3가지 기술을 이용해 주제를 선택하고 여기에 계속 초점을 맞추도록 준비하라.

- **구분하기**: 현재 처한 다양한 문제를 CPR을 이용해 구분하라. 이 문제는 내용, 패턴, 관계 중 어느 수준에 해당하는가? 혹은 대화 과정이 문제인가?
- **선택하기**: "내가 정말로 원하는 게 뭘까?"라고 자신에게 물어보라. 그리고 그 대답을 필터로 삼아 현재 가장 적절한 주제를 선택하라.
- **단순화하기**: 당신의 관심사를 한 문장으로 압축해 대화를 시작한 뒤 초점을 유지하라.

마지막으로 초점을 맞추는 동시에 유연성이 있어야 한다. 화제를 바꾸기 위한 다른 사람의 의도적 또는 비의도적 노력에 주의를 기울여라. 의식적 결정 없이 화제가 바뀌게 놔두어선 안 된다. 만약 화제를 바꾸기로 결정했다면 새로운 문제를 해결한 뒤 다시 돌아가기 쉽도록 '원래 화제'를 북마크하라.

4 | 진심을 가지고 시작하라

당신이 정말로 원하는 것에 초점을 유지하는 법

화가 났을 때 입을 열면
두고두고 후회할 말을 하게 된다.

_앰브로즈 비어스

당신이 이야기하고 싶은 것이 무엇인지 알았으니 이제 대화 방법으로 넘어갈 때다. 당신에게 굉장히 중요한 일에 관해 의견이 상당히 다른 사람들과 이야기를 나누면서 격렬한 감정에 휩싸일 때, 당신은 의미의 흐름을 어떻게 촉진하는가? 대다수 사람의 대화 스타일이 오랜 습관에서 나온다는 걸 감안하면 여기에는 많은 노력이 필요하다.

사람은 바뀔 수 있다. 실제로 우리는 이 대화 기술을 전 세계 수백만 명에게 가르쳤고 성과와 관계가 극적으로 좋아진 것을 보았다. 하지만 그러려면 노력이 필요하다. 책을 읽으며 영감을 주는 구절에 밑줄을 긋는다고 당신이 바뀌진 않는다. 그보다는 자기 자신을 오랫동안 냉철하게 바라보는 일부터 시작해야 한다.

같은 맥락에서 '진심을 가지고 시작하라'는 대화의 토대라고 할 수 있다. 변화는 당신의 마음에서 시작된다. 편견은 그 반대다. 우리 몸은 자신이 아니라 다른 사람들의 데이터를 모으도록 설계되어 있다. 셰익스피어가 한 말을 의역하면, "눈은 눈을 제외한 모든 것을 본다." 우리는 다른 사람이 어떻게 자신의 주장을 과장하고 있는지 알 수 있다. 다른 사람이 주먹을 쥐고 열변을 토하면서 침을 튀기는 것을 보기도 한다. 우리가 알아차리지 못하는 것은 눈을 굴리고 고개를 저으며 비웃고 있는 우리 모습이다.

우리가 결정적 순간에 최선을 다하는 사람들에게서 배운 중요한 교훈 중 하나는 모든 것이 나로부터 시작된다는 것이다. 결정적 순간의 대화를 하면서 가장 먼저 나쁘게 바뀌는 것은 당신의 행동이 아니라 동기다. 그렇게 되도록 놔둘 수는 없다. 대화의 첫 단계는 자신의 마음을 올바로 이해하는 일이다.

'나'부터 노력한다, '우리'는 그다음이다

실제로 있었던 이야기부터 들려주겠다. 어린 자매 에이슬린과 카라, 그리고 아버지는 디즈니랜드에서 신나는 오후를 보낸 뒤 황급히 호텔방으로 들어섰다. 찌는 듯이 더운 날이라 내내 탄산음료를 입에 달고 있던 탓에 소변이 급했던 두 아이는 방에 들어서면서 오로지 한 가지 생각밖에 없었다. 화장실로 내달려라.

그런데 변기는 하나뿐이었고 이내 싸움이 벌어졌다. 아이들은 작은 욕실에서 난리를 치며 다투다가 밀치고 욕을 하기 시작했다. 결국 에이슬린이 도와달라며 아버지를 불렀다.

"아빠, 내가 먼저 들어왔어!"

"알아, 하지만 내가 더 급해!"

"네가 어떻게 알아? 내 몸 안에 들어와보지도 않았잖아. 난 아침부터 참았다고!"

"넌 너무 이기적이야!"

스스로 문제를 해결하는 법을 가르치고 싶었던 아버지는 고지식하게도 이렇게 제안했다.

"얘들아, 아빠가 이 문제를 해결해주진 못할 것 같아. 둘 다 욕실에서 나오지 말고 누가 먼저 화장실을 쓸 건지 너희끼리 정하도록 하렴. 단, 한 가지 규칙이 있어. 때려서는 안 돼."

안달이 난 아이들이 결정적 순간의 대화를 시작하자 아버지는 시계를 확인했다. 문제를 해결할 때까지 얼마나 걸릴지 궁금해서였다. 천천히 몇 분이 흘러가는 동안 가끔 빈정대는 말이 튀어나오는 것 말고는 아무 소리도 들리지 않았다. 25분이 지난 뒤에야 마침내 변기에서 물 내려가는 소리가 들리더니 카라가 나왔다. 그리고 1분 뒤 다시 물 내려가는 소리가 들리고 에이슬린이 나왔다. 아이들이 둘 다 방으로 오자 아버지가 물었다.

"문제를 해결하는 데 얼마나 걸렸고, 그 시간이면 너희 둘이 화장실을 몇 번이나 사용할 수 있었는지 알고 있니?"

이 악동들은 미처 그 생각을 하지 못했다. 아버지는 더 캐물었다. "화장실 순번을 정하는 데 왜 그리 오래 걸렸어?"

"얘가 항상 이기적이라서요!"

"얘 말하는 것 좀 봐요, 아빠! 얘가 그냥 기다리면 될 걸 나한테 욕을 했어요. 얘는 항상 자기 맘대로 하려고 한다니까요."

두 아이 모두 자신이 가장 원한 것은 화장실을 쓰는 것이었다고 주장했지만, 정작 그 일이 이루기 힘든 꿈이 되도록 행동했다. 25분간 화장실 대전을 벌인 두 아이의 진짜 동기는 무엇이었는가? 시원하게 볼일을 보고 살 것 같은 기분을 느끼는 것? 아니다. 때때로 동기를 파악하는 가장 좋은 방법은 행동을 검토하는 것이다. 자매가 어떻게 행동했는지 살펴보면 그들이 정말로 원한 것은 자기가 먼저 화장실을 쓰는 것, 자기가 옳다는 걸 인정받는 것, 심지어 상대방을 비참하게 만드는 것이었음을 알 수 있다.

우리가 결정적 순간의 대화에서 직면하는 첫 번째 문제는 행동이 아니라 동기가 불건전해지는 것이며, 우리는 대개 그 변화를 전혀 알아차리지 못한다. 오히려 우리가 '명시한' 동기에 매달리면서 자신의 행동이 진짜 동기를 드러내고 있다는 것을 모르는 체한다.

우리가 정말로 원하는 결과를 얻는 첫걸음은 우리를 괴롭히는 모든 문제의 원흉은 다른 사람이라는 생각을 버리는 것이다. 여동생이 문제가 아니라 우리의 동기가 문제다. "저 못난 녀석만 고

저놓을 수 있으면 모든 게 더 나아질 거야"라는 우리의 독단적 확신이 대화와 발전으로 이어지는 행동을 막는다. 그러니 대화를 잘하는 사람들에게 이 논리를 뒤집는 경향이 있다는 건 놀랄 일이 아니다. 그들은 '우리'가 잘되는 가장 좋은 방법은 '나'로 시작하는 것이라고 믿는다.

대화를 잘하는 사람들은 이 단순한 사실을 이해하고 "'나'부터 노력하라, '우리'는 그다음이다"라는 원칙을 세운다. 그들은 자신의 접근방식을 개선하면 득을 보며, 어쨌거나 내가 직접 영향을 미칠 수 있는 사람은 나뿐이라는 것을 알고 있다. 다른 사람이 변하길 바라거나 우리가 그들을 변화시키길 원할 수도 있지만, 우리가 계속 격려하고 자극하며 어느 정도 성공적으로 만들어갈 수 있는 유일한 사람은 거울에 비친 우리 자신이다.

진심을 가지고 시작한다

좋다, 우리 자신의 대화 기술을 연마해야 한다고 해보자. 우리라면 이 책을 산 뒤 사랑하는 사람이나 동료에게 건네며 "이 책이 마음에 들 거야. 특히 내가 널 위해 밑줄을 그은 부분이 와닿을 거야"라고 말하는 대신, 우리 자신이 어떻게 도움을 받을 수 있는지 파악하기 위해 노력하겠다. 그런데 어디서부터 시작해야 좋을까?

대화에 능숙한 사람들은 진심을 가지고 시작한다. 다시 말해

올바른 동기를 가지고 위험성 높은 대화를 시작하며 어떤 일이 있어도 그 동기에 계속 초점을 맞춘다.

그들이 초점을 유지하는 방법은 2가지다. 첫째, 자신이 원하는 것을 냉철하고 영리하게 파악한다. 그리고 자신이 세운 목표에서 슬그머니 벗어나고 싶은 충동이 끊임없이 일어나도 그 목표를 고수한다.

둘째, 어리석은 선택을 하지 않는다. 싸우거나 도망가는 것 말고는 다른 방법이 없었다면서 자신의 올바르지 않은 행동을 정당화하는 사람들과 달리, 대화에 능숙한 사람들은 어떤 상황에서도 항상 대화를 선택해야 한다고 믿는다.

진실의 순간

자신의 동기를 잊는 것이 대화를 유지하는 능력에 어떻게 영향을 미치는지 실제 사례를 살펴보자.

중견기업 CEO인 그레타는 다소 긴장된 분위기에서 상급 관리자들과 2시간째 회의를 하고 있다. 그레타는 지난 6개월 동안 비용 절감을 강조해왔는데도 지금까지 거의 성과가 없어서 이 회의를 소집했다. 분명 참석자들은 왜 비용 절감에 적극 나서지 않았는지 그레타에게 이야기할 것이다. 어쨌거나 여태껏 그레타는 솔직한 분위기를 조성하기 위해 열심히 노력해왔다.

그레타가 막 질문 시간을 주었을 때 한 관리자가 머뭇거리며 일어났다. 그는 안절부절못하며 바닥만 바라보다가 주뼛주뼛 입을 뗐다. "제가 굉장히 어려운 질문을 하나 드려도 될까요?" 그가 '굉장히'라는 단어에 특히 힘을 주는 바람에 회의실에 있던 사람들은 그가 그레타의 어마어마한 잘못을 지적할 것 같은 느낌을 받았다.

겁을 먹은 그가 말을 이었다.

"사장님은 지난 6개월 동안 저희에게 비용을 줄일 방법을 찾으라고 요구했습니다. 물론 저희가 그 요구에 적극적으로 부응했다고 말한다면 거짓말일 겁니다. 하지만 괜찮다면 저희가 그 요구를 진지하게 받아들이기 어렵게 만드는 한 가지 문제를 말씀드리고 싶습니다."

"좋습니다. 말씀해보세요." 그레타가 웃는 얼굴로 대답했다. 딱 그레타가 원하는 상황이었다. 장애물이 뭔지 듣고 그 문제를 해결해 비용 절감을 실현하도록 만드는 것 말이다.

"음, 사장님은 저희에게 이면지를 사용하고 출장도 포기하라고 했으면서 정작 제2 사장실을 새로 만들고 있습니다."

그 말을 들은 그레타는 너무 당황해서 얼굴이 벌겋게 달아올랐다. 모든 사람이 다음에 무슨 일이 벌어질지 주시하고 있었다.

관리자는 계속 밀고 나갔다. "그 새로운 사장실의 가구만 해도 수십만 달러가 들 거라고 하던데 그 소문이 맞는지요?"

그 순간 의례적인 회의가 결정적 순간의 대화로 바뀌었다. 공유한 의미의 집합에 누군가가 방사성 액체를 쏟아부었다. 과연 그레타는 지금까지처럼 솔직한 피드백을 독려할까, 아니면 그 관리자를 윽박질러 입을 다물게 할까?

다음 몇 분간 그레타가 어떻게 행동하는지는 비용 절감 제안에 따른 사람들의 태도를 결정할 뿐 아니라, 다른 관리자들이 그레타를 어떻게 생각할 것인지에도 지대한 영향을 미칠 것이다. 과연 그레타는 솔직하고 정직하라던 자신의 말을 실천할 것인가, 아니면 많은 전임 사장처럼 노발대발하는 위선자가 될 것인가?

행동이 원하는 것을 반영하고 있는가

우리가 그레타를 지켜보는 동안 정말 미묘하면서도 아주 중요한 일이 일어났다. 그레타는 이를 악물었다. 그러고는 몸을 숙여 테이블 왼쪽 귀퉁이를 손마디가 새하얘지도록 세게 움켜쥐더니 장전된 총을 겨누듯 오른손 손가락으로 질문자를 가리켰다. 그레타는 아직 한마디도 하지 않았지만 앞으로 어떻게 할지 분명했다. 그녀는 공개적으로 공격을 받았고 지금 자신을 방어할 준비를 하고 있었다. 그레타의 원래 동기는 비용 절감에 성공하는 것이었으나 그녀가 미처 생각을 정리하기도 전에 덜 고귀한 무언가로 동기가 바뀌었다.

지금 그레타가 가장 신경 쓰는 것은 성과가 아니라 복수였다. 그녀는 회사가 어떻게 성과를 내는지가 아니라 자신이 어떻게 보일지 걱정했다. 공격을 받으면 우리 마음은 이처럼 갑작스럽고 무의식적으로 변할 수 있다. 압박과 강경한 의견에 직면했을 때 우리는 대개 의미 공유를 늘린다는 원래의 목표를 잊고 이기거나 체면을 세우거나 평화를 유지하거나 다른 사람을 응징할 방법을 찾는다. 그레타에게 물어보라. 그녀는 속으로 '솔직한 소통 따위는 개나 줘버려! 공개적으로 날 공격하지 말라고 저 멍청이한테 본때를 보여줘야겠어'라는 생각을 하고 있을지도 모른다.

그레타는 지금 "진지하게 질문하는 건가요?"라고 묻고 싶다. "더 큰 고객들을 확보하려면 자신감을 보여줄 시설이 필요합니다. 당신에게 경영자 마인드가 있다면 이걸 이해할 텐데요. 다음 질문!"이라고 쏘아붙이고 싶다.

그레타가 손가락질하는 걸 본 사람들은 곧바로 입을 다물고 바닥만 바라보았다. 모두가 다음에 일어날 일을 기다리는 동안 귀가 먹먹할 정도의 침묵이 흘렀다.

첫째, 당신이 정말로 원하는 것에 초점을 맞춘다

그레타는 놀라운 반응을 보였다. 그녀는 손가락이 장전된 총처럼 올라가자마자 바로 손을 허리춤으로 떨어뜨리고 표정을 풀었다. 처음에는 놀라고 당황스럽고 화도 좀 난 것 같았지만 그녀는 심호흡한 뒤 말했다.

"그렇군요, 우리가 이 문제를 이야기해봐야 할 것 같네요. 질문해주어서 다행입니다. 위험한 질문일 수 있는데 용기를 내주어 감사드려요. 저를 향한 믿음을 보여주는 것 같아 고마운 마음입니다.”

와! 그녀는 순식간에 위험한 공격무기에서 호기심 많은 파트너로 바뀌었다.

그레타는 현실을 직시했다. 그녀는 비용 절감을 강조하면서 정작 새 사장실에는 돈을 쓰는 건 위선일 수 있음을 인정했다. 나아가 그 프로젝트에 비용이 얼마나 들지 잘 모른다는 것도 인정하면서 누가 나가서 수치를 알아와달라고 부탁했다. 그녀는 새 사장실은 회사 이미지를 제고하고 고객 신뢰도를 높여야 한다는 마케팅팀의 조언에 따라 마련하는 것이며, 자신도 사용하겠지만 주로 마케팅팀의 고객 접견실로 쓰일 것이라고 설명했다. 그런 뒤 덧붙였다. “하지만 여러분에게는 프로젝트를 엄격하게 관리하라고 요청하면서 정작 저는 그러지 않았네요. 위선적인 행동 맞습니다.”

이어 새 사장실에 드는 비용을 확인한 그레타는 깜짝 놀라며 작업지시서에 서명하기 전에 더 자세히 검토했어야 했다고 인정했다.

그러자 회의 참석자들이 제2 사장실 프로젝트의 타당성을 놓고 각자 의견을 이야기하면서 놀랍도록 솔직한 대화가 이어졌다. 그 결과 프로젝트를 계속 추진하되 비용을 절반으로 줄이거나 아니면 프로젝트를 완전히 취소하자고 합의했고, 그때부터 비용 절감은 광범위하게 지지받기 시작했다.

이 대화를 지켜보던 우리는 그레타에게 무슨 일이 일어났는지 궁금했다. 그렇게 공격받은 상황에서 어떻게 그토록 침착성을 유지할 수 있었을까? 구체적으로 말하면, 어떻게 그토록 빨리 질문자에게 창피를 주고 싶은 마음을 진지하게 피드백을 구하는 태도로 바꿀 수 있었을까?

그날 늦게 우리는 그레타에게 그 변화에 관해 물었다. 우리는 그녀가 당시 무슨 생각을 했는지, 무엇이 당혹스러움과 분노를 감사의 마음으로 바꿔놓았는지 정확히 알고 싶었다.

그레타는 "별것 아니에요"라고 설명했다. "물론 처음에는 공격 당한다는 느낌이 들어 반격하고 싶었죠. 솔직히 말하면 그 사람한테 면박을 주고 싶었어요. 제대로 알지도 못하면서 많은 사람 앞에서 저를 비난했잖아요. 그렇지만 저는 감정이 저를 지배할 때 다시 감정을 통제하는 가장 좋은 방법은 간단한 질문에 초점을 맞추는 것이라고 배웠습니다."

우리는 이 지점에 주목했다. 자기 자신에게 질문을 던지면 우리가 그레타의 행동에서 목격한 것처럼 정말로 감정을 변화시킬 수 있을까? 만약 그렇다면 어떤 질문을 던져야 할까?

그녀는 계속 말을 이었다. "두려움이 느껴지자 저는 말을 멈추고 심호흡한 뒤 자문했죠. '내가 정말로 원하는 게 뭘까?'"

우리가 물었다. "정말요? 그 질문이 어떻게 도움을 주었나요?"

"처음에는 '나를 공격하는 저 사람의 코를 납작하게 해주고 싶어!'라는 생각이 들었어요. 제 감정이 내놓은 답이었죠. 그래서 다시 물었어요. '내가 정말로 원하는 게 뭘까?' 그때 명확해지더군요. '내가 정말로 원하는 건 이 관리자 200명이 비용 절감을 지지하면서 이 자리를 떠나는 것'이라고요. 그 문제에 전념해야겠다고 생각을 정리하자 회의실 뒤쪽의 그 사람이 달리 보였어요. 몇 초 전까지만 해도 적 같았는데 제 동기가 바뀌니 그 사람이 회의실 안에서 최고의 동지로 보였죠. 비용 절감과 관련해 제가 직면한 직원들의 거부감을 해결할 최고의 기회를 준 사람이었으니까요. 그러자 적절히 대응하기가 더 쉬워졌답니다."

그레타가 폭군에서 리더로 빠르게 변신한 것이 금세 이해가 갔다. 그녀의 동기가 체면을 세우는 것에서 문제를 해결하는 것으로 바뀌자 "그렇군요, 우리가 이 문제를 이야기해봐야 할 것 같네요. 질문해주어서 다행입니다. 위험한 질문일 수 있는데 용기를 내주어 감사드려요"라는 첫 마디가 자연스럽게 나왔다.

그레타는 작은 정신적 중재, 그러니까 효과적인 질문을 던지는 간단한 행동이 우리 마음의 방향을 다시 잡는 데 엄청난 영향을 미칠 수 있다는 것을 가르쳐주었다.

다시 초점을 맞추기

이제 당신이 직면할 수 있는 다른 상황으로 가보자. 당신은 지금 어떤 중요한 문제를 놓고 당신과 생각이 전혀 다른 누군가와 이야기를 나누고 있다. 동기와 관련된 이 모든 교훈을 이 상황에 어떻게 적용할 수 있을까? 대화에 임할 때는 먼저 당신의 동기를 검토하라. 그리고 대화를 시작하면서 자신이 정말로 원하는 게 뭔지 자문하라.

대화를 진행하면서 가령 당신이 상사의 의견만 무조건 따르고 있거나 배우자를 쌀쌀맞게 대하고 있음을 깨달으면 당신의 목표에 무슨 일이 일어나고 있는지에 주목하라. 원래의 목표가 아니라 체면을 세우거나, 창피를 면하거나, 이기거나, 옳음을 인정받거나, 다른 사람을 응징하는 데 더 신경 쓰고 있는가? 우리의 동기는 대개 무의식적으로 바뀌기 때문에 변화를 알아차리기 쉽지 않다. 우리가 아니라 아드레날린이 우리 대신 생각을 하면 원래의 동기는 화학적 파도에 실려 흘러가버린다. 어떤 면에서 보면 당신이 동기를 선택하는 게 아니다. 동기가 당신을 선택한다. 그렇지만 동기의 변화를 알아차릴 수 있으면 원래의 동기로 되돌리는 것이 가능하다.

바람직한 동기로 되돌아가는 첫 단계는 지금 무엇이 자신을 지배하고 있는지 인식하는 것이다. 이렇게 하는 건 보기보다 어렵다. 아드레날린이 마구 분비되고 지나치게 단순해진 상태에서는 대개 자신을 섬세하게 인식하지 못하기 때문이다. 그러면 어떻게 해야 할까?

단서를 찾아라. 자신의 동기를 객관적으로 파악해야 한다. 대화를 가능하게 하는 동기로 되돌아가려면 잠깐 물러나 제3자 입장에서 자신을 들여다보아야 한다. "지금 내 행동은 내가 원하는 것을 반영하고 있는가?"라고 자신에게 물어보자. 자기 행동을 살펴보고 그 행동의 동기를 되짚어보자. 자기 행동의 동기를 찾기 위해 솔직한 마음으로 노력하면 "어디 보자, 나는 사람들의 말을 자르고 내 생각을 지나치게 주장하고 있어. 더구나 다른 사람들이 말할 때마다 고개를 젓고 있네. 아하! 원래는 멋진 휴가를 계획하려고 대화를 시작했는데 지금은 논쟁에서 이기는 것으로 목표가 변해버렸어"라는 결론에 이를 것이다.

자신이 원하는 게 바뀌고 있다는 걸 겸허하게 인정하면 다시 마음을 바꾸겠다고 의식적으로 결정할 수 있다. 바람직하지 않은 동기에서 벗어나는 가장 빠른 방법은 자신에게 그런 동기가 있음을 인정하는 일이다. 지금 자신이 뭘 하고 있는지 파악하면 그만두는 것도 가능하다.

이제 "내가 정말로 원하는 게 뭘까?"를 물어보라. 자신에게 다음 3가지 질문을 던져보자.

"내가 나를 위해 정말로 원하는 게 뭘까?"
"내가 다른 사람들을 위해 정말로 원하는 게 뭘까?"
"내가 관계를 위해 정말로 원하는 게 뭘까?"

일단 저급한 동기에서 벗어나면 쉽고 빠르게 건전한 대답들이 나온다. "내가 정말로 원하는 건 다들 우리가 선택한 휴가지에 만족하는 것이다."

자신이 원하는 게 뭔지 물어봤다면 같은 식의 질문을 하나 더 던져보자.

"내가 정말로 원하는 것을 얻기 위해 지금 내가 해야 하는 일은 무엇인가?"

종합해보면 이 4가지 질문은 초점을 다시 맞추는 데 효과적인 도구다. 왜 그런지 알아보자.

장기적으로 도움이 된다. 위 질문들은 가장 필요할 때 효과적으로 감정을 중재해준다. 이러한 질문을 급하게 처리하고 넘겨선 안 된다. 그랬다간 눈앞의 상황에만 초점을 맞춰 성의 없게 대답하고 만다. 각 질문을 여러 번 던져보며 깊이 파고들어야 장기적인 동기로 되돌아올 수 있다.

몇 년 전 풀밭을 달리며 놀던 어린 남매에게서 이런 경우를 본 적 있다. 두 아이가 풀밭 끝에 다다랐을 때 누나가 동생을 보며 의기양양하게 외쳤다. "내가 이겼어! 내가 이겼다고!" 그러고는 곧바로 "네가 졌어! 네가 졌어!"라고 놀렸다. 그 순간 누나가 자신을 위해 원한 것은 무엇일까? 이기는 것이다. 누나가 달리기 시합을 하면서 동생을 위해 원래 원했던 건 무엇이었을까? 지는 것이었다. 순간의 열정에 사로잡혀 동기가 바뀌면 우리는 지금 당장 원하는 것에 초점을 맞추면서 근시안적으로 변한다. 그 단기적인 초점에서 벗어나려면 자신에게 이 질문들을 여러 번 해야 한다.

질문에 '장기적'이라는 단어를 추가해도 도움을 받을 수 있다. "내가 장기적으로 나 자신을 위해 정말로 원하는 게 뭘까?"라고 물어보라. 그러면 즉각적이고 단기적인 욕구에서 어떤 사람이 되고 싶은지 더 심오하게 검토하는 쪽으로 초점을 바꾸는 데 도움이 된다. 예를 들면 이런 질문을 한다. "나는 어떤 사람이 되고 싶은가?" "나는 다른 사람들을 어떻게 대하길 원하는가?" "그런 사람이 되려면 이 대화에서 어떤 모습을 보여야 할까?"

다시 뇌를 활성화하기

이 질문들은 뇌를 다시 활성화하는 데 효과적인 도구이기도 하다. 이러한 질문이 그렇게 강력한 이유는 뇌의 더 고차원적 추론 중추를 다시 활성화해 싸우거나 도망가고 싶은 본능을 가라앉히는 데 도움을 주기 때문이다.

자신에게 복잡하고 추상적인 질문을 던지면 뇌의 문제해결 영역은 당신이 지금 신체적 위협이 아니라 사회생활에서 겪는 복잡한 문제를 다루고 있음을 알아차린다. 우리가 뇌에 어려운 질문을 제시할 경우 우리 몸은 사고를 하는 뇌 영역으로 혈액을 보내고, 도망가거나 싸움을 시작하도록 하는 신체 부위로 가는 혈액을 줄인다.

둘째, 어리석은 선택을 거부한다

그럼 우리가 정말로 원하는 것에 초점을 맞추도록 돕는 도구를 더 알아보자. 이야기를 하나 들려주겠다.

탤리는 소셜 미디어 피드를 스크롤하다가 아이가 다니는 학교에서 제안한 교과과정 변경 계획과 관련된 열띤 논쟁을 발견했다. 정보통 부모이고 싶었던 탤리는 긴 게시글과 수많은 댓글을 주의 깊게 읽었다. 활발한 논의가 벌어지는 중이었고 변경안에 찬성하는 쪽이나 반대하는 쪽이나 모두 일리 있는 주장을 펼치고 있었다. 탤리는 양측 주장이 다 수긍이 갔다.

그러다 길 건너편 건물에 사는 글로리아가 끼어들었다. 글로리아는 과격한 표현으로 변경안에 혐오를 드러냈다. 더구나 글을 전부 대문자로 썼다! 글로리아는 교과과정을 바꾸면 그것이 동네 아이들을 죄다 망쳐서 모두 학교를 때려치우고 마약이나 팔 것이 분명하다고 주장했다.

예상대로 사람들이 반박하기 시작했고 글로리아는 그 반박을 되받아쳤다. 이내 토론의 화제는 교과과정이 아니라 감히 그녀와 다른 생각을 하는 바보들을 향한 갑론을박으로 옮겨갔다. 탤리는 글을 읽으며 피가 끓어올랐다. 글로리아는 탤리의 이웃과 친구들을 공격하고 있었다! 얼토당토않은 짓이었다. 누군가가 글로리아의 콧대를 꺾어 악의에 찬 글을 중단시켜야 했다.

글로리아의 가장 최근 글에 답을 달면서 탤리의 손가락이 키보드판 위를 날아다녔다.

"@글로리아-바보는 당신이에요. 존슨 교장은 이 학교를 위해 좋은 방향으로 변화를 이끌어왔어요. 교장 선생님이 이번 교과과정이 우리 아이들을 돕는 방법이라고 말하면 그런 줄 아세요. 당신은 이 문제를 거론할 아무런 자격도, 지위도 없는 사람이에요. 당신은 고등학교도 안 나왔잖아요. 그러니 교육 문제에서는 속 빈 깡통이죠. 난 그런 당신이 정말로 우리 아이들의 교육을 논할 자격이 있는 사람들을 공격하는 꼴을 가만 보고 있지 않을 겁니다!"

탤리는 정의감에 불타 화면을 클릭해서 글을 올렸다. 누군가는 글로리아에게 과감히 맞서야 했다. 몇 분 지나지 않아 쪽지가 도착했다는 알림음이 울렸다. 이웃인 미구엘이 보낸 쪽지였다. "세상에, 탤리. 좀 심하네요. 그렇게 생각하지 않아요?" 산드라, 캐린, 타이론도 쪽지를 보냈다. 탤리와 친한 부모들은 그녀가 글로리아를 공격한 것에 깜짝 놀란 것 같았다.

탤리는 우리 모두가 싫어하게 된 말들을 중얼거리다 메시지로 보냈다.

"저기, 날 그런 식으로 보지 마세요! 난 여기서 진실을 말할 용기가 있는 유일한 사람이라고요."

맙소사. 탤리는 글로리아를 공개적으로 공격해놓고 사과하거나 그냥 숨어버린 게 아니라 되레 자신이 고귀한 일을 했다고 주장했다.

탤리는 어리석은 선택을 했다. 그녀는 사실을 말하는 것과 친구로 남는 것 중 하나를 선택해야 한다고 가정하고 말했다.

결정적 순간의 대화에 능숙한 사람들은 자신에게 더 복잡한 질문을 던진다. "내가 나 자신, 다른 사람들, 관계를 위해 정말로 원하는 게 뭘까?"

감정이 격해져 있을 때 이렇게 자문하는 연습을 하다 보면 처음에는 거부감이 든다. 우리는 머리가 잘 돌아가지 않을 때 복잡한 것을 거부하기 때문이다. 음, 복잡해 보여! 우리는 공격하거나 숨는 것 중에서 선택하는 쉬운 길을 좋아하고, 그렇게 하는 것이 우리를 좋게 보이도록 만든다고 생각한다.

"미안하지만 내 진심을 지키기 위해서는 글로리아가 자기 자신을 똑바로 알게 해줘야 했어요. 보기 좋은 일은 아니었어도 마땅히 해야 할 일이었죠."

다행히 뇌에 어리석은 선택을 거부하고 대신 더 복잡한 문제를 해결하라고 요구하면 뇌는 대개 그렇게 한다. 결국 당신은 자신의 걱정을 공유하고 다른 사람의 걱정에 진지하게 귀를 기울이는 동시에 관계 구축도 할 수 있는 방법이 있음을 알게 된다. 그 결과는 인생을 바꿔놓을 수도 있다.

'둘 다'를 추구하기

대화에 능숙한 사람들은 새로운 선택지를 마련함으로써 어리석은 선택을 거부한다. 이들은 자신에게 둘 중 하나를 선택하는 것이 아니라 가장 중요하고 힘들긴 하지만 '둘 다 추구하는' 어려운 질문을 던진다(알다시피 '둘 다 추구하는' 사고는 멸종 위기에 처했다). 그 방법을 살펴보자.

1. 자신이 정말로 원하는 것이 무엇인지 분명히 한다. 이미 진심을 가지고 시작했다면 유리한 출발을 한 셈이다. 자신, 다른 사람, 관계를 위해 자신이 정말로 원하는 게 뭔지 알면 어리석은 선택을 피할 요건은 갖춘 것이다.

> "내가 원하는 건 우리 아이들 모두에게 영향을 미치는 교과과정에 관한 주민 토론에 참여하는 일이다. 나는 학부모들이 솔직하게 의견을 공유하고 서로의 말에 귀를 기울일 수 있길 원한다."

2. 자신이 정말로 원하지 않는 것이 무엇인지 분명히 한다. 이 단계는 '둘 다 추구하는' 질문을 만드는 데 핵심적이다. 이기려 들거나 자신을 보호하려는 지금의 전략에서 물러설 경우 당신에게 일어날까 봐 겁나는 일이 뭔지 생각해보라. 당신이 열심히 밀어붙이고 있는 주장을 멈추면, 혹은 거기에서 벗어나려 하지 않으면 어떤 나쁜 일이 일어날까? 어떤 끔찍한 결과를 예상해야 지금 하는 게임을 계속하는 것이 매력적이고 합리적인 선택으로 보일까?

> "내가 원하지 않는 것은 한 명이 토론을 장악하고 모욕을 주는 바람에 사람들이 입을 다무는 것이다. 또한 나는 우리의 솔직한 의

건 차이가 관계 손상으로 이어지지 않길 바란다."

3. 뇌에 더 복잡한 문제를 제시한다. 마지막으로 위의 두 대답을 침묵이나 공격보다 더 창의적이고 생산적인 선택지를 찾도록 만드는 '둘 다 추구하는' 질문으로 통합하라.

> "어떻게 하면 솔직한 대화를 나누면서 관계를 더 돈독하게 만들 수 있을까?"

어리석은 선택에 갇혀 있다가 '둘 다 추구하는' 질문을 받았을 때 사람들이 보이는 반응은 흥미롭다. 사람들은 눈을 크게 뜨고 반성하는 표정으로 생각을 시작한다. "한 가지뿐 아니라 둘 다 이룰 방법이 있겠는가?"라는 질문을 받으면 사람들은 놀라울 정도로 어김없이 그런 것 같다고 대답한다.

> "동료에게 모욕을 주거나 동료가 기분 상하지 않게 하면서 당신이 진짜 걱정하는 문제를 이야기할 방법이 있을까?"
> "이웃의 거슬리는 행동을 이야기하면서 독선적이거나 추궁하는 듯한 인상을 주지 않을 방법이 있을까?"
> "사랑하는 사람에게 당신의 지출을 이야기하면서 싸우지 않을 방법이 있을까?"

정말 '둘 다'를 잡을 수 있을까

어떤 사람들은 이런 전체적인 사고 흐름을 웃길 정도로 비현실적이라고 생각한다. 그들이 볼 때 어리석은 선택은 잘못된 이분법이 아니라 유감스러운 현실 반영일 뿐이다. 예를 들면 "어떻게 사장에게 사무실 이전을 두고 이러쿵저러쿵 말할 수 있겠어? 그랬다간 회사에서 잘릴 텐데?"라고 생각한다.

이들에게 케빈을 기억하는지 묻고 싶다. 케빈을 포함해 우리가 연구한 거의 모든 오피니언 리더는 소신 있게 자기 의견을 말하면서 존중심도 유지한다. 당신은 케빈이 어떻게 했는지 혹은 당신이 어떻게 해야 하는지 모를 수 있지만 케빈 같은 사람이 존재한다는 사실은 부인하지 않을 것이다. 의미를 공유하는 동시에 관계도 돈독히 할 수 있는 제3의 선택지는 분명 존재한다.

우리(저자들)가 현장 워크숍을 진행하다가 어리석은 양자택일이 아닌 대안이 있다고 말하면 으레 누군가가 이렇게 대꾸한다.

"다른 조직에서는 솔직하게 말해도 사람들이 들어줄지 모르지만 여기서 그랬다간 뼈도 못 추릴걸요!"

"회사 생활을 하루라도 더 오래 하고 싶다면 포기할 때를 알아야죠."

우리도 처음에는 어쩌면 대화가 불가능한 조직이 있을지도 모른다고 생각했다. 하지만 그 뒤 우리는 "당신이 아는 사람 중에 위험성 높은 대화를 잘 이끌어 문제도 해결하고 관계도 탄탄히 할 수 있는 사람이 아무도 없다는 말인가요?"라고 반문하는 법을 배웠다. 내게는 그런 사람이 존재한다.

요약: 진심을 가지고 시작하라

다음은 대화에 능숙한 사람들이 특히 상황이 힘들어질 때 목표에
초점을 맞추는 방법이다.

'나'부터 노력한다, '우리'는 그다음이다

- 당신이 직접 통제할 수 있는 유일한 사람은 자신뿐이라는 것을
  기억하라.

당신이 정말로 원하는 것에 초점을 맞춘다

- 당신이 침묵이나 공격 모드로 가고 있다면 잠깐 멈춘 뒤 자
  신의 동기에 주목해보라.
- "지금 내가 하는 행동이 내가 원하는 것을 반영하는가?"를 자
  신에게 물어보라.
- 그런 다음 당신이 정말로 원하는 것이 무엇인지 명확히 하라.
  나, 다른 사람, 관계를 위해 내가 정말로 원하는 게 뭔지 자문
  하라.
- 마지막으로 "내가 정말 원하는 것을 위해 지금 나는 뭘 해야
  하는가?"를 물어보라.

어리석은 선택을 거부한다

• 당신이 무엇을 원하는지 검토하면서 당신이 어리석은 선택으로 치닫는 말을 시작할 때 주목하라.

• '둘 다'를 추구해 어리석은 선택을 피하라.

• 당신이 원하지 않는 것이 뭔지 명확히 하고 이를 당신이 원하는 것에 추가한 뒤 대화를 시작하기 위한 대안을 찾아보라.

5 | 내 스토리를 돌아보라
화가 나거나 겁이 나거나 상처를 받았을 때 대화를 계속하는 법

네가 어떻게 게임하는지가 아니라
게임이 어떻게 널 갖고 노는지가 문제다.

_영화 〈스파이 게임〉

현재 우리는 결정적 순간의 대화에서 다음 단계를 거쳤다.

- 우리는 그 대화가 결정적일 수도 있다는 것을 알아차렸다
  (1장, 2장).
- 우리는 대화에서 다뤄야 할 적절한 주제에 초점을 맞췄다(3장).
- 우리는 자신이 정말로 원하는 것이 무엇인지 생각했다(4장).

이제 우리는 입을 열 준비를 거의 마쳤다. 물론 아직 완전하지는 않다. 우리에겐 풀어야 할 문제가 하나 남아 있다. 바로 감정이다. 대화에 참여하고 싶지 않다거나 공직 출마 기회를 영원히

날려버릴 짓을 하고 싶은 감정을 어떻게 할 것인가?

2장에서 배운 것처럼 결정적 순간의 대화가 지닌 본질적 특징 중 하나는 격한 감정이다. 이런 감정이 없을 경우 사람들은 대부분 대화를 괜찮게 해낸다. 날씨 관련 대화는 쉽게 잘 나누지 않는가. 그러나 감정이 개입하기 시작하면 우리는 종종 최악의 모습을 보이고 대화는 엉망이 된다.

이번 장에서는 감정을 관리하는 방법을 배워 결정적 순간의 대화를 장악하는 법을 알아보겠다. 자기 감정에 어떻게 반응하는지 파악하면 인생의 모든 중요한 것을 예측하는 데 도움이 된다. 감정을 통제하는 법을 배우면 결정적 순간의 대화에 필요한 도구를 훨씬 더 능숙하게 사용할 수 있을 것이다.

"저 사람 때문에 미치겠어!"

"저 사람 때문에 미치겠어!" 당신은 이 말을 얼마나 많이 들어봤는가? 혹은 당신은 이 말을 얼마나 많이 해봤는가? 예를 들어 당신이 조용히 텔레비전을 보고 있는데 함께 사는 장모가 들어와 주위를 훑어보더니 몇 분 전 당신이 나초를 굽느라 어질러놓은 것을 치우기 시작한다면? 그 모습에 당신은 화가 난다. 장모는 항상 당신을 게으름뱅이 취급하며 지적하고 돌아다닌다.

몇 분 뒤, 왜 그렇게 화가 났느냐는 아내의 물음에 당신이 대답한다. "왜긴 왜야, 당신 어머니 때문이지. 여기 누워서 잠깐 쉬고 있는데 또 그렇게 쳐다보시잖아. 솔직히 말하는데, 제발 그러지 않았으면 좋겠어. 오늘은 내가 유일하게 하루 쉬는 날이잖아. 모처럼 조용히 쉬고 있는데 장모님이 와서 나를 평가하기 시작했어. 돌아버리겠어."

그러자 아내가 묻는다. "화가 난 이유가 우리 엄마 때문이야, 아니면 당신 자신 때문이야?"

굉장히 흥미로운 질문이다.

누가 화나게 만들든 어떤 사람은 남들보다 더 사납게 반응하는 경향이 있다. 왜 그럴까? 이를테면 왜 어떤 사람은 기를 죽이는 피드백에도 움츠러들지 않고 귀를 기울이는 반면, 또 어떤 사람은 턱에 살사소스가 묻었다는 말만 들어도 발끈할까? 왜 당신은 어떤 때는 모욕적인 말을 태연하게 받아들이면서 또 어떤 때는 누가 흘깃 쳐다보기만 해도 분통을 터뜨릴까?

감정은 그냥 생기지 않는다

이러한 질문에 답하기 전에 다소 과감한(때로는 반응이 나쁜) 2가지 주장을 소개하고 각 주장 뒤에 숨은 논리를 설명해보겠다.

주장 1. 감정이 당신 마음에 안개처럼 자리 잡는 건 아니다. 다른

112

사람이 당신에게 그 감정을 강요한 것도 아니다. 당신이 자기 감정을 얼마나 편하게 이야기하는지와 상관없이 당신을 미치게 만드는 것은 다른 사람이 아니라 당신 자신이다. 두렵거나 화나거나 모욕감을 느끼거나 상처받는 건 바로 당신 자신 때문이다. 당신의 감정을 만드는 사람은 당신뿐이다.

주장 2. 일단 화가 나면 우리 앞에는 그 감정을 다스리거나 감정에 휘둘리는 2가지 선택지밖에 없다. 다시 말해 감정이 격해질 때 그 감정을 다스릴 방법을 찾지 못하면 감정의 인질이 된다.

이 모든 것이 어떻게 전개되는지 보자.

마리아 이야기

카피라이터 마리아는 지금 상당히 격렬한 감정의 인질 상태에 있다. 마리아와 동료 루이스는 조금 전에 최근 작성한 제안서 초안을 상사와 검토했다. 오늘 회의 시간에 두 사람은 함께 작성한 광고안을 공동으로 프레젠테이션할 예정이었다. 그런데 마리아가 잠깐 회의실을 비운 사이 루이스가 마리아가 발표할 내용을 빼앗아 핵심 아이디어를 거의 다 이야기해버렸다. 상사가 마리아를 보며 의견을 물었을 때 그녀에겐 말할 거리가 거의 남아 있지 않았다.

마리아는 이번 프로젝트 내내 모멸감과 분노를 느꼈다. 루이스는 두 사람이 함께 고안한 제안을 상사에게 혼자 보고하고 마리아 몰래 논의했다. 그러더니 이제는 프레젠테이션까지 완전히 독점해버린 것이었다. 마리아는 자신이 팀에서 유일한 여자라 루이스가 그녀의 공을 하찮게 여긴다고 생각했다.

마리아는 루이스의 남성 우월적 사고방식에 진력이 나 있었다. 그래서 그녀는 어떻게 했을까? 그녀는 '지나치게 예민한' 사람처럼 보이고 싶지 않아 대개는 아무 말도 하지 않고 할 일만 했다. 그래도 가끔은 자신이 받는 부당한 대우에 냉소적인 말을 던지며 자기주장을 했다.

"그래요, 복사 정도야 뭐 어려울 게 있나요? 하는 김에 커피랑 번트 케이크까지 준비할까요?"라고 투덜거리고는 눈을 흘기며 방을 나가는 식이었다.

한편 루이스 입장에서는 마리아의 그런 치사한 대응과 빈정대는 말이 당혹스러웠다. 그는 마리아가 왜 화가 났는지 잘 모르겠지만 자기가 하는 일마다 그녀가 보이는 적대적인 반응에 불쾌해지기 시작했다. 그래서 두 사람이 함께 일할 때면 분위기가 살얼음판이었다.

무엇이 마리아(그리고 루이스)를 화나게 했나

대화에 서툰 사람은 마리아와 같은 함정에 빠진다. 마리아는 자신이 위험한 가정을 하고 있다는 걸 전혀 인식하지 못하고 있다. 무시당한다는 생각에 화가 난 그녀는 '프로다운 침묵professional silence'을 유지하면서 그런 감정과 행동이 그 상황에서 합리적이고 옳은 유일한 반응이라고 여긴다. 더구나 자기 입장이라면 누구라도 똑같이 느낄 것이라고 확신한다.

여기에 문제가 있다. 마리아는 자신이 느끼는 감정을 유일하게 정당한 반응으로 본다. 그녀의 머릿속에서는 그 감정이 정당하고 옳은 것이어서 의문을 품거나 바꿀 노력을 하지 않는다. 여기에다 그녀가 보기에 그 감정을 유발한 것은 루이스다. 결국 그녀의 행동(아무 말도 하지 않고 치사하게 대응하기)을 주도하는 것은 그 감정이다. 그녀가 느끼는 감정은 행동을 지배하고 점점 악화하는 루이스와의 관계에 기름을 끼얹는다. 대화에 매우 서툰 사람은 감정의 인질 상태에 있으면서도 그걸 인식하지 못한다.

대화의 원리를 어느 정도 아는 사람은 자기 감정을 통제하지 않으면 상황이 더 나빠질 것을 알고 있다. 그래서 다른 방법을 시도한다. 감정을 속이는 것이다. 그들은 심호흡한 뒤 10까지 헤아린다. 이어 감정에 반응하는 것을 억누르고 대화로 돌아가기 위해 최선을 다한다. 적어도 그런 시도를 한다.

유감스럽게도 일단 감정에 질식당한 사람이 결정적 순간의 대화를 하다가 힘든 상황에 놓이면 그동안 억누르고 있던 감정이 드러난다. 가령 이를 악물거나 비꼬는 말로 감정을 표출해 대화를 엉망으로 만든다. 혹은 두려움 때문에 위축되어 자신의 진짜 생각을 말하길 꺼린다. 그러면 의미가 공유되지 않는다. 의미의 흐름이 원천 차단되기 때문이다. 어떤 경우든 억지로 밀어 넣은 감정이 몰래 빠져나와 슬그머니 대화에 개입한다. 그러면 절대 좋은 상황이 벌어지지 않고 항상 대화를 망쳐놓는다.

대화의 달인은 완전히 다르게 대응한다. 그들은 감정의 인질로 잡히지도 않고 감정을 꼭꼭 숨기거나 억누르려 애쓰지도 않는다. 대신 그들은 감정을 다스린다. 다시 말해 격한 감정을 느끼면 그 감정을 곰곰이 생각하고 이해함으로써 감정을 통제하고 종종 변화시킨다. 그 결과 그들은 상황에 맞는 감정을 선택하고 그렇게 함으로써 더 나은 결과를 낳는 행동을 선택할 수 있다.

물론 말이 쉽지 실제로 이렇게 하기는 힘들다. 감정적이고 위험한 상태에서 자신을 돌아보고 진정하기란 쉽지 않다. 그렇지만 우리는 할 수 있고, 해야 한다.

'행동 경로'에 답이 있다

자기 감정을 되돌아보기 위해서는 그 감정이 애초에 어디에서 왔는지 알아야 한다. 지금부터 감정을 검토해 통제하도록 돕는 모델을 살펴보도록 하겠다.

마리아를 생각해보자. 마리아는 상처받았지만 루이스에게 솔직히 말하면 너무 감정적인 사람으로 보일까 봐 걱정된다. 그래서 그녀는 감정을 억눌렀다가 치사하게 대응하기를 반복한다.

다음의 그림에서 보이는 것처럼 마리아의 행동은 그녀의 감정에서 나온다. 그녀는 먼저 감정을 느끼고 그에 따라 행동한다. 아주 쉬운 얘기이시만 한 가시 의문이 생긴다. 애초에 마리아는 무엇 때문에 그런 감정을 느꼈을까?

루이스의 행동 때문일까? 장모와 나초 사건의 경우처럼 루이스가 마리아에게 모욕감과 상처를 주었는가? 마리아는 프레젠테이션에서 루이스가 끼어들어 그녀가 발표할 예정이던 여러 핵심 사항을 이야기하는 것을 보고 들었다. 그녀가 보고 들은 것을 바탕으로 감정이 생겼고, 그녀는 그 감정에 따라 못되게 굴었다.

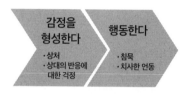

여기서 중요한 질문이 나온다. 마리아가 보고 들은 것(루이스의 행동)과 그녀가 느끼는 감정 사이에 무슨 일이 일어나는가? 우리가 보거나 듣거나 경험한 것이 우리의 감정을 만드는가? 만약 그렇다면 왜 사람들은 같은 상황에서 저마다 다른 감정을 느끼는가?

'스토리'가 감정을 만든다

밝혀진 바에 따르면 다른 사람이 하는 행동과 우리가 느끼는 감정 사이에는 중간 단계가 있다. 우리는 다른 사람의 행동을 관찰한 직후와 그 행동에 따른 감정을 느끼기 직전 사이에 자신에게 어떤 말을 한다. 관찰한 행동에 의미를 부여하고 그 행동을 일으킨 동기를 추측하는 것이다. '저 사람은 왜 저런 행동을 하는 걸까?' 우리는 여기에서 그치지 않고 그 행동이 좋은지 나쁜지 평가까지 한다. 이런 추측과 평가를 우리는 '스토리'라고 부르는데, 우리 몸은 자신에게 말한 그 스토리를 바탕으로 감정적 반응을 보인다.

이 중간 단계는 왜 똑같은 상황에 직면한 10명이 제각기 다른 감정적 반응을 보일 수 있는지 설명해준다. 예를 들어 어떤 사람은 루이스 같은 동료에게 모욕감을 느끼는 반면, 다른 사람은 단지 호기심만 느낄 수 있다. 어떤 사람은 화가 나지만, 다른 사람은 걱정하거나 심지어 동정심까지 느낀다.

이를 도식화하면 다음 쪽에 나오는 모델과 같다. 이 모델은 경험, 생각, 감정이 어떻게 행동으로 이어지는지 설명하기 때문에 '행동 경로Path to Action' 모델이라 불린다.

당신은 모델에 추가한 '스토리'를 알아차렸을 것이다. 우리는 무언가를 관찰하고 그 스토리를 자신에게 말한 다음 감정을 느낀다. 스토리 추가로 모델이 좀 복잡해졌지만 희망도 생겼다. 스토리를 말하는 것은 자기 자신뿐이라 다른 스토리를 말함으로써 자

118

기 감정의 통제력을 되찾을 수 있기 때문이다. 이제 우리는 감정을 제어하거나 통제할 수 있는 지점을 알아냈다. 스토리를 재검토하거나 고쳐 말하는 방법을 찾으면 감정을 다스릴 수 있다. 나아가 결정적 순간의 대화를 능숙하게 해낼 수 있다.

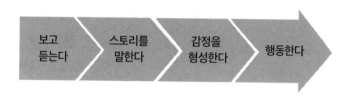

우리의 스토리

> "세상에 원래부터 선하거나 악한 건 없다. 다 생각하기 나름이다."
>
> _윌리엄 셰익스피어

스토리는 지금 벌어지고 있는 일을 두고 우리가 자기 나름대로 생각한 이유를 제시한다.

이는 우리가 사실을 해석한 것이라고 할 수 있다. 스토리는 우리가 보고 들은 것("칼이 노란색 상자를 들고 건물 밖으로 나가고 있네. 노란색 상자에는 기밀 자료가 들어있는데")을 설명하면서 시작하지만 대개 보고 들은 것에서 한 단계 더 나아가 그 일이 왜 일어나고 있는지 의견을 제시한다("칼이 우리의 지적 자산을 훔치고 있구나"). 스토리에는 결론뿐 아니라 판단(어떤 일이 좋은지 나쁜지)도 들어 있고 이것은 책임 소재까지 포함한다(다른 사람의 동기 해석).

마리아와 루이스를 생각해보자. 마리아는 발표를 시작한 루이스가 멈추지 않으려는 것을 보았다. 무슨 일이 벌어지고 있는가? 마리아는 루이스가 자신의 프레젠테이션을 방해하고 있다는 결론을 내린다. 마리아의 스토리는 여기에서 그치지 않는다. 그녀는 왜 루이스가 프레젠테이션을 방해하는지 자신에게 재빨리 이야기한다. "루이스는 내 소통 능력을 믿지 않아. 사람들이 남자가 하는 말에 더 귀를 기울인다고 생각하는 거지. 그리고 루이스는 혼자만 스포트라이트를 받으려고 애쓰고 있어." 마리아는 루이스가 하는 행동의 동기를 찾기 시작하고 그런 뒤 판단을 내린다. "루이스는 성차별주의자에다 권력에 굶주린 교활한 자식이야."

우리가 의미나 스토리를 생각하면 우리 몸은 곧 강한 감정을 느낀다. 어쨌거나 우리의 감정은 우리의 평가, 즉 옳은지 그른지, 좋은지 나쁜지, 친절한지 이기적인지, 공정한지 불공정한지 등과 직접 연결된다. 마리아가 자신에게 말한 스토리는 분노와 좌절감을 낳았고, 그 감정은 입을 꼭 다물거나 가끔 치사한 언동을 하는 그녀의 행동으로 이어졌다.

보고 듣는다	스토리를 말한다	감정을 형성한다	행동한다
루이스가 중요한 이야기를 전부 해버리고 상사와 따로 만났다.	"루이스는 나를 믿지 않아. 내가 나약하다고 생각하지. 하지만 이런 이야기를 하면 내가 너무 감정적인 사람으로 보일 거야."	•상처 •상대의 반응에 대한 걱정	•침묵 •치사한 언동

스토리에 관한 몇 가지 사실

<u>설령 자각하지 못해도 당신은 자신에게 어떤 스토리를 말한다.</u> 감정을 주도하는 것은 다른 사람의 행동이 아니라 자신에게 말한 스토리라고 우리가 말하면 으레 누군가가 손을 들고 반박한다. "잠깐만요. 저는 저한테 말한다고 느낀 적이 없어요. 제가 프레젠테이션을 하고 있는데 누가 비웃으면 그냥 화가 날 뿐이죠. 감정이 먼저 나타나고 생각은 그다음에 합니다."

스토리를 말하는 것은 보통 눈 깜짝할 새에 일어난다. 위험에 처했다고 생각할 때 너무 순식간에 자신에게 스토리를 말하기 때문에 인식조차 하지 못한다. 믿기지 않으면 누군가가 당신을 보고 웃었을 때 매번 화가 나는지 스스로에게 물어보라. 만약 언제는 화를 냈고 또 언제는 화를 내지 않았다면 당신의 반응이 딱 정해져 있지 않다는 의미다. 이는 다른 사람의 웃는 행동과 당신의 감정 사이에 무언가가 일어난다는 뜻이다. 당신은 기억하지 못할 수 있지만 당신은 그사이에 자신에게 스토리를 말한다.

어떤 사실도 무수한 스토리를 만들어낼 수 있다. 스토리는 스토리일 뿐이다. 스토리는 무수하게 달라질 수 있다. 예를 들어 마리아는 자신이 그 프로젝트에 얼마나 많이 신경을 썼는지 루이스가 몰랐을 거라고 판단할 수 있다. 아니면 루이스가 열등감 때문에 자신이 가치 있는 사람임을 보여주기 위해 그런 행동을 했다는 결론을 내릴 수도 있다. 혹은 루이스가 과거에 프로젝트의 모든 세부 사항을 직접 챙기지 않아 창피를 당한 적이 있었는지도 모른다. 이 모든 스토리는 마리아가 보고 들은 사실에서 나올 수 있는 해석이고 각각 마리아에게 매우 다른 감정을 불러일으킬 것이다.

우리가 스토리를 지배하면 스토리는 우리를 지배하지 않는다. 대화에 뛰어난 사람은 결정적 순간의 대화를 하는 동안 자기 감정을 통제할 수 있다. 그들은 처음에는 우리가 스토리를 지배하지만 일단 스토리를 말한 뒤에는 스토리가 우리를 지배한다는 것을 알고 있다. 그래서 먼저 자기 감정을 통제한 뒤 행동을 통제하고 이를 토대로 결정적 순간의 대화에서 얻는 결과를 통제한다.

좋은 소식은 우리가 자신에게 다양한 스토리를 말함으로써 순환고리를 끊을 수 있다는 점이다. 사실 다양한 스토리를 말하기 전까지는 순환고리를 끊지 못한다.

결정적 순간의 대화의 성과를 높이고 싶다면 자신에게 말하는 스토리를 수정해야 한다. 한창 옥신각신하는 중일 때도 마찬가지다.

왜 스토리를 지배해야 하는가

지금부터는 스토리를 확인하고 검토하고 개선하는 데 사용할 수 있는 효과적인 도구를 알려주려 한다. 미리 고백하건대 이 기술에는 노력이 필요하다. 그러니까 초점, 집중력, 겸손이 필요하다. 많은 독자가 이 장을 반쯤 읽고는 "제길, 내가 왜 이 모든 수고를 해야 해?"라고 소리칠지도 모른다. 이를 해석하면 "이런 감정을 일으킨 다른 사람들을 비난하는 단순한 삶을 사는 게 뭐 어때?"라고 묻는 것이나 마찬가지다.

사실 꼭 이런 수고를 할 필요는 없다. 다른 결과를 원하지 않는다면 말이다. 그렇지만 다른 결과를 얻으려면 다른 감정이 필요하다. 마리아가 다른 결과를 얻고 싶고 루이스와의 업무 관계를 바꾸고자 한다면 지금까지와 다른 방식으로 행동해야 한다. 그리고 다르게 행동하려면 다르게 느껴야 한다. 다르게 느끼려면 자신의 스토리를 지배해야 한다.

자신의 스토리를 지배한다는 것은 누군가의 나쁜 행동을 눈감

아주는 것이 아니라 대화로 그 행동을 해결하기 위한 첫발을 내 딛는 것을 말한다. 자신에게 말하는 스토리를 지배하면 대화에 임할 때의 감정 에너지를 지배할 수 있고 그럴 때 우리의 대화는 바뀌기 시작한다.

스토리를 검토하지 않고 놔두면 위험한 또 다른 이유는 그 스 토리가 당신의 현실을 만들 수 있어서다. 사람들은 자신의 스토 리를 옹호할 때 대개 그 스토리가 현실을 정확히 반영한다고 말 한다. 현실이 먼저고 스토리는 단지 그 현실을 포착했을 뿐이라 는 얘기다. 어쩌면 그럴 수도 있다. 그러나 더 깊이 살펴보면 스 토리 자체가 현실을 만들었거나 적어도 영향을 미쳤음을 알게 되 는 경우가 흔하다. 우리는 이것을 '하향 악순환downward spiral'이 라 부른다. 그 과정을 보여주는 실례를 들어보겠다. 결혼 초 조셉 에게 일어났던 일인데 그는 그 사건을 이렇게 설명한다.

"결혼한 지 몇 해 되지 않았을 때다. 아이가 둘이었는데 내 출장 일정이 빡빡해지기 시작했다. 아내 셀리아는 내가 집에 없을 때 혼자 아이들을 돌보는 데 동의했다. 어느 날 저녁 출장에서 돌아 와 보니 셀리아가 소파에 앉아 책을 읽고 있었다. 내가 막 인사를 하려는데 전화벨이 울렸다. 곧바로 2가지 생각이 스쳤다.
(1) 전화를 받는다. 나만 해결할 수 있는 해외의 긴급상황일 수 있으니까.
(2) 전화를 받지 않는다! 내가 가장 사랑하는 사람이 나와 시간을

보내고 싶어 하니까.

나는 어떻게 해야 하는지 분명하게 느꼈지만 무시하고 전화를 받았다. 전화를 건 사람은 사업 파트너 중 한 명이었고 나는 대화를 시작했다.

잠깐이라도 나를 의심할 수 있으니 내 말을 계속 들어보시길. 그 순간 나는 등줄기가 타는 듯한 느낌이 들었다. 어디선가 강렬한 느낌이 뿜어져 나오고 있었다. 주위를 둘러본 나는 그 느낌의 근원지를 발견했다. 셀리아가 방 건너편에서 내 등줄기를 뚫어져라 쳐다보고 있었다. 화가 난 무서운 눈빛이었다. 그런 셀리아를 보고 분개한 나는 눈을 부라리며 외면했다. 그때 셀리아가 책을 탁 덮고 쿵쾅거리며 방을 나가는 소리가 들렸다. 나는 셀리아가 지나갈 때 쳐다보면서 무시하듯 고개를 절레절레 저었다.

결정적 순간의 대화를 어떻게 처리했냐고? 나는 최악의 행동을 해버렸다!"

조셉의 이야기에서 아이러니를 알아차렸는가? 그가 일주일간의 장기 출장에서 집에 돌아왔을 때 가장 원한 게 무엇이었을까? 사랑하는 사람과 시간을 보내는 것이었다. 그리고 그가 집으로 들어왔을 때 셀리아가 가장 원한 게 무엇이었을까? 사랑하는 사람과 시간을 보내는 것이었다. 그런데 두 사람 다 정반대 상황을 낳는 행동을 했다. 왜 그랬을까? 둘 다 자기 스토리의 인질이 되었기 때문이다. 당시 두 사람은 모두 자신의 스토리가 옳다고 믿었고 그 스토리가 그들의 현실을 만들고 있다는 것을 깨닫지 못했다.

예를 들어 등줄기가 타는 듯한 느낌을 받고 셸리아의 표정을 본 조셉은 그녀가 고마워할 줄 모르고 비판적이며 그를 휘어잡으려 한다고 자신에게 말했다. 조셉은 그의 스토리에서 "일주일 내내 힘들게 일하고 와서 이런 대접을 받다니"라고 말함으로써 전화를 받은 자기 행동을 정당화했다. 그래서 방어적이었고 분개해 눈을 부라렸다. 그 결과는 어떠했는가? 셸리아는 책을 소리 나게 탁 덮고 방을 나가버렸다. 그 순간 조셉은 자신의 스토리가 맞는다고 주장할 것이다. "셸리아는 나를 멋대로 판단하고 있어. 저여자는 고마운 줄을 몰라!" 조셉의 주장에 사실이 있을지도 모르지만 그는 자신이 스토리의 일부라는 사실을 놓치고 있다. 셸리아가 화라는 감정을 일으키는 스토리를 자신에게 말하고 방을 나가버린 것은 조셉의 행동 때문이었다. 그는 악순환의 원인 제공자였다.

당신의 스토리가 맞는다고 주장할 때는 먼저 당신이 설명하는 현실을 바로 당신이 만들고 있지는 않은지 검토해야 한다.

그렇다면 왜 스토리를 지배해야 할까? 스토리는 당신이 정말로 원하는 것을 이루기 위해 필요한 한 단계이기 때문이다.

스토리를 지배하기 위한 기술

다른 스토리를 떠올리는 가장 효과적인 방법은 뭘까? 대화를 잘하는 사람은 일단 속도를 늦추는 법을 찾은 뒤 자신의 행동 경로를 관리한다. 어떻게 하는지 살펴보자.

행동 경로를 되짚어보라

순식간에 자신에게 스토리를 말하고 뒤이어 아드레날린이 폭발적으로 분비되는 과정의 속도를 늦추려면 자신의 행동 경로를 한 번에 하나씩 되짚어보아야 한다. 이를 위해서는 약간의 정신 훈련이 필요하다. 먼저 현재 하고 있는 일을 중단한다. 그런 뒤 왜 당신이 그 일을 하고 있는지 살펴본다. 행동 경로를 되짚어보는 방법은 다음과 같다.

- **행동한다**: 당신이 지금 어떤 행동을 하고 있는지에 주목한다. "내가 지금 걱정을 솔직하게 이야기하는 대신 행동으로 티를 내고 있는가?"
- **감정을 형성한다**: 감정을 말로 표현한다. "지금 어떤 감정이 내가 이렇게 행동하도록 조장하는가?"
- **스토리를 말한다**: 당신의 스토리를 분석한다. "나 자신에게 어떤 말을 했기에 이런 감정이 생겼는가?"
- **보고 듣는다**: 사실로 되돌아간다. "내가 보거나 들은 것 중 이

스토리를 뒷받침하는 것은 무엇이고 상충하는 것은 무엇인가?"

경로를 한 번에 한 요소씩 되짚어보면 일부 혹은 모든 요소를 검토하고 의문을 제기해 수정할 수 있다.

당신이 지금 어떤 행동을 하고 있는지에 주목하라

처음부터 말을 멈추고 행동 경로를 되짚어보라는 말은 아니다. 하던 일을 자꾸 중단하고 자신의 근본 동기와 생각을 찾는다면 한참 생각하지 않고는 신발도 못 신을 것이다. 그러면 '분석 마비'(정보 과다로 인한 분석 불능)가 와서 저세상으로 갈지도 모른다. 말을 멈추고 행동 경로를 되짚어볼 타이밍을 알려주는 단서는 무엇일까?

1. **나쁜 결과.** 지금 얻고 있는 결과가 만족스럽지 않다. 당신이 어떤 상황에 있는데 그 결과가 마음에 들지 않는다. 승진하고 싶은데 어려울 것 같다. 가족과의 시간을 즐기고 싶은데 가족 모임에 갈 때마다 울화가 치민다. 어떤 상황이든 결과가 만족스럽지 않으면 먼저 당신이 어떻게 행동했는지와 그 행동을 불러온 행동 경로를 살펴보라.

2. **불쾌한 감정.** 당신이 부정적인 감정, 격한 감정을 느끼고 있다

면 이런 감정은 행동 경로를 되짚어볼 때라는 걸 알려주는 좋은 단서 중 하나다. 화가 나거나 좌절하거나 감정이 상하거나 기분이 나쁘거나 짜증이 나는 것은 그 이유를 물어보라는 강한 신호다. 왜 내가 이런 감정을 느낄까? 그리고 그 감정은 내가 어떻게 행동하도록 만드는가?

살펴보는 것만으론 충분하지 않다. 당신이 하고 있는 일을 솔직하게 들여다봐야 한다. 당신의 공격적인 행동을 '필요한 전술'로 여기면 행동을 재검토할 필요가 없을 것이다. "저 사람이 먼저 시작했어"라고 단정하거나 그 외의 방식으로 자기 행동을 합리화하면 바뀔 필요성을 느끼지 못한다. 이 경우 말을 멈추고 행동을 검토하는 대신 자기 자신과 다른 사람에게 자신을 정당화하는 변명을 늘어놓고 만다.

쓸모없는 스토리가 당신의 행동을 주도하고 있으면 잠시 멈춰서 다른 사람이 당신의 행동을 어떻게 볼지 생각해보라. 예를 들어 이 장면을 소셜 미디어에 생중계하면 시청자들의 눈에 당신은 어떻게 보일까? 이해관계가 없는 제3자는 당신의 행동을 어떻게 묘사할까?

결정적 순간의 대화에 능숙한 사람은 자신이 대화를 제대로 하지 못하는 때를 알아차릴 뿐 아니라 그 사실을 인정할 줄 안다. 그들은 자기 의심에 빠지지 않는다. 그 대신 문제를 인정하고 바로잡기 위한 행동을 시작한다. 그들은 자신이 대화를 망치고 있다는 것을 깨닫는 순간 자신의 행동 경로를 검토해본다.

감정을 말로 표현해보라

대화에 능숙한 사람은 자신의 행동 경로를 되짚어보면서 자신의 바람직하지 않은 행동을 인정하고 더 나아가 자기 감정을 말로 표현한다. 이것은 언뜻 쉬워 보일 수 있다. '나는 지금 화가 난 상태다!'라고 생각하기만 하면 될 것 같다. 이보다 더 쉬울 수는 없다!

그러나 자신의 감정 상태를 파악하는 것은 생각보다 어렵다. 사실 많은 사람이 자기 감정에 문맹이나 다름없다. 지금 어떤 기분인지 표현해보라고 하면 고작 '나쁘다' '화가 나 있다' '무섭다' 정도의 단어만 사용한다. 이런 묘사가 정확한 경우엔 괜찮지만 대개는 그렇지 않다. 실제로는 당혹감과 놀라움이 뒤섞인 기분인데 사람들은 그냥 화가 났다고 말한다. 혹은 모욕당한 느낌인데 기분 나쁘다고 말한다. 굴욕감을 느끼고 상처받았을 때도 아마 그냥 속상하다고 말할 것이다.

인생이 단어 시험의 연속은 아니기에 어휘가 어떤 차이를 만들어낼 수 있는지 의아할지도 모른다. 하지만 어휘는 매우 중요하다. 자신의 진짜 감정을 알면 지금 무슨 일이 왜 일어나고 있는지 더 정확히 볼 수 있기 때문이다. 가령 단순히 화가 난 게 아니라 당황하고 놀랐다는 것을 받아들이면 지금 자신에게 말한 스토리를 솔직한 시선으로 볼 수 있다.

자기 감정을 정확히 표현하는 시간을 보내면 당신과 감정 사이에 약간의 틈이 생기기 시작한다. 이 간격은 감정의 인질이던 당신을 감정의 관찰자가 되게 한다. 약간 거리를 두고 보면 자기 감정을 관찰하고 연구해 변화하도록 만들 수 있다. 그렇지만 감정을 정확히 표현하기 전까지는 그런 과정을 시작하지 못한다.

당신은 어떤가? 첫째, 격한 감정을 느낄 때 잠시 멈추고 지금 느끼는 감정을 생각하는가? 만약 그렇다면 당신은 풍부한 어휘를 사용해 감정을 표현하는가, 아니면 '좋아' '기분이 꿀꿀해' '열받았어' '짜증 나' 같은 표현을 주로 쓰는가?

둘째, 당신의 감정을 다른 사람에게 솔직하게 이야기하는가? 마음속에서 무슨 일이 일어나고 있는지 사랑하는 사람들과 기꺼이 이야기를 나누는가?

셋째, 그렇게 하면서 말로 쉽게 표현한 감정 저변에 깔린 인정하기에 더 민감한 감정(수치심, 상처, 두려움, 무능한 느낌)을 정확히 확인하는가?

자기 감정을 계속 파악하는 것은 중요하며 이를 위해서는 당신의 감정 어휘를 확장할 필요가 있다.

당신의 스토리를 분석하라

이것은 당신의 감정과 스토리에 의문을 제기하는 일이다. 자기 감정을 확인했다면 잠시 말을 멈추고 현재 상황에서 적절한 감정인지 자문해보자. 자신에게 올바른 스토리를 말하고 있는지 생각해보라는 뜻이다.

감정 조절 능력을 되찾는 첫 번째 단계는 당신이 느끼는 감정이 그 상황에서 유일하게 적절한 감정이라는 착각에 이의를 제기하는 것이다. 이는 가장 어려운 단계일 수 있으며 가장 중요한 단계이기도 하다. 자기 감정에 의문을 제기하면 스토리에도 의문을 제기할 수 있다. 자신이 말한 스토리가 옳고 사실이라는 편리한 결론에 의문을 품는 것이다. 이렇게 우리의 감정(실제)과 그 뒤의 스토리(많은 가능한 설명 중 하나일 뿐이다)가 정확한지 자신에게 물어보자.

이 지점에서 우리 내면의 강력한 무언가가 간혹 이렇게 항의한다. "잠깐만요. 난 내가 말한 스토리를 바꿀 필요가 없어요. 내 스토리는 정확하거든요. 사실이라고요! 내가 옳아요!"

이런 항의는 감정 측면에서 어리석은 선택과 동격이다. 자신의 스토리가 옳거나 그르거나 둘 중 하나라고 주장하기 때문이다. 하지만 그런 경우는 드물다. 우리의 스토리는 대개 더 정확하거나 덜 정확할 뿐이다.

예를 들어 루이스에게 여성의 영향력과 관련해 성차별주의적 편견이 있다는 마리아의 생각은 옳을 수 있다. 그러나 이 사건에서 벌어지고 있는 일은 그게 전부가 아닐 수 있다. 조금 전 루이스가 '목소리를 더 내라'는 상사의 충고가 담긴 나쁜 업무평가를 받았다면 어떨까? 마리아가 이 업무평가도 지금 벌어지고 있는 일의 일부임을 알았다면 다른 감정을 느꼈을까?

그뿐 아니라 우리의 '정확한' 스토리에도 가끔 미묘한 요소가 포함된다. 이를테면 마리아의 스토리는 루이스의 성차별주의를 용서받을 수 없는 짓이라고 말할 수도 있고 개선할 수 있는 인간적 결함이라고 말할 수도 있다. 그 작은 차이는 마리아가 그를 비난하게 할 수도 혹은 그를 감화하려고 시도하게 만들 수도 있다.

앞에서 말한 것처럼 하나의 사실은 다른 스토리를 무수히 만들어낼 수 있다. 자신이 말하는 스토리에 더 책임감을 느낄수록 더 효과적이고 미묘한 차이가 있는 감정적 반응을 한다.

'사실'로 되돌아가라

때로는 자신의 스토리를 절대불변의 사실로 여겨 한 치의 의심도 품지 않는다. 눈 깜빡할 새에 스토리를 생성하다 보면 그 순간에 갇혀 그 스토리를 사실로 믿기 시작한다. 스토리가 사실처럼 느껴진다. 당신은 주관적 결론을 확고한 데이터값과 혼동한다. 예를 들어 마리아는 스토리에서 사실을 캐내려 애쓰면서 속으로 "루이스는 여성을 혐오하는 새끼야! 그게 사실이야! 저 자식이 나한테 하는 짓을 본 아무한테나 물어봐!"라고 말했을지 모른다.

'루이스는 여성을 혐오하는 새끼야!'는 사실이 아니다. 그건 마리아가 사실에 의미를 부여하기 위해 만들어낸 스토리다. 한 가지 사실은 갖가지 의미를 지닐 수 있다. 앞서 말했듯 다른 사람은 마리아와 루이스의 상호작용을 보고 다른 해석을 할 수도 있다.

사람을 꼼짝 못 하게 하는 스토리에서 벗어나는 가장 좋은 방법은 그 스토리에서 사실을 분리하는 것이다. 자신이 붙인 해석을 제거하려 노력할 때 '내가 사실로 여기는 이것을 내가 직접 보거나 들었는가? 실제로 일어난 행동인가?'라는 간단한 기준에 비춰보면 도움이 된다.

가령 '루이스가 프레젠테이션의 95%를 혼자 진행했고 하나만 빼고 모든 질문에 답했다'는 것은 사실이다. 이 사실은 구체적이고 객관적이며 증명이 가능하다. 누구라도 그 회의를 봤다면 같은 관찰을 했을 것이다. 그러나 '루이스는 날 믿지 않는다'는 말은 하나의 판단이다. 이것은 다른 사람이 실제로 한 행동이 아니라 당신이 만든 생각이다. 판단은 주관적이다.

'격렬한' 단어들을 잘 살펴서 스토리 확인하기. 스토리와 사실을 헷갈리지 않으려면 '격렬한' 말들을 살펴보라. 예를 들어 당신은 사실을 평가하면서 "그녀가 날 보고 얼굴을 찌푸렸어"나 "그가 비꼬는 말을 했어"라고 말할 수 있다. '찌푸리다' '비꼬다' 같은 것이 격렬한 단어다. 이런 단어는 판단과 책임 소재를 표현해 격한 감정을 불러일으킨다. 이것은 사실이 아니라 스토리다. "그녀가 눈을 꼭 감고 입을 꽉 다물었다"라는 말과 "그녀가 날 보고 얼굴을 찌푸렸다"라는 말은 얼마나 다른가? 마리아는 루이스가 권위적이고 자신을 존중하지 않는다고 생각했다. 그녀가 루이스의 행동에 초점을 맞췄다면(그가 발표를 많이 하고 상사와 일대일로 만났다) 얼마든지 다양한 해석이 가능한 덜 격렬한 표현을 썼을 것이다. 이를테면 루이스가 불안했거나 걱정이 되었거나 그 자신을 믿지 못해서 그랬을지도 모른다.

격렬한 단어를 제거하고 기본 사실에 집중하는 게 말처럼 쉽지는 않다. 마리아의 경우 스토리에서 사실을 분리하려 노력할 때 판단을 제거하려는 시도를 몇 번 반복해야 할 수도 있다.

- **첫 번째 시도**(모든 스토리): 루이스가 우리 계획을 어기고 내가 발표하기로 한 슬라이드를 제멋대로 자기가 발표해서 날 꿔다 놓은 보릿자루로 만들었다.
- **두 번째 시도**(일부 사실): 루이스가 내가 발표하기로 한 슬라이드 10장을 제멋대로 자기가 발표했고 나에겐 눈길도 주지 않은 채 질문에 답했다.
- **세 번째 시도**(더 많은 사실): 루이스는 내가 발표하기로 합의한 슬라이드 10장을 제멋대로 자기가 발표했다. 질문이 나왔을 때도 자기가 다 대답했다.

다른 사실 살펴보기. 일단 스토리를 말하기 시작하면("루이스는 권력에 굶주린 교활한 자식이야!") 우리는 그 스토리를 보강해줄 증거나 사실만 선택적으로 보기 시작하고 스토리와 모순되는 사실은 무시한다. 우리는 자신이 만든 스토리를 믿고, 계속 믿길 원한다. 그래서 그 스토리를 계속 믿는 데 도움을 주는 것만 본다. 결국 행동 경로를 되짚어보고 사실을 파고들 때 모든 사실을 다시 살펴봐야 한다. 우리가 한창 스토리를 만드는 중에 못 보고 넘긴 부분이 있는가?

가령 마리아가 예전에 루이스에 관한 스토리를 자신에게 말한 적 있다면 무의식중에 그 스토리를 뒷받침할 사실을 찾을 것이다. 우리는 모두 자신의 생각이 옳길 바란다. 그래서 그 생각을 확인해줄 데이터를 찾고 모순되는 것은 뭐든 못 본 체하거나 무시한다. 마리아는 추가 사실을 살펴보면서 그녀가 존경하는 동료인 시나와 루이스가 매우 원만하게 일한다는 것과 루이스가 지난달 팀 회의에서 마리아의 작업을 칭찬했다는 것을 깨닫는다.

자신이 만든 스토리를 옹호할 필요에서 벗어나면 사실의 목록이 늘어날 수 있다.

- 네 번째 시도(훨씬 더 많은 사실): 루이스는 내가 발표하기로 합의한 슬라이드 10장을 제멋대로 자기가 발표했다. 나는 그가 그렇게 하도록 놔두었다. 질문이 나왔을 때 그는 내가 대답하길 원하는지 확인하지 않고 혼자 다 대답했고, 나도 내 의견을 나서서 말하지 않았다.

그림을 완성하기 위해 다른 사실을 살펴볼 때는 반드시 이 질문을 던져야 한다. "내 스토리와 상충하는 사실은 무엇인가?"

3가지 '교묘한 스토리'를 조심하라

자신이 말한 스토리에 의문을 제기하고 분석하는 법을 배울 때 각별히 주의해야 할 것은 교활하지만 흔히 있는 스토리다. 바로 자신을 정당화하는 스토리다. 예를 들어 결정적인 순간의 대화에 직면한 당신은 생산적인 대화에 참여하기보다 입을 다물거나 공격적으로 행동한다. 자신의 나쁜 행동을 어느 정도 알아차린 당신은 곧 그 행동이 왜 정당한지 그럴싸한 이유를 떠올린다. "물론 내가 그에게 고함을 지르긴 했지. 근데 그가 무슨 짓을 했는지 봤어? 그 사람은 당해도 싸." "이봐, 내가 솔직하게 말하지 않았다고 멋대로 판단하지 마. 나한텐 선택권이 없어. 백수가 될 수는 없잖아."

이렇게 자기 위주로 지어내는 이야기를 우리는 '교묘한 스토리'라고 부른다. 이런 스토리가 교묘한 이유는 자신이 한 나쁜 행동을 정당화할 수 있기 때문이다. 심지어 최악의 결과를 얻어도 자신의 나쁜 행동을 좋게 생각할 수 있다.

비효율적인 자기 행동을 정당화하거나 나쁜 결과의 책임에서 벗어나기 위해 우리는 3가지 예상 가능한 방식으로 스토리를 말하는 경향이 있다. 그 3가지 방식을 이해하고 대응하면 감정을 통제할 수 있다.

희생자 스토리: "내 잘못이 아니야"

첫 번째는 '희생자 스토리'다. 희생자 스토리는 명칭에서 짐작할 수 있듯 자신을 무고한 피해자로 만드는 대응이다. 주제는 항상 똑같다. 자신은 착하거나 옳거나 똑똑하거나 정의로운데 다른 사람과 온 세상이 그런 자신에게 맞선다는 것이다. 자신은 아무 잘못 없이 고통을 겪는다. 자신은 무고하다.

무고한 희생자가 실제로 있긴 하다. 거리에서 누군가가 아무 이유 없이 당신을 붙잡고 총부리를 겨눈다고 해보자. 이러한 사건은 스토리가 아니라 안타까운 사실이고 당신은 희생자다.

그런데 자신을 희생자로 만드는 모든 이야기가 그렇게 명쾌하고 일방적이진 않다. 결정적 순간의 대화에서 희생자 스토리를 말할 때는 대부분 그 문제에서 자기 책임을 의도적으로 간과한다. 문제에 일조했을 수 있는 자신의 행동(혹은 방치한 행동)은 일부러 언급하지 않으면서 스토리를 말한다.

가령 지난주에 부장이 큰 프로젝트에서 당신을 빼버렸다고 하자. 감정이 상한 당신은 만나는 사람마다 붙들고 얼마나 속상한지 하소연한다. 당신이 사람들에게 설명하지 않은 건 중요한 프로젝트에서 당신이 맡은 일의 진행이 늦어진 것을 보고하지 않아 상사가 곤란한 지경에 놓였다는 사실이다. 애초에 상사가 당신을 프로젝트에서 제외한 것도 그 때문인데 당신은 이 부분은 빼고 이야기한다. 상사가 당신을 기분 나쁘게 만들어서다.

당신은 희생자 스토리를 뒷받침하기 위해 자신의 고귀한 동기만 이야기한다. "내가 시간이 더 걸린 건 일반적인 수준보다 더 잘하려고 애쓰느라 그런 거였어." 그러고는 당신의 단점이 아니라 장점 때문에 이런 처지가 됐다고 자위한다. "부장은 세세한 부분까지 꼼꼼하게 신경 쓰는 사람을 못 알아보는 거지." (이렇게 왜곡된 말을 덧붙이면 당신은 희생자를 넘어 순교자가 된다. 멋진걸!)

악당 스토리: "이게 다 너 때문이야"

우리는 정상적이고 괜찮은 사람을 '악당'으로 만들어 비열한 이야기를 지어낸다. 이를테면 상대가 나쁜 마음을 먹었다고 탓한 뒤, 마치 자신이 세상을 위해 정의구현이라도 하는 것처럼 만나는 사람마다 붙잡고 그 사람의 악의를 이야기한다. 그렇게 악당으로 만든 그 사람의 좋은 점은 깡그리 무시하고 단점만 부풀려서 비난한다.

예를 들면 품질을 몹시 중요하게 여기는 직장 상사를 "만사를 자기 뜻대로 하는 사람"으로 묘사하고, 약속을 지키지 않은 당신에게 화를 내는 배우자를 "꽉 막히고 완고한 사람"으로 여긴다.

희생자 스토리에서는 자신의 무고함을 과장하는 반면, 악당 스토리에서는 다른 사람의 잘못이나 어리석음을 지나치게 강조한다. 그러니까 그 사람에게 무조건 최악의 동기가 있을 거라거나 심하게 무능하다고 가정하는 한편 그 사람에게 있을 수 있는 선의나 중립적 의도, 실력은 무시한다. 또한 종종 인간 취급을 하지 않고 이름 대신 꼬리표를 붙여 부른다. "저 돌대가리가 또 나한테 부실한 자료를 줬다는 게 믿기질 않아"라고 말하는 식이다. 그렇게 편리한 꼬리표를 사용하면서 이제 우리는 복잡한 인격체가 아니라 돌대가리를 상대하게 된다.

악당 스토리는 나쁜 결과를 두고 남 탓을 하도록 부추길 뿐 아니라 뭐든 우리가 악당에게 하고 싶은 일을 할 수 있게 판을 깔아준다. 살아 숨 쉬는 사람에게는 좀 더 조심해야 하지만 돌대가리(실제로는 변호사)는 모욕하거나 욕해도 괜찮다고 느낄 수 있다. 그러다 진심으로 원하는 결과를 얻는 데 실패하면 우리는 그 부적절한 행동에 계속 갇히고 만다. 어쨌거나 다른 사람 잘못이니까!

때로 우리는 개인을 넘어 집단 전체를 악당으로 취급한다. "엔지니어링팀의 저 촌뜨기들은 제품을 팔려면 뭐가 필요한지 모른다니까!" "변호사는 한 놈도 못 믿어!" 개인을 더 넓은 범주로 묶고 그 집단 전체를 거부하면 그들 모두에게 한꺼번에 화를 내고 무시할 수 있다. 안타깝게도 집단과 공동체를 악당으로 취급할 경우 부당한 대우와 탄압이 영구화한다.

이중 잣대를 경계하라. 희생자 스토리와 악당 스토리에 관심을 기울여 불공정하게 과장한 그 실체를 파악하면 우리가 자기 감정을 통제하지 못할 때 적용하는 한심한 이중 잣대를 알 수 있다. 우리는 실수를 저지르면 자신에겐 악의가 없었고 순수한 의도였다고 주장하며 희생자 스토리를 말한다. "그래, 오늘 퇴근이 늦긴 했어. 전화도 하지 않았고. 하지만 나만 일찍 와서 팀원들을 맥 빠지게 할 순 없잖아!" 반면 상대가 상처나 불편을 주는 행동을 하면 우리는 그 행동이 우리에게 미친 영향을 근거로 상대의 나쁜 의도를 마음대로 지어내거나 단점을 부풀리는 악당 스토리를 말한다. "어떻게 그렇게 무신경할 수 있어? 늦으면 늦는다고 전화라도 했어야지."

무기력자 스토리: "어쩔 수 없어"

마지막은 '무기력자 스토리'다. 이 스토리에서는 자신이 건전하거나 유익한 어떤 일도 할 수 없는 척한다. 그래서 자신이 처한 곤경에 대처하기 위한 마땅한 대안이 없다고 확신하고 그 확신은 자신이 하려는 행동을 정당화한다. "내가 소리를 지르지 않으면 아들 녀석은 내 말을 듣지 않을 거야." "내가 상사에게 이 얘기를 하면 방어적으로 나오겠지. 그러니 아예 말을 꺼내지 않을 거야." 악당 스토리와 희생자 스토리가 자신이 왜 그런 상황에 처했는지 설명한다면, 무기력자 스토리는 왜 자신이 상황을 바꾸기 위해 아무것도 할 수 없는지 설명하고 싶어 한다.

특히 우리가 다른 사람의 행동을 바꿀 수 없게 굳어진 습관으로 치부하면 무기력하게 행동하기 쉽다. 가령 한 동료를 "만사를 자기 뜻대로 하려는 사람"(악당 스토리)이라고 판단하면 그런 독불장군은 대개 피드백을 받아들이지 않으니 그녀에게 피드백하지 않으려고 한다(무기력자 스토리).

보다시피 무기력자 스토리는 간혹 악당 스토리에 뿌리를 두고 있으며, 솔직히 말해, 관계를 망치거나 침묵을 유지해서 고통을 겪는 어리석은 선택만 하게 만든다.

왜 교묘한 스토리를 말할까

이제 교묘한 스토리가 문제를 일으킨다는 건 분명히 알았을 것이다. 그러면 이 시점에서 이런 질문이 나올법하다. "그렇게 악영향이 큰데 왜 교묘한 스토리를 말하지?" 여기에는 2가지 이유가 있다.

교묘한 스토리가 현실과 일치한다. 가끔은 우리가 말하는 스토리가 정확하다. 다른 사람이 우리에게 해를 입히려 하고 우리가 진짜로 무고한 피해자이거나 문제에 대응해 할 수 있는 일이 거의 없을 수 있다. 흔하지는 않지만 이런 경우도 있다.

교묘한 스토리가 우리 행동을 정당화한다. 실은 우리도 일부 책임이 있지만 스토리가 우리를 그 책임에서 편리하게 벗어나도록 해줄 때 우리는 합리적인 설명에서 교묘한 스토리로 옮겨간다. 상대가 전적으로 나쁘거나 틀린 것도 아니고 우리가 무조건 옳거나 착하지도 않다. 진실은 그 중간 어딘가에 있다. 그런데 우리가 다른 사람을 틀린 사람, 우리를 옳은 사람으로 만들 수 있으면 우리는 책임을 면한다. 여기에다 우리가 다른 사람을 악마로 만들면 원할 경우 그들을 모욕하고 욕까지 할 수 있다.

교묘한 스토리를 말할 필요성은 대개 양심에 어긋난 행동을 하면서 생긴다. 좋든 싫든 우리가 합리화해야 한다고 느끼는 일을 하기 전까지는 자신의 행동을 합리화하는 스토리를 말하지 않는다.

우리는 자신이 옳다고 여기는 것에 반하는 행동을 의식적으로 할 때 양심의 가책을 느낀다. 그리고 자기 잘못을 인정하지 않을 경우 불가피하게 그 잘못을 합리화할 방법을 찾는다. 바로 그때 교묘한 스토리를 말하기 시작한다.

일주일간의 출장에서 돌아와 문을 열고 들어서다가 전화벨 소리를 들었을 때 조셉은 자신이 뭘 해야 하는지 알았다. 그는 전화를 무시하고 아내에게 집중하라는 분명한 양심의 소리를 들었다. 하지만 그는 그러지 않았다. 그가 교묘한 스토리를 만들기 시작한 것은 그 순간이었다. 그는 셀리아를 악당으로("저 여자는 고마운 줄을 몰라!"), 자신을 피해자로("일주일 내내 힘들게 일하고 와서 이런 대접을 받다니!")로 만들었다. 자, 이렇게 해서 그는 자신의 심한 행동을 정당하다고 여기고 셀리아가 재회를 망쳤다고 비난했다.

양심을 속이는 또 다른 예를 살펴보자. 당신은 지금 꽉 막힌 도로에서 운전하고 있다. 당신은 끼어들려는 차들을 그냥 지나치기 시작한다. 그때 바로 옆의 차가 속도를 내 당신의 차선으로 들어오려 한다. 순간 양보해줘야 한다는 생각이 스친다. 그래야 사고 위험도 줄일 수 있고, 당신 역시 그런 상황에서 다른 운전자가 양보해주길 바라기 때문이다. 그런데 당신은 양보하기는커녕 오히려 속도를 내 앞차와의 간격을 더 좁혀버린다. 그다음에 무슨 일이 일어날까? 당신은 이렇게 생각하기 시작한다. "어딜 끼어들려고! 얍삽한 놈! 나도 여기까지 오는 데 한참 걸렸다고. 더구나 중요한 약속이 있어." 등등.

이 스토리는 당신을 무고한 피해자로, 다른 사람을 못된 악당으로 만든다. 이 스토리의 영향으로 이제 당신은 처음에는 해야 한다고 생각했던 일을 하지 않은 것을 정당하다고 여긴다. 또 같은 상황에서 당신에게 같은 행동을 한 사람들에게 했던 생각은 무시한다. "못된 자식, 좀 끼워주면 어때서!"

결정적 순간의 대화와 더 관련 있는 예를 검토해보자. 직장에서 당신의 팀에 새로운 사람이 들어왔다. 그는 당신보다 경험이 상당히 부족하지만 배우려는 열의가 대단하다. 그래서 계속 당신을 찾아와 질문을 한다. 가끔은 어제 물었던 걸 또 묻기도 한다. 당신은 그를 도와주는 것에 지치기 시작한다. 더구나 그가 시간을 너무 많이 뺏는 바람에 당신의 업무가 밀리고 있다. 당신은 그의 수많은 요청을 거절하고 도움을 청할 다른 곳을 알려줘야 한다는 걸 알지만 그렇게 하지 않는다. 대신 그가 당신의 마음을 눈치채길 바라면서 퉁명스럽거나 무뚝뚝하게 대답한다. 그러나 그는 알아차리지 못했고 당신은 짜증스럽던 마음이 분노로 바뀐다.

당신은 더 이상 그의 이메일에 답하지 않고 아예 그를 피하고 싶어서 상태 메시지를 '부재 중'으로 설정한다. 그가 당신의 행동을 알아차리고 이유를 물었을 때 당신은 반쪽짜리 진실로 둘러대며 빠져나간다. "너무 바빠서 그래요." 당신은 그를 피하는 것에 약간 죄책감을 느낀다. 그래서 자기 행동을 정당화하기 위해 다른 팀원에게 그가 시간을 얼마나 많이 빼앗았고 얼마나 도움이 많이 필요한 사람인지 불평하기 시작한다. 대체 이런 사람을 누가 뽑은 거야?

이 두 예에서 사건 순서에 주목하자. 스토리를 만드는 것과 양심을 속이는 것, 이 둘 중 어떤 일이 먼저 일어났는가? 당신은 다른 운전자가 이기적이라고 확신한 뒤 앞차와의 간격을 좁혔는가? 당연히 아니다. 당신은 자신의 이기적인 행동을 변명할 필요가 생기기 전까지는 그 운전자를 이기적이라고 여길 이유가 없었다. 당신은 해야 한다고 생각한 일을 하지 않은 뒤에야 교묘한 스토리를 말하기 시작했다.

두 번째 예에서도 당신의 행동에 문제가 있기 전까지는 동료의 요청은 분노의 원인이 아니었다. 당신이 화가 난 건 자신이 양심에 거슬리는 짓을 했기 때문이다. 그런데 교묘한 스토리는 자신이 무례하게 행동하면서 생긴 찝찝한 기분을 덜도록 돕는다.

양심에 거슬리는 짓이란 건 대개 그리 거창한 일이 아니다. 사실 너무 사소해서 우리가 교묘한 스토리를 지어낼 때 간과하기 쉽다. 흔한 예를 몇 가지 들어보겠다.

- 누군가를 도와야 한다고 생각한다. 하지만 돕지 않는다.
- 사과해야 한다고 생각한다. 하지만 사과하지 않는다.
- 마감을 지키기 위해 늦게까지 일해야 한다고 생각한다. 하지만 일을 끝내지 않은 채 퇴근해버린다.
- 거절해야 한다는 걸 알면서도 수락하고는 아무도 당신이 약

속을 지키는지 확인하지 않기를 바란다.

- 걱정하는 점을 당사자에게 이야기해야 한다고 생각한다. 하지만 이야기하지 않는다.
- 당신이 맡은 일을 다 하지 못했고 이를 인정해야 한다고 생각한다. 하지만 누구도 그 얘기를 꺼내지 않을 것을 알기에 아무 말도 하지 않는다.
- 다른 사람의 피드백을 존중하며 들어야 한다고 생각한다. 하지만 그러지 않고 방어적으로 행동한다.
- 다른 사람이 발표한 기획안에서 오류를 발견하고 알려줘야 한다고 생각한다. 하지만 그러지 않는다.
- 과제를 제시간에 끝내지 못한 것을 보고해야 한다고 생각한다. 하지만 보고하지 않는다.
- 동료 직원에게 필요한 정보를 가지고 있으면서 주지 않는다.

이처럼 사소하게 양심에 찔리는 일도 교묘한 스토리를 말하게 만든다. 자신의 실수를 인정하지 않을 때 우리는 다른 사람의 잘못, 우리의 무고함, 우리가 이미 하고 있는 대처 말고는 다른 방도가 없다는 무력함에 집착한다. 결과보다 자기 정당화를 원할 때 교묘한 스토리를 말한다. 그런 자기 정당화가 우리가 정말로 원하는 것도 아니다. 그러나 우리는 그런 것처럼 행동한다.

이 안타까운 사실을 명심하고 우리가 정말로 원하는 것에 초점을 맞추자. 지금부터는 내 스토리를 지배하기 위한 마지막 기술을 살펴보겠다.

스토리의 나머지 부분을 말하라

우리가 자신에게 말하는 교묘한 스토리를 인식한다면 이제 내 스토리를 지배하기 위한 마지막 기술을 배울 수 있다. 대화의 달인은 자신이 교묘한 스토리를 말하고 있다는 것을 알아차릴 경우, 이를 중단하고 유용한 스토리를 말하는 데 필요한 일을 한다. 유용한 스토리는 당연히 대화 같은 건전한 행동으로 이어지는 감정을 불러일으킨다.

무엇이 교묘한 스토리를 유용한 스토리로 바꿀까? 스토리의 나머지 부분이다. 교묘한 스토리에는 한 가지 공통적인 특징이 있다. 바로 불완전하다는 점이다. 교묘한 스토리는 자신, 다른 사람, 주어진 선택지에 관한 중요한 정보를 빠트린다. 이 가장 중요한 세부 사항을 전부 포함하면 교묘한 스토리가 유용한 스토리로 바뀔 수 있다.

빠트린 세부 사항을 채우는 가장 좋은 방법은 뭘까? 간단히 말하면 자신을 피해자에서 행위자로, 상대를 악당에서 괜찮은 사람으로, 자신을 무력한 사람에서 유능한 사람으로 바꿔 생각하면 된다. 그 방법은 다음과 같다.

자신을 피해자에서 행위자로 바꿔라. 자신을 무고한 희생자로 말하고 있다는 걸 알아차리면(그리고 당신이 총으로 위협받고 있지도 않다면)

이렇게 자문하라.

"내가 문제에서 내 책임을 모르는 척하고 있는 걸까?"

이 질문은 어쩌면 당신도 문제 발생에 일조했을지 모른다는 사실을 직시하게 해준다. 이 경우 당신은 피해자가 아니라 행위자가 된다. 당신에게 꼭 불순한 동기가 있었다는 말은 아니다. 당신이 일조한 부분을 그냥 아무 생각 없이 빠트렸을 수도 있다. 어쨌든 당신이 일조한 건 맞다.

가령 한 동료가 힘들고 까다로운 일을 자꾸만 당신에게 떠넘긴다고 하자. 당신은 친구와 연인에게 그 동료가 당신을 이용한다고 자주 불평한다. 그런데 불만을 이야기하는 과정에서 빼놓은 부분이 있다. 당신은 상사가 당신이 어려운 업무를 기꺼이 맡는다고 칭찬할 때 기분이 좋았고 그 동료에게는 당신의 불만을 이야기한 적이 없다. 티를 내는 정도가 다였다.

지속적이거나 반복되는 문제에 직면했을 때 당신은 대개 조용한 공모자 역할을 하면서 이를 모른 척한다. 문제가 한동안 지속되었지만 당신은… 여태 한마디도 하지 않았다. 이 문제에서 당신이 한 역할은 입을 다무는 것이었다.

스토리의 나머지 부분을 말하는 첫 단계는 이 중요한 사실을 당신의 설명에 추가하는 것이다. 당신이 무슨 역할을 했는지 자문해보면 당신이 그동안 얼마나 선택적으로 인식해왔는지 깨달기 시작한다. 즉, 당신이 자기 잘못은 축소하는 반면 다른 사람의 역할은 부풀렸다는 것을 알게 된다.

다른 사람을 악당에서 괜찮은 사람으로 바꿔라. 다른 사람에게 꼬리표를 붙이거나 비방하는 자신을 발견하면 이렇게 물어보라.

"합리적이고 이성적이며 괜찮은 사람이 왜 그런 행동을 할까?"

이 특별한 질문이 다른 사람을 인간답게 보게 만든다. 그리고 타당한 대답을 찾는 동안 우리의 감정이 누그러진다. 종종 평가가 공감으로 바뀌고, 우리가 다른 사람을 어떻게 대해왔는지에 따라 자기 정당화가 개인적 책임으로 바뀐다.

예를 들어 까다로운 일을 쉽게 떠넘기는 것 같던 동료가 최근 당신이 중요한 과제로 힘들어 보인다고 말하더니 어제 당신이 급한 업무로 정신없이 바쁠 때 힘을 보태 일을 마무리했다고 해보자. 당신은 바로 의심을 품는다. 그 동료는 주목받는 일을 자신이 마무리해 당신을 무능한 사람으로 보이게 하려던 건 아닐까. 당신의 평판을 떨어뜨리고 잘난 척하는 게 진짜 목표면서 도와주는 척하다니! 이것이 당신이 자신에게 말한 스토리다.

그런데 그 동료가 정말로 합리적이고 이성적이며 괜찮은 사람이라면? 진심으로 당신을 돕는 것 말고는 다른 동기가 없었다면? 그 동료를 악당으로 만드는 건 좀 성급한 게 아닐까? 그리고 그녀를 악당으로 취급하면 관계를 망칠 위험이 있지 않을까? 섣부른 판단으로 비난해놓고 당신 생각이 틀렸다는 걸 알게 된다면?

합리적이고 이성적이며 괜찮은 사람들이 왜 특정 방식으로 행동하는지 묻는 한 가지 목적은 그들이 하고 있을지도 모르는 나쁜 일을 변호하려는 게 아니다. 그들에게 정말로 죄가 있다면 그 문제는 나중에 처리할 시간이 있을 것이다. 악당을 괜찮은 사람으로 만드는 질문의 목적은 우리 자신의 스토리와 감정을 다루기 위해서다. 이 질문은 그런 행동을 불러온 여러 가능한 이유를 제시해 우리 자신을 돌아보기 위한 또 다른 도구다.

사실 연륜이 쌓이고 성숙해지면서 우리는 다른 사람의 의도보다 그 행동이 우리에게 미치는 영향을 더 걱정하는 법을 배운다. 우리는 더 이상 다른 사람의 불순한 동기를 샅샅이 캐내려고 하지 않는다. 가능한 한 다른 동기를 곰곰이 생각해보면 감정이 누그러질 뿐 아니라, 그 못지않게 중요한 우리의 절대적 확신도 누그러져 대화가 가능해진다. 이는 다른 사람의 진짜 의도를 파악할 수 있는 유일하게 믿을 만한 방법이다.

자신을 무력한 사람에서 유능한 사람으로 바꿔라. 마지막으로 자신의 무력함을 한탄하고 있는 경우 당신의 원래 동기를 다시 한번 생각해보면 완전한 스토리를 말할 수 있다. 그러기 위해 이렇게 자문해보라.

"내가 나를 위해, 다른 사람을 위해, 그리고 관계를 위해 정말로 원하는 게 뭘까?"

그런 뒤 다음 질문을 던져 공격이나 침묵 말고는 뾰족한 수가 없다고 느끼게 만드는 어리석은 선택에서 벗어나라.

"내가 정말로 원하는 것을 얻기 위해, 지금 내가 해야 하는 일은 무엇일까?"

가령 지금 당신이 힘든 일에 참여하지 않은 동료에게 모욕을 주고 있다고 해보자. 동료는 당신의 '뜬금없는' 격한 반응에 놀란 것 같다. 실제로 그녀는 당신이 실수라도 한 것처럼 당신을 노려보고 있다. 물론 당신은 그녀가 일부러 힘든 일을 피하고 있고 당신이 힌트를 줬는데도 바뀐 게 없다고 자신에게 말했다.

"인정사정 볼 것 없어." 당신은 생각한다. "그러고 싶진 않지만 들이받지 않으면 내가 독박을 쓰겠는걸." 당신은 정말로 원하는 것, 그러니까 일을 똑같이 나누고 좋은 관계를 유지하는 것에서 벗어났다. 어리석은 선택을 해서 목표의 절반을 포기한 것이다. "아, 그래. 바보가 되느니 쏘아주는 편이 나아."

이러는 대신 어떻게 해야 할까? 무턱대고 공격한 뒤 자신을 정당화할 게 아니라, 솔직하게 터놓고 문제를 효과적으로 논의해야 한다. 자신을 무력한 사람으로 만드는 것을 거부하면 자기 약점을 한탄만 하기보다 책임감 아래 대화 기술을 사용하게 된다.

> **인질 협상자**
>
> 우리가 남들을 괜찮은 사람으로 본다고 그들의 나쁜 행동이나 동기까지 용서하는 건 아니다. 그보다는 이렇게 하면 우리가 의미 있고 성공적인 결정적 순간의 대화를 나눌 준비를 하는 데 도움을 받기 때문이다. 이 책의 공동 저자 론 맥밀런은 매우 위험한 직업을 가진 한 남자에게서 이 원칙의 가치를 배웠다. crucialconversations.com에 있는 영상 '인질 협상자The Hostage Negotiator'에서 그 이야기를 들어보기 바란다.

마리아의 새로운 스토리

이 모든 방법을 어떻게 연결할 수 있는지 보기 위해 마리아에게로 돌아가자. 그녀가 자신의 행동 경로를 되짚어보고 스토리에서 사실을 분리했다고 가정하자. 그렇게 하자 그녀는 자신이 말했던 스토리가 불완전하고 방어적이며 유해했음을 깨달았다. 또 자신이 3가지 교묘한 스토리를 말했다는 것을 고통스럽지만 분명히 인식했다. 이제 그녀는 스토리의 나머지 부분을 말할 준비를 마쳤다. 그래서 자신에게 이렇게 묻는다.

- "문제에서 내가 내 책임에 관해 모른 척하고 있는 게 무엇일까?" ➡ "루이스가 나를 빼고 프로젝트 회의를 열었다는 걸 알았을 때 왜 그랬는지 물어봐야 한다고 생각했어. 그렇게 하

면 우리가 함께 일을 더 잘하도록 도울 대화를 시작할 수 있을 거라고 여겼지. 그렇지만 난 묻지 않았어. 내 분노가 커질수록 그 이야기를 꺼내고 싶은 마음이 더 사라졌지. 프레젠테이션에서 루이스가 내 슬라이드를 발표하기 시작했을 때 나는 끼어들지 않기로 했어. 그가 내게 질문에 답할 기회를 주지 않았을 때도 내 목소리를 내는 대신 삐치기만 했어."

- "합리적이고 이성적이며 괜찮은 사람이 왜 그런 행동을 할까?" ➡ "루이스는 품질 좋은 작업물을 내려고 엄청나게 신경 쓰고 있어. 어쩌면 그는 내가 자기만큼 프로젝트 성공에 온 힘을 다하고 있다는 걸 모를 수도 있어. 회의에서 그의 행동은 나를 무시해서가 아니라 긴장해서 그런 걸지도 몰라."

- "내가 정말로 원하는 게 뭘까?" ➡ "나는 루이스와의 정중한 관계를 원해. 그리고 그에게 존중받고 싶어."

- "내가 정말로 원하는 것을 얻기 위해 지금 내가 해야 하는 일은 무엇일까?" ➡ "루이스와 약속을 잡아 프레젠테이션이 왜 그렇게 되었는지, 우리가 어떻게 함께 일할 것인지 얘기를 나눠봐야겠어."

스토리의 나머지 부분을 말하면 우리는 불건전한 감정의 악영향에서 벗어난다. 무엇보다 통제력을 되찾고 대화로 돌아감에 따라 감정의 인질이 아니라 주인이 된다.

마리아는 어떻게 되었을까? 그녀는 실제로 어떻게 했을까? 마리아는 루이스와 회의 날짜를 잡았다. 루이스와 마주 앉은 마리아는 이번 프로젝트에 대한 자신의 기대와 의견을 이야기했고, 루이스는 상사와의 회의에 그녀를 빼놓은 것을 사과했다. 그는 프레젠테이션에서 논란의 여지가 있는 부분을 미리 알려주려고 상사와 만났다고 설명했고, 생각해보니 마리아를 빼놓지 말았어야 했다는 걸 깨달았다고 말했다.

마리아는 이 대화에서 루이스가 긴장하면 말이 많아지는 편이라는 것을 알게 되었다. 그는 마리아가 소외되는 일이 없도록 두 사람이 프레젠테이션의 앞부분이나 뒷부분을 각각 책임지기로 하고 각자 맡은 부분에 충실하자고 제안했다. 대화는 두 사람 모두 상대의 관점을 이해하고 루이스가 앞으로는 더 세심하게 신경 쓰겠다고 약속하면서 끝났다.

내 결정적 순간의 대화: 마리온 B.

한 조직에서 25년을 일한 뒤 나는 임원급의 한 단계 아래까지 올라갔다. 그런데 임원직에 여러 차례 지원하고 면접을 보았어도 번번이 승진 심사에서 떨어졌다. 몇 번이나 승진에서 탈락하자 나는 내게 이 문제에 관한 스토리를 말하기 시작했다. 물론 다른 사람에게는 아무 말도 하지 않았다.

결정적 순간의 대화 트레이너가 된 뒤 나는 내 상황을 다른 시각으로 보기 시작했고, 내가 나누지 않은 대화가 있다는 것을 깨달았다. 조직의 리더들에게 내가 앞으로 나아가지 못하게 막는 것이 뭔지 물어보지 않았던 것이다.

입에 쓴 약이긴 했지만 나는 스토리를 지배하는 법을 배우면서 내가 처음에는 그저 운이 없다고 여기며 침묵을 지켰다는 것을 깨달았다. 운이 없다는 스토리가 더 이상 먹히지 않자 다른 사람이 아부를 더 잘한다는 '정치' 스토리로 바뀌었다. 내가 승진에서 밀린 건 '청렴'했기 때문이었다. 이런 희생자 스토리와 악당 스토리는 내가 계속 입을 다문 채 분노하게만 만들었다. 그러다가 많은 시간을 들여 곰곰이 되짚어보고 새로운 스토리에 이르렀다. "내가 승진에서 탈락한 데는 피드백을 요청하지 않은 것도 한몫했어." 나는 더 이상 피해자가 아니라 행위자였다. 그래서 조치를 취하기로 마음먹었다.

대화는 힘들었고 나는 임원급으로 올라가려면 먼저 더 작은 조직의 임원급으로 일을 해봐야 할 것이라는 조언을 들었다. 그 정보는 진짜처럼 들렸지만 내 마음에 들진 않았다. 그래도 이제 나는 결정할 수 있는 입장에 놓였다. 나는 결단을 내렸다. 조직을 떠나 원래 일하던 곳보다 4배 더 큰 부서를 이끄는 자리를 구했다.

> 내 스토리를 직시하지 않았다면 나는 내가 가장 원하는 결과를 얻지 못했을 것이다.

요약: 내 스토리를 돌아보라

격렬한 감정에 휩싸여 입을 다물거나 공격만 하고 있다면 다음 단계를 밟아보자.

행동 경로를 되짚어보라

- **당신의 행동을 검토하라**: 대화에서 벗어나고 있는 자신을 발견하면 지금 당신이 뭘 하고 있는지 자문하라.
- **감정을 말로 표현해보라**: 당신이 말한 스토리 뒤에 숨어 있는 감정을 확인하고 정확히 표현하는 법을 배워라. 그리고 이렇게 자문하라. "지금 어떤 감정이 내가 이렇게 행동하도록 부추기는가?"
- **당신의 스토리를 검토하라**: 당신이 말한 스토리를 확인하고 자문하라. "내가 어떤 스토리를 말했기에 이런 감정이 생겼는가? 어떤 스토리가 이러한 감정을 만들어내는가?"
- **스토리와 사실을 분리하라**: 엄연한 사실과 당신이 만들어낸 스토리를 구별해 절대적인 확신을 버려라. 그리고 자문하라. "이 스토리를 뒷받침하는 증거가 있는가?"

- **교묘한 스토리를 경계하라**: 희생자, 악당, 무기력자 스토리가 최악이다.

스토리의 나머지 부분을 말하라

- **질문하라**: "문제에서 내가 내 책임에 관해 모른 척하고 있는 부분은 무엇일까?" "합리적이고 이성적이며 괜찮은 사람이 왜 그런 행동을 할까?" "내가 정말로 원하는 게 뭘까?" "내가 정말로 원하는 것을 얻기 위해 지금 내가 해야 하는 일은 무엇일까?"

이제 당신은 건전한 대화를 나눌 정신적·감정적 준비를 했다. 그렇다면 입을 열어 말을 할 때다. 어떻게 말해야 할까? 어떤 말을 먼저 할까? 그다음에는? 그다음에는? 대화 중에 불가피하게 맞닥뜨릴 지뢰에는 어떻게 대비할까?

2부에서 소개할 기술은 뜻밖의 상황에 대비하는 법(6장 '과정을 살펴보라'), 다른 사람이 방어적으로 나올 가능성을 줄이는 법(7장 '안전지대를 만들어라'), 방어적인 반응이 아니라 흥미를 불러일으키도록 내 주장을 펼치는 법(8장 '내 입장을 말하라'), 다른 사람이 제시하는 의미를 파악하는 법(9장 '상대방의 입장을 알아보라'), 그러면서도 열 받지 않는 법(10장 '당신의 펜을 되찾아라')을 다룬다.

STEP 2

입을 여는 법

6 ┃ 과정을 살펴보라

안전감이 위협받는 때를 알아차리는 법

> 나는 건달 같은 인간을 많이 알고 있다.
> 그러나 자신을 그렇게 생각하는 사람은 한 명도 만난 적이 없다.
> 자기 자신을 똑바로 아는 것은 그리 쉬운 일이 아니다.
>
> _위다

실패한 결정적 순간의 대화 하나를 살펴보면서 이번 장을 시작하자. 당신 팀은 기업 인수 제안서를 열심히 작성해왔고, 팀장이 지금 그 제안서를 운영위원회 앞에서 발표하려고 한다. 팀장은 당신에게 회의를 '방청'하라고 하면서 당신의 역할이 듣고 관찰하는 것임을 분명하게 일러주었다.

당신은 2가지 이유로 흥분한다. 첫째, 당신이 보기에 이번에 당신 팀이 내놓은 제안이 굉장히 훌륭해서 운영위원회의 반응이 기대된다. 둘째, 회사의 지도부가 일하는 모습을 볼 수 있는 첫 기회다. 이런 회의에 참석하다니 신이 난다.

회의실 한쪽 벽으로 의자를 끌고 가면서 당신이 맨 먼저 알아차린 것은 임원들의 자리 배치였다. 당연히 CEO 코린이 큼지막한 테이블의 상석을 차지했다. 그 외 사람들의 자리에는 별다른 순서가 없는 것 같았지만, CFO 마르코는 테이블의 맨 끝에 앉았다. 당신은 그 두 사람이 약간 으르렁거리는 사이라는 소문을 들은 적 있었다.

회의를 시작하자 코린이 팀장에게 제안서를 발표하라고 했다. 팀장은 제안을 훌륭하게 요약했고 사람들은 주의 깊게 들었다. 질문 시간을 주자 당신이 잘 모르는 누군가가 질문을 던졌다. 면밀하게 파고들긴 했어도 우호적인 질문이었고 팀장이 대답했다. 그런데 다른 질문을 받기 전에 코린이 끼어들어 자기 의견을 이야기했다. 한동안 이런 식으로 논의가 이어졌다. 누군가가 의견을 말하면 코린이 대응했고, 또 다른 의견이 나오면 다시 코린이 참견했다. 당신은 누군가가 의견을 얘기한 뒤 거의 항상 코린이 발언하는 바람에 그녀의 의견 없이는 논의가 진행되지 않는다는 것을 알아차렸다.

마침내 마르코가 입을 열었다. 그는 지금까지 들은 것을 요약하고 일단 코린의 입장을 이해한다고 밝혔다. 이어 왜 코린의 생각이 잘못되었는지 힘주어 이야기했다. 코린은 마르코의 말에 반박했고 이를 마르코가 다시 반박했다. 모두가 두 사람의 팽팽한 설전을 지켜보고 있었다. 당신의 머릿속에 두 사람이 소리를 지를 것 같다는 생각이 스친 순간 코린이 물러나더니 논의를 보류하고 회의를 끝냈다. 마르코는 다가오는 버스를 펄쩍 뛰어 피하는 사람처럼 의자를 확 뒤로 빼더니 아무 말 없이 성큼성큼 회의실을 나갔다.

팀장과 함께 사무실로 내려가는 엘리베이터를 탔을 때 당신이 물었다. "세상에! 이런 일이 자주 일어나나요?"

"거의 매번 그래." 팀장이 대답했다. "처음에는 잘 시작하나 싶다가도 꼭 그런다니까. 그 두 사람은 같이 일할 수 없어. 마르코가 입을 여는 순간 엉망진창이 되거든."

"어떻게요?" 당신은 팀장의 생각이 궁금해서 물었다.

"음, 끝에 가서는 그 둘이 얼마나 화가 났는지 딱 보여. 서로 끊임없이 참견하고 말을 끊어먹거든. 목소리는 점점 더 높아지고. 나는 그전부터, 그러니까 마르코가 처음 말할 때부터 엉망이 될 걸 알고 있지. 마르코는 아주 확신에 차서 말을 시작하거든. '항상 이랬죠. 그건 절대 효과가 없을 겁니다.' 이런 식으로 말이야. 마르코는 아마 팀에서 가장 똑똑한 사람일걸? 본인도 그걸 알고 있고. 그 표현 말이야, '항상' '절대' 같은. 그게 코린을 열 받게 하는 거지."

당신은 잠깐 생각하다가 말했다. "완전히 동감해요. 마르코가 이야기를 시작했을 때부터 경고 신호가 울렸어요. 그런데 말이죠. 대화를 잘못된 방향으로 몰아간 몇 가지 일이 그전에도 일어난 것 같아요."

"정말?" 팀장이 놀라서 물었다. "마르코가 말을 시작하기 전까지는 상당히 잘 굴러간 것 같은데. 그전에 무슨 일이 있었는데?"

"그게," 당신은 생각에 잠겨 설명을 시작했다. "사장님이 거의 모든 사람의 의견에 코멘트하는 게 흥미로웠어요. 누가 무언가를 말하면 사장님이 뭐라고 말을 해요. 그 뒤 다른 누군가가 말을 하면 또 사장님이 말해요. 때로는 다른 사람의 말을 끊고 자기 할 말을 했고요."

"오, 그러네." 팀장이 말했다. "하지만 그건 사장님의 성격일 뿐이야. 사장님은 굉장히 열정적이고 우리 모두와 대화하길 원하거든."

"음…" 당신이 말했다. "그럴 수도 있겠네요. 모든 사람이 참여하길 바란다고 사장님이 그랬으니까요. 그래도 사장님이 매번 끼어드는 게 대화에 영향을 미치는 것 같아요. 사장님이 사실상 대화 속도와 방향을 조절하고 있으니까요. 그것이 마르코가 그처럼 강하게 나오는 이유인지도 궁금해요."

"그런 생각은 해본 적이 없네. 아니, 눈치채지도 못했어." 팀장이 말했다. "다음번엔 잘 살펴봐야겠어."

엘리베이터 도착음이 울리고 당신과 팀장은 각자 자리로 갔다.

상황을 주의 깊게 살펴라

당신이 대화에서 벗어났다는 걸 보다 일찍 알아차릴수록 되돌아가기가 더 쉽고 손해가 줄어든다. 안타깝지만 당연하게도, 대화에서 벗어났다는 것을 늦게 알아차릴수록 다시 돌아가기가 더 어렵고 손해가 커진다.

그런데 사람들은 대부분 소통이 삐걱거린다는 초기 경고 신호를 잘 눈치채지 못한다. 결정적 순간의 대화에서 이야기를 계속 이어가는 열쇠는 이중 처리dual-process를 익히는 데 있다. 즉, 대화 내용(무엇을 이야기하고 있는가)에 신경 쓰는 것은 물론 과정(어떻게 이야기하고 있는가)도 잘 관찰해야 한다. 위험수위가 높아지면 자신이 하는 말에 갇혀버려 논쟁에서 빠져나와 객관적으로 보기가 거의 불가능하다. 그 결과 자신과 다른 사람에게 일어나고 있는 일을 보지 못한다. 현재 상황에 놀라 "어이쿠! 대화가 험악해졌네. 이제 어떻게 하지?"라는 생각이 들 때도 상황을 호전시키기 위해 어떻게 해야 할지 모르고 무슨 일이 일어나고 있는지도 충분히 파악하지 못할 수 있다.

열띤 논쟁의 한복판에 있으면서 어떻게 무슨 일이 벌어지는지 모를 수 있을까? 비유를 들어보면 이해가 쉬울 것이다. 이는 노련한 낚시꾼을 가이드로 삼아 처음 플라이낚시를 할 때와 비슷하다. 가이드는 당신에게 '저기' 보이는 브라운송어로부터 약 2미터 상류에 플라이를 던지라고 말한다. 당신에겐 '저기' 있는 브라운송어가 보이지 않는다. 가이드에겐 보인다. 가이드는 무엇을 찾아야 하는지 알고 있기 때문이다. 당신은 자신도 안다고 여긴다. 그런데 당신은 브라운송어 자체를 찾아야 한다고 생각한다. 사실은 햇빛이 눈에 반사하는 동안 물속 브라운송어의 굴절된 상을 찾아야 하는데 말이다. 부모님이 박제해서 벽난로 위에 잘 보이게 올려놓은 것 외의 다른 것을 찾아야 한다. 무엇을 찾아야 하는지 알고 실제로 그걸 보기 위해서는 지식과 연습이 둘 다 필요하다.

결정적 순간의 대화에 휘말려 있을 때는 무엇을 찾아야 할까? 문제가 너무 심각해지기 전에 알아차리려면 무엇을 봐야 할까? 3가지를 주의 깊게 살펴야 한다. 일상 대화가 결정적 순간의 대화로 바뀌는 순간, 대화 참여자들이 불안을 느끼고 있다는 신호(침묵이나 공격), 스트레스를 받는 상황에서의 당신 스타일이 그것이다. 대화를 망치는 이 3가지를 차례로 살펴보자.

결정적 순간의 대화를 포착하는 법

먼저 일상적이거나 탈 없이 진행되던 대화가 결정적 순간의 대화로 바뀌는 때를 놓치지 않도록 계속 주의를 기울이자. 비슷한 맥락에서, 격한 대화로 흘러갈 것을 예상하면 당신이 지금 위험한 구역으로 들어가려 한다는 사실을 인식하자. 그러지 않으면 당신도 모르는 새에 바보 같은 게임에 말려들기 쉽다. 앞서 이야기했듯 궤도에서 멀리 벗어날수록 돌아가기가 더 어렵고 손해도 더 크다.

문제를 일찍 포착하고 싶다면 당신이 결정적 순간의 대화를 하고 있음을 알려주는 신호에 주의를 기울여라. 어떤 사람은 '신체적 신호'를 가장 먼저 알아차린다. 대화가 힘들게 흘러갈 때 당신 몸에 어떤 현상이 나타나는지 생각해보라. 그 현상은 사람마다 조금씩 다르다. 당신의 단서는 무엇인가? 배가 당기거나 눈이 건조해질 수도 있다. 뭐든 그런 현상이 나타나면 상황이 감당할 수 없는 지경으로 흐르기 전에 대화에서 물러나 속도를 늦추고 진심을 가지고 다시 시작하라는 신호로 인식하라.

어떤 사람은 몸의 신호보다 '감정적 신호'를 먼저 알아차린다. 겁이 나거나, 마음이 상하거나, 방어적이거나, 화가 나는 것을 알아차리고 그것에 반응하거나 감정을 억누르기 시작한다. 그러한 감정 역시 당신에게 물러서서 속도를 늦추고 뇌를 다시 활성화해야 한다고 알려주는 좋은 신호일 수 있다.

어떤 사람의 첫 단서는 '행동'이다. 이는 유체 이탈 체험과 비슷하다. 자기도 모르는 새에 언성이 높아지거나 삿대질하거나 말이 없어지는 자신을 발견하면 그때 자기 감정을 알아차린다.

당신이 경험한 가장 힘든 대화를 돌이켜보라. 집중력이 떨어지기 시작하고 건설적인 대화에서 벗어날 위험에 처했다는 것을 알아차리기 위해 당신은 어떤 단서에 의지할 수 있을까?

불안을 포착하는 법

대화에 재능이 있는 사람은 계속 '안전감'에 신경을 쓴다. 대화 내용에 주의를 기울일 뿐 아니라 사람들이 두려워하는 신호가 나타나는지도 살핀다. 친구, 연인, 동료가 자기 의견을 강요하거나 일부러 자기 생각을 숨기면서 건전한 대화에서 벗어나면 대화에 능한 사람은 즉각 상대가 왜 안심하지 못하는지로 주의를 전환한다.

안심할 때는 어떤 말도 할 수 있다. 소통을 잘하는 사람들이 대화 내용뿐 아니라 안심하고 말할 수 있는 분위기에 면밀하게 신경 쓰는 것은 이 때문이다. 대화에는 자유로운 의미 흐름이 필요하다. 그런데 두려움만큼 의미의 흐름을 망치는 것은 없다. 사람들이 당신의 생각을 믿지 않으면 당신은 지나칠 만큼 강하게 밀어붙이기 시작한다. 당신이 어떤 식으로든 해를 입을 수 있다는 걱정이 들면 물러나서 숨는다. 투쟁과 도피라는 두 반응은 모두 같은 감정으로 인해 나타난다. 바로 두려움이다. 반면 사람들은 안전하다고 느끼면 거의 어떤 말도 할 수 있고 귀 기울여 듣는다. 공격이나 굴욕을 당할 것 같은 두려움이 없을 경우 당신도 방어적이 아니라 거의 어떤 말에도 귀를 기울인다.

이것은 굉장히 주목할 만한 주장이다. 생각해보라. 우리는 당신이 말하는 내용 때문에 사람들이 방어적인 경우는 드물다고 이야기하고 있다. 사람들은 안심하지 못할 때 혹은 왜 당신이 그런 말을 하는지 의문이 생길 때만 방어적이다. 구체적으로 말하면 당신이 자신을 존중하는지("이 말은 날 무시한다는 표현일까?"), 당신의 의도가 무엇인지("이 말은 저 사람이 내게 악의적 동기가 있다고 알려주는 걸까?") 혹은 둘 다를 의심하기 시작한다. 어느 쪽이든 문제는 당신이 한 말의 내용이 아니라 대화 상황에 있다.

앞에서 살펴봤듯 우리는 아주 어릴 때부터 솔직하면서 정중할 수는 없다는 결론을 내린다. 또 기본적으로 어떤 사람에게는 하면 안 되는 말이 있다고 생각한다. 더구나 시간이 지나면서 그런 말의 목록이 점점 길어져 결정적 순간의 대화를 대부분 제대로 하지 못한다. 지금 우리가 하는 주장이 맞는다면 문제는 메시지가 아니다. 당신과 내가 다른 사람들이 안심하고 메시지를 들을 수 있도록 돕지 않는 것이 문제다. 사람들이 불안을 느끼기 시작하는 때를 알아차리는 법을 배우면 이 문제를 해결하기 위한 조치를 취할 수 있다. 안전이 위협받고 있다는 걸 알아차리고 이해하는 것이 첫 번째 과제라는 뜻이다.

당신의 경험을 생각해보라. 누군가에게 가혹한 피드백을 받았는데 방어적이지 않았던 때가 있는가? 그 피드백을 받아들여 깊이 생각해보고 지적당한 점을 고쳤던 때 말이다. 왜 그랬는지 자문해보자. 어떻게 위협적일 수 있는 피드백을 순순히 받아들일 수 있었을까? 당신이 그럴 수 있었던 이유는 상대가 당신이 잘되길 바라서 그런 말을 한다고 믿었기 때문이다. 또 당신이 상대의 의견을 존중해서다. 상대의 동기와 능력을 믿었기에 안심하고 피드백을 받아들였다는 얘기다. 당신은 상대가 말하는 내용에 대응해 자신을 방어할 필요가 없었다. 그 사람의 말이 마음에 들지 않았다고 해도 말이다.

반면 안심할 수 없는 경우에는 어떤 피드백도 받아들이지 못한다. 이는 의미 공유를 차단하는 것과 마찬가지다. "내가 멋져 보인다는 말이 무슨 뜻이죠? 농담인가요, 아니면 나를 놀리는 건가요?" 안심할 수 없으면 좋은 의도로 한 말도 의심스럽다.

안전감은 편안함과 동의어가 아니다. 이쯤에서 안심하고 대화한다는 말이 편하게 느낀다는 것과 동의어가 아니라는 것을 언급해야겠다. 다음 장에서 '안전감'을 더 알아보도록 하겠다. 일단 여기서는 안전하지 않은 것이 무엇인지 분명히 해두고 싶다. 결정적 순간의 대화는 당연히 힘들다. 이런 대화를 하려면 종종 새로운 영역으로 들어가는 모험심도 발휘해야 하고 어느 정도 취약성도 느끼기 마련이다.

안전한 대화의 기준은 '내가 얼마나 편안하게 느끼는가?'가 아니라 '의미가 자유롭게 흐르고 있는가?'다. 대화에 참여한 사람들이 의미 공유가 가능하고 그 의미에 서로 귀를 기울이며 솔직하고도 존중하면서 경청할 수 있다고 느끼는가? 그럴 수 있으면, 그러니까 의미가 솔직하면서도 예의 있게 흐르고 있으면 당신은 그 대화가 안전하다는 것을 안다.

안전감을 느끼지 못하면 분별력을 잃기 시작한다. 알다시피 감정이 고조되면 뇌의 핵심 기능이 정상적으로 작동하지 않는다. 정말로 위협을 받는다고 느낄 때는 실제로 주변 시야가 좁아져 바로 눈앞에 있는 것 말고는 거의 보이지 않는다.

논쟁 내용에서 빠져나와 안전감이 위협받는다는 신호를 찾으면 뇌가 활성화하고 시야 전체를 회복한다. 앞서 말한 것처럼 검토할 새로운 문제를 자신에게 제시할 경우("안전이 위협받고 있다는 신호가 나타나는지 살펴봐!") 당신의 뇌 기능에 영향을 미칠 수 있다. 이때 고차원적 추론 중추를 더 활발하게 유지해 명해질 가능성이 대폭 줄어들고 결정적 순간의 대화에서 성공할 가능성은 훨씬 커진다.

불안감 때문에 길을 잃지 마라. 사람들은 불안을 느끼기 시작하면 거슬리는 행동을 한다. 가령 당신을 비웃거나 모욕하거나 자기주장을 강압적으로 밀어붙인다. 그럴 때는 마음속으로 생각해야 한다. "이봐, 이 사람이 불안해하고 있어. 내가 뭔가를 해야 해. 좀 더 안심시켜야 해." 유감스럽게도 사람들은 대개 상대의 공격을 안전감을 위협받고 있기 때문에 나오는 신호가 아니라 액면 그대로의 공격으로 받아들인다. "내가 공격받고 있어!"라고 생각하는 것이다. 그러면 뇌의 멍청한 부분이 작동해 상대와 똑같은 방식으로 대응하거나 도망가려 한다. 어느 쪽이든 당신은 대화 내용과 과정을 함께 살피지 않고 있고 안전감을 회복하려 노력하지도 않고 있다. 오히려 싸움에 말려들면서 당신 자신도 문제의 일부가 되고 있다.

지금 우리가 하는 주장이 얼마나 중요한지 생각해보라. 우리는 당신에게 상대와 똑같은 방식으로 대응하려는 타고난 성향과 싸우고, 대신 "저건 상대가 불안을 느낀다는 신호야"라고 받아들이길 요청하고 있다. 그다음에는 뭘 해야 할까? 상대가 안심하도록 만들 무언가를 해야 한다.

분명히 말하건대 모욕적인 행동을 참으라는 뜻이 아니다. 행동의 원인을 검토하라는 말이다. 어떤 '얼간이'는 언제나 뼛속까지 진짜 얼간이다. 우리 솔직해지자. 당신은 화가 나서 이성을 잃었던 적이 있는가? 발끈해서 누군가에게 소리를 지른 적은? 더 이상 참을 수 없을 때 누군가의 말에 끼어든 적은? 당신의 (부모, 상사, 혹은 전문가로서) 권력을 부적절하게 이용해서 원하는 걸 얻은 적은? 알면서도 얼간이 짓을 했던 적은? 아마 있을 것이다. 우리는 때로 그렇게 한다. 어떻게 생각하는가? 우리는 얼간이가 아니다. 단지 힘든 순간에 공격으로 불안에 대응하는 평범한 사람일 뿐이다. 우리는 자신에게서 그러한 모습을 볼 수 있다. 그러니 다른 사람에게서 그런 모습을 볼 때 존중하고 예의 있게 대해야 한다. 이렇게 하는 건 분명 어려울 수 있지만 그만한 가치가 있다.

이 기술은 대화하는 과정에 따라오는 모든 것의 중심점이자, 결정적 순간의 대화에 능숙한 사람에게 주어지는 모든 이점을 얻는 길이다. 당신의 영향력이 커지고, 관계를 개선하며, 팀이 더 강력해지고, 보다 효과적인 리더십을 얻는다고 생각해보라. 불안을 알아차리고 대응하는 당신의 역량을 강화해보라.

대응 방법은 다음 장에서 살펴보겠다. 지금은 안심하는 분위기인지 알아보는 법과 화를 내거나 겁먹지 않고 호기심을 보이는 법을 배워보자. 누군가가 불안을 느끼고 있다는 사실을 알려주는 2가지 행동 유형을 알아보겠다. 우리는 이런 행동을 '침묵'과 '공격'이라고 부른다.

침묵과 공격

사람들은 불안을 느끼기 시작하면 바람직하지 않은 2가지 길

중 하나를 택한다. 즉, 침묵하거나(의미를 공유하지 않는다) 언어폭력을 가한다(자신의 의미를 강요하려 한다). 우리가 이미 알고 있는 부분이지만 좀 더 자세히 살펴보자. 무엇을 찾아야 하는지 알면 흐린 물에서 브라운송어를 볼 수 있는 것처럼, 침묵과 공격의 흔한 형태를 몇 가지 알면 불안 문제가 처음 생길 때 더 쉽게 알아차릴 수 있다. 그러면 피해가 너무 커지기 전에 잠시 물러나 안심하는 분위기를 회복하고 대화로 되돌아갈 수 있다.

침묵. 의도적으로 정보를 공유하지 않으려는 행위다. 침묵은 거의 항상 잠재적 문제를 피하는 방법에 쓰이며 언제나 의미의 흐름을 방해한다. 침묵하는 방법은 말장난부터 상대를 완전히 피하는 것까지 다양하다. 가장 흔한 침묵의 3가지 형태는 숨기기, 피하기, 발 빼기다.

'숨기기'는 진짜 의견을 축소해서 말하거나 선택적으로 내비치는 것이다. 비꼬거나 좋게 돌려 말하거나 넌지시 표현하는 경우가 흔하다.

말　네 아이디어는… 어… 훌륭한 것 같아. 맞아, 훌륭해. 다만 다른 사람들이 그 미묘한 의미를 알아차리지 못할까봐 걱정이야. 어떤 아이디어는 시대를 앞서가거든. 그러니까 소소한 거부감은 각오해야 해.

속마음　정신 나간 생각이네. 사람들이 끝까지 반대할걸.

172

말	이야, 효과 끝내주겠네(눈을 굴리며). 비누 한 상자에 6센 트나 싸다니, 도시 반대쪽에서도 몰려오겠어.
속마음	진짜 한심한 생각이다.

'피하기'는 민감한 주제를 멀리하는 것이다. 대화를 나누긴 하지만 진짜 문제는 건드리지 않는다.

말	새 양복이 어때 보이냐고? 음, 내가 좋아하는 남색이네!
속마음	웬일이래? 그거 서커스단에서 샀니?

말	비용 절감 아이디어를 얘기하자면 커피를 묽게 타서 마시거나 양면 복사를 하는 게 어떨까요?
속마음	사소한 아이디어를 제안하면 직원들의 비효율 같은 민감한 문제 이야기는 피할 수 있겠지.

'발 빼기'는 대화에서 완전히 빠지는 것이다. 한마디도 하지 않거나 아예 대화 장소에서 나가버린다.

말	실례합니다. 꼭 받아야 하는 전화라서요.
속마음	이 쓸데없는 회의에 1분이라도 더 앉아 있느니 나가서 손톱이나 물어뜯는 편이 낫겠어.

말	미안해, 전화요금 나눠 내는 문제는 앞으로 얘기하지 않을게. 한 번 더 싸웠다간 우리 우정이 남아나지 않을 것 같아서 말이야." (나가버린다.)
속마음	우리는 단순한 문제도 말만 했다 하면 싸우네.

공격. 다른 사람을 설득 혹은 지배하거나 자신의 관점을 강요하려는 언어적 전략으로 자기 생각을 억지로 밀어붙이려 해서 안전감을 침해한다. 그 방법은 욕과 혼잣말부터 위협까지 다양하다. 가장 흔한 형태는 조종하기, 꼬리표 붙이기, 위협하기다.

'조종하기'는 다른 사람에게 당신의 생각을 강요하는 것을 말한다. 특히 남의 말을 가로채거나, 사실을 과장하거나, 절대적으로 확신하며 말하거나, 주제를 바꿔버리거나, 지시하듯 질문해서 다른 사람에게 당신의 견해를 억지로 따르게 하거나, 대화를 지배한다.

말	이 제품을 안 산 사람이 없대. 정말 완벽한 선물이야.
속마음	우리가 어렵게 번 돈을 그 비싼 장난감에 쓰는 건 낭비가 맞아. 하지만 꼭 갖고 싶어.

말	우리도 그 회사 제품을 써봤는데 정말 형편없더군요. 더구나 배송도 제때 해주지 않고 고객 서비스 역시 최악이라는 걸 모르는 사람이 없어요.

속마음 진짜 사실은 잘 모르니 상대의 주의를 끌기 위해 과장법을 써야겠어.

'꼬리표 붙이기'는 사람이나 아이디어에 꼬리표를 붙이는 것을 말한다. 그러면 고정관념이나 범주에 따라 무시할 수 있다.

말 그 아이디어 말이야? 1990년대에나 먹혔겠지. 품질과 고객 서비스에 진짜 신경 쓰는 사람이라면 요즘 세상에 그런 계획을 실행하진 않을 거야.

속마음 설득력 있게 반박할 수는 없고, 그러니 내가 원하는 걸 얻으려면 널 개인적으로 공격해야겠어.

말 진심이에요? 그 아이디어가 좋다고 생각할 사람은 ○○당(반대당의 이름)뿐일 겁니다.

속마음 나와 정치적 신조가 다른 사람을 전부 나쁘고 틀린 것처럼 말하면 내가 뭘 설명하지 않아도 될 거야.

'위협하기'는 굳이 설명하지 않아도 알 것이다. 동기가 논쟁에서 이기는 것에서 상대에게 고통을 주는 것으로 바뀌고 과소평가나 협박 등의 방법을 사용한다.

말 그 바보 같은 짓이 그렇게 하고 싶다면 어디 해봐. 어찌

되는지 한번 보자고.

속마음　널 욕하거나 뭔가 처벌이 따를 거라고 위협을 해서라도 이번 일은 내 뜻대로 할 거야.

말　짐의 말은 듣지 마세요. 짐, 미안하지만 난 자네 속셈을 잘 알고 있어. 지금 자네 팀은 유리하게 만들면서 나머지 팀들은 힘들게 하고 있잖아. 난 자네가 전에도 이러는 걸 본 적이 있어. 자넨 진짜 머저리야. 알고 있어? 미안하지만 누군가는 용기를 내서 있는 그대로 말해줘야 해.

속마음　내 뜻대로 하려면 너를 나쁘게 이야기한 뒤 진정성 있는 사람은 나뿐인 척해야 해.

스트레스를 받을 때 당신이 어떤 스타일인지 찾는 법

당신은 대화가 결정적으로 바뀌는 순간을 판단하고 안전감이 위협받는다는 신호를 알아차리기 위해 주의를 기울였다. 그런데 살펴야 할 것이 하나 더 있다. 바로 당신의 행동이다. 아마 행동은 면밀하게 관찰하기가 가장 어려운 요소일 것이다. 대다수 사람에게 논쟁의 소용돌이에서 빠져나와 객관적으로 보는 것은 힘든 일이다. 실제로 몸 밖으로 나와 자신을 관찰할 수는 없다. 어쨌거나 우리 눈은 반대편을 보도록 되어 있지 않은가.

자기 모니터링이 필요한 이유. 사실 우리는 모두 때때로 자기 행동을 모니터링하는 데 어려움을 겪는다. 어떤 생각에 너무 사로잡혀 자신이 지금 뭘 하고 있는지 놓치면 대개 사회적 민감성 같은 것을 잃어버린다. 그래서 우리 뜻대로 밀어붙이려 하고 하지 말아야 할 말을 한다. 다른 사람을 벌주기 위한 침묵을 택하기도 한다. 기본적으로 우리는 잭 핸디가 쓴 다음 이야기에 나오는 남자와 비슷하다.

> "사람들은 항상 우리 구역에 사는 그 사내가 얼마나 고약한지 이야기했다. 나는 직접 가서 보기로 마음먹었다. 그의 집을 찾아가자 그는 자신이 고약한 사내가 아니라면서 '저기, 저 집에 고약한 사내가 산다'라고 말했다. '뭐라고, 이 바보 멍청아.' 내가 덧붙였다. '저긴 우리 집이잖아!'"

유감스럽게도 자기 행동을 모니터링하지 않으면 굉장히 바보처럼 보일 수 있다. 예를 들어 배우자가 당신을 자동차 정비소에서 1시간 넘게 기다리게 한 일을 당신이 지금 이야기한다고 해보자. 배우자는 착오가 있었을 뿐이라며 "그렇게까지 화낼 필요는 없잖아!"라고 소리를 지른다. 당신은 그 유명한 말로 맞받아친다. "내가 언제 화를 냈다고 그래!" 이렇게 고함치며 부인하는 당신의 입에서는 침이 튀고 이마에는 10년 묵은 왕뱀 같은 핏대가 선다. 물론 당신은 자신의 그런 모순된 반응을 보지 못한다. 당신은 그 상황의 한복판에 있으면서도 배우자가 그런 당신을 보고 웃는 이유를 전혀 모른다.

스트레스 상황에서의 스타일 테스트

당신의 자기 모니터링은 어떤 유형인가? 자기 인식을 높이는 좋은 방법은 스트레스 상황에서 자신이 어떤 유형인지 살펴보는 것이다. 대화가 힘들어지면 당신은 어떻게 하는가? 다음 쪽 질문지에 답해 당신의 유형을 알아보자. 좀 더 쉽게 점수를 매겨보려면 crucialconversations.com을 방문하면 된다. 이 테스트는 결정적 순간의 대화를 나누고 있을 때 당신이 일반적으로 사용하는 전술이 뭔지 알게 도와준다. 또 이 책의 어떤 부분이 당신에게 가장 효과적일 수 있는지 판단하는 데도 도움을 준다.

테스트 방법. 다음은 한창 결정적 순간의 대화를 나누고 있을 때 당신이 보통 어떻게 반응하는지 알아보는 질문이다. 답하기 전에 직장이나 집에서의 특정 관계를 하나 선택하고, 당신이 그 관계에서 위험성 높은 대화에 대체로 어떻게 접근하는지에 따라 '그렇다'나 '아니다'로 답하면 된다.

1. 내 생각을 사람들에게 정확히 말하기보다 때때로 농담이나 비꼬는 말이나 험담을 해서 내가 기분 나쁘다는 티를 낸다.
2. 꺼내기 힘든 말이 있을 때 내 의견을 충분히 공유하기보다 축소해서 말한다.

3. 사람들이 민감한 이야기를 꺼내면 화제를 바꾸려고 노력할 때가 있다.

4. 어려운 주제를 다뤄야 할 때 때로는 내가 정말로 걱정하는 문제를 해결하기보다 더 안전한 문제로 대화를 이끌고 간다.

5. 가끔 나와 문제가 있는 사람과 접촉할 수 있는 상황을 피한다.

6. 때로는 대하기 불편한 사람과의 연락을 미룬다.

7. 내 주장을 이해하도록 만들려고 가끔 내 입장을 과장해서 말한다.

8. 내가 대화의 주도권을 잃는 것 같으면 때로 다른 사람의 말을 끊거나 내게 유리하게 화제를 바꾼다.

9. 다른 사람들이 나와 대화하면서 간혹 무시당한다고 느끼거나 상처받는 것 같다.

10. 어떤 말을 듣고 놀랐을 때 "그만 좀 해!"나 "웃기고 있네"처럼 다른 사람들이 강압적이거나 공격적이라고 받아들일 만한 말을 한다.

11. 상황이 고조되면 다른 사람의 주장에 반박하기보다 그 사람에게 개인적으로 상처를 줄 수 있는 말을 한다.

12. 위협받는다고 느끼거나 감정이 상하면 가끔 악의적이거나 앙심을 품은 것 같은 행동을 한다.

13. 때때로 같은 사람과 같은 내용의 대화를 여러 번 한다.

14. 문제를 해결할 수 없을 것 같은 의견에 동의하며 대화를 끝낼 때가 있다.

15. 다른 사람과 중요한 문제를 논의할 때 때로는 내 주장을 관철하기보다 상대를 이기는 데 치중한다.

16. 간혹 내 의견을 공유하기보다 평화를 지키는 쪽이 낫다고 판단한다.

17. 민감한 주제를 이야기할 때 종종 감정을 주체하지 못한다.

18. 내가 옳고 다른 사람은 틀린 이유만 되풀이해 얘기하며 대화를 끝낼 때가 있다.

19. 힘든 대화가 한창일 때 이따금 논쟁에 휘말려 다른 사람에게 내가 어떻게 보이는지 알아차리지 못하는 경우가 있다.

20. 대화가 삐걱거리기 시작해도 무엇이 잘못되고 있는지, 정상적으로 되돌리려면 어떻게 행동해야 하는지 잘 모른다.

21. 마침내 진짜 내 생각을 말할 때 나는 다른 사람을 방어적으로 만드는 방식으로 말하는 경향이 있다.

22. 내 생각을 말하는 것과 관계를 유지하는 것 중 무엇이 더 중요한지 판단하는 데 종종 어려움을 겪는다.

23. 무언가를 확신할 때 다른 사람에게 거부감을 일으키는 방식으로 말하는 때가 있다.

24. 내 의견에 정말 자신이 있을 때 다른 사람의 반박을 좋아하지 않는다.

25. 다른 사람이 공유하길 꺼리는 이야기를 털어놓게 만드는 방법을 잘 모르겠다.

26. 다른 사람이 자기 의견을 표현하도록 도울 방법을 고민하기

보다 내 주장을 이해시킬 방법을 생각하는 데 더 많은 에너지를 쓴다.

27. 가혹한 피드백을 받을 것 같은 대화를 해야 할 때 많은 시간을 굉장히 불안해하며 보낸다.

28. 다른 사람이 내게 상처를 주는 말을 하면 대화가 끝난 뒤에도 오랫동안 마음이 상하고 화가 난다.

29. 동의한 일을 이행하지 않는 사람들 때문에 가끔 골치를 썩이고 그 문제를 다시 꺼내야 하는 게 부담스럽다.

30. 힘든 일을 해결할 때, 결정을 내리는 방식이나 심지어 대화하는 동안 동의한 사안에 대해서도 불만족스러운 때가 종종 있다.

> **스트레스를 받을 때 자신의 스타일을 알아보는 온라인 테스트**
> 신속한 채점을 원하거나 다른 대화를 염두에 두고 다시 테스트하고 싶으면 crucialconversations.com을 방문하기 바란다. 결과를 자동 집계해 줘 결정적 순간의 대화에서 당신이 대체로 사용하는 전술을 알 수 있다. 또 이 책의 어떤 부분이 당신에게 가장 도움이 될지도 알려준다.

스트레스를 받을 때의 스타일 점수와 대화법 점수

다음의 2가지 채점표를 작성하라. 각 영역에는 테스트의 두 질문에 해당하는 네모 칸이 있다. '그렇다'로 답한 질문에 체크 표시를 하고 '아니다'로 답했으면 빈칸으로 둔다. 그런 뒤 표시한 개수를 헤아려 '스트레스를 받을 때의 스타일 채점표' 맨 위의 침묵과 공격 네모 칸에 각각 합계를 기입한다. 대화법 채점표도 같

은 방식으로 작성한다. 예를 들면 '초점을 맞출 주제를 선택하라'
에 표시한 항목이 몇 개인지 헤아려 그 기술에 해당하는 네모 칸
에 숫자를 기입한다.

스트레스를 받을 때의 스타일 채점표

침묵 ☐	공격 ☐
숨기기 ☐ 1(그렇다)　☐ 2(그렇다)	**조종하기** ☐ 7(그렇다)　☐ 8(그렇다)
피하기 ☐ 3(그렇다)　☐ 4(그렇다)	**꼬리표 붙이기** ☐ 9(그렇다)　☐ 10(그렇다)
발 빼기 ☐ 5(그렇다)　☐ 6(그렇다)	**위협하기** ☐ 11(그렇다)　☐ 12(그렇다)

대화법 채점표

3장: 초점을 맞출 주제를 선택하라 ☐ ☐ 13(그렇다)　☐ 14(그렇다)	8장: 내 입장을 말하라 ☐ ☐ 23(그렇다)　☐ 24(그렇다)
4장: 진심을 가지고 시작하라 ☐ ☐ 15(그렇다)　☐ 16(그렇다)	9장: 상대방의 입장을 알아보라 ☐ ☐ 25(그렇다)　☐ 26(그렇다)
5장: 내 스토리를 돌아보라 ☐ ☐ 17(그렇다)　☐ 18(그렇다)	10장: 당신의 펜을 되찾아라 ☐ ☐ 27(그렇다)　☐ 28(그렇다)
6장: 과정을 살펴보라 ☐ ☐ 19(그렇다)　☐ 20(그렇다)	11장: 행동에 나서라 ☐ ☐ 29(그렇다)　☐ 30(그렇다)
7장: 안전지대를 만들어라 ☐ ☐ 21(그렇다)　☐ 22(그렇다)	

당신이 받은 점수의 의미

'스트레스를 받을 때의 스타일 채점표'는 당신이 어떤 형태의 침묵과 공격에 가장 자주 의지하는지 보여준다. 당신이 받은 침묵과 공격 점수를 보면 당신이 그 완벽하지 않은 전략을 얼마나 자주 사용하는지 알 수 있다. 침묵과 공격 둘 다 높은 점수를 받을 수도 있다. 중간이나 높은 점수(영역마다 체크 표시 1~2개)는 당신이 때로 혹은 자주 이 기법을 사용한다는 의미다.

'대화법 채점표'는 이 책의 각 장에 나오는 개념으로 구성했기 때문에 어떤 장이 당신에게 가장 도움을 줄지 알 수 있다. 이 9개 영역은 당신이 해당 장에서 설명하는 기술을 어떻게 사용하고 있는지 반영한다. 0점을 받았다면 당신이 이 영역에서 잘하고 있다는 뜻이다. 적어도 당신이 질문에 답할 때 염두에 둔 시나리오에서는 잘하고 있다. 좀 더 힘든 상황을 떠올리면 답이 달라질 수 있다는 점에 주의하라. 1점이나 2점을 받은 장은 특히 주의 깊게 읽어야 한다.

당신이 받은 점수가 절대 고칠 수 없는 성격 특성이나 유전적 성향을 나타내는 것은 아니다. 이 점수는 당신이 질문에 답할 때 떠올린 상황에서 어떻게 행동하는지 판단하는 척도일 뿐이며, 몇 점을 받았든 노력에 따라 바뀔 수 있다. 실제로 이 책을 진지하게 읽고 각 장의 기술을 연습하면 바뀔 것이다. 또 각자 직면하는 특히 어려운 관계를 놓고 가끔 다시 테스트해서 자신을 되돌아보면 점점 더 힘들어지는 상황에서도 이 기술을 더욱 능숙하게 적용할 수 있다. 그리고 그 과정에서 삶이 더 나은 방향으로 변화한다.

당신이 테스트한 뒤 당신을 잘 아는 사람에게 당신을 염두에 두고 이 테스트를 해보라고 요청할 수도 있다. 스트레스를 받을 때의 본인의 스타일 평가가 다른 사람이 보는 모습과 일치하는 가? 만약 그렇지 않다면 차이점을 알아보고 다른 사람이 당신을 어떻게 보는지에 주의를 기울여라. 자신을 잘 모니터링하는 법을 배우는 데는 어느 정도 시간이 걸린다.

비대면 대화에서 과정 살피기

많은 사람이 기술을 이용한 가상공간에서 점점 더 많은 대화, 심지어 결정적 순간의 대화를 나누고 있다. 오늘날에는 전화, 문자, 이메일, 화상회의를 그 어느 때보다 많이 하고 있다. 그렇다면 얼굴을 직접 마주하지 않을 때는 어떻게 과정을 살펴야 할까?

가상 환경에서 안전감이 위협받고 있다는 신호를 보는 법은 사실 얼굴을 마주한 환경에서와 그리 다르지 않다. 소통의 달인은 과정을 살피려면 본질적으로 데이터 흐름을 확장해야 한다는 것을 안다. 더 많이 볼수록 당신이 보는 것을 더 잘 이해한다.

대부분의 비대면 소통에서 나타나는 분명한 어려움은 데이터 흐름이 심하게 제한적이라는 점이다. 우리는 사람들과 이야기할 때 보디랭귀지, 어조, 시선 같은 비언어 신호로 많은 것을 알아차린다. 그 비언어 신호는 우리가 상대의 말을 이해하도록 돕는 중요한 표지다. 그런데 대화가 전화나 이메일로 옮겨가면 연속적이던 데이터 흐름이 뚝뚝 끊긴다.

해결책은 항상 동일하다. 데이터 흐름이 원활할수록 대화에서 더 많은 것이 보인다. 결정적 순간의 대화를 해야 한다면 '대역폭'(일반 통신이나 온라인 서비스를 이용할 경우 한 번에 전송할 수 있는 데이터의 양)이 가장 큰 매체를 선택하라. 이 매체는 많은 사람과 얼굴을 마주 보고 하는 대화나 마찬가지다. 대면 대화가 가능하지 않으면 대개 화상회의를 하고, 그것도 안 되면 전화 통화를 한다. 그러다 결국 이메일, 문자, 다이렉트 메시지를 보낸다. 우리는 각 단계로 옮겨갈 때마다 이용할 수 있는 데이터가 줄어든다는 것을 안다. 이상적이지는 않지만 현실에 어디 이상적인 때가 있는가?

현실에서 사람들은 서로 다른 세상에 사는 팀원을 관리한다. 노부모님은 멀리 떨어져 살고, 10대 자식들은 당신의 전화는 무시하지만 문자에는 나중에 답을 한다("야! 내가 전화했을 때 네가 휴대전화를 보고 있었던 거 알아!"). 결정적 순간의 대화는 거의 날마다 일어난다. 그때마다 목표는 항상 똑같다. 데이터 흐름을 확대하고 안전감이 위협받고 있다는 신호를 찾아야 한다.

데이터 흐름을 어떻게 확대할 수 있을까? 더 많은 데이터를 요청하는 것으로 시작하라. 예를 들어보겠다.

• **이메일**: "이메일을 보냈는데 이틀째 답을 주지 않았어요. 침묵

을 어떻게 해석해야 할지 모르겠네요. 내 제안을 어떻게 생각하나요?"

- **전화**: "당장 얼굴을 볼 수 있으면 좋겠어. 내 말이 어떻게 들릴지 모르겠지만 오해하지 않았으면 좋겠어. 네가 지금 무슨 생각을 하는지 내가 알도록 도와주지 않을래?"
- **다이렉트 메시지**: "내 소셜 미디어 계정에 당신이 올린 댓글을 읽었는데 어떻게 받아들여야 할지 모르겠어요. 화가 난 것 같은데 정말 그런가요?"

가상 소통을 할 때 침묵이나 공격 신호가 보이면 더 많은 데이터를 요청하라. 그러면 상대는 자기 감정 혹은 생각을 공유하거나 숨길 것이다. 사람들이 감정을 밝히지 않는다면 그 자체도 하나의 확정적 데이터다. 그럴 경우 다음 장의 주제인 '안전지대'를 만들어야 할 때다.

내 결정적 순간의 대화: 톰 E.

나는 쉰다섯 살이고 우리는 모두 "늙은 개에게 새로운 재주를 가르치긴 힘들다"라는 속담을 알고 있다. 나는 한 회사에서 17년 동안 엔지니어링과 구매 업무를 담당했다. 회사 생활을 하는 동안 나는 잦은 '감정 폭발'로 사람들과 반복해서 갈등을 겪었다. 나는 항상 업무 완수가 가장 중요하고 관

계가 틀어지는 것은 내가 감내할 수 있는 부차적인 피해라고 생각했다.

그런데 우리 회사 상급 관리자들을 대상으로 한 결정적 순간의 대화 교육에 내 직속 상사가 참석했고, 이제 그 아래 직급의 관리자와 코치가 수강할 차례였다. 나는 코치도 아닌데 상사가 나를 교육에 참석하게 했다.

처음에는 '이따위 걸 할 시간이 없어'라고 생각했다. 하지만 몇 분이 지나자 내가 잘 찾아왔고 배울 게 있겠다 싶었다. 나는 수업을 열심히 들었고 가능한 한 많은 것을 받아들였다. 특히 과정을 살펴보는 법을 배우면서 과거의 사건을 되짚어보았고 내가 어느 부분에서 잘못했는지 알게 되었다. 다른 사람과 대화할 때 내가 주의를 기울이지 않는다는 사실도 깨달았다. 나는 사람들이 침묵하거나 공격적인 때를 알아차리지 못했다. '내 말대로 하거나 싫으면 떠나라'는 식이었고 다른 사람이 입을 다물 때까지 몰아붙였다. 그러고는 다른 사람의 침묵을 동의로 생각했다.

교육받는 동안 나는 각 장을 다시 읽었고 다른 참가자들과 이야기를 나눴다. 내 학습 파트너도 만났는데, 그는 내 동료들이 내가 아는 건 많다고 생각하지만 언제 또 폭발할지 몰라 나를 상대하길 피한다고 솔직하게 말해주었다.

교육을 마치고 얼마 지나지 않아 엔지니어링팀 이사가 나를 불렀다. 그는 내가 걸핏하면 폭발한다는 피드백에 따라 내게 근신 처분을 내렸다. 나는 3개월 안에 상황을 개선하거나 아니면 회사를 떠나야 했다. 어떻게 할지 밤새 고민하던 나는 결정적 순간의 대화 수업에서 내 모든 문제와 그 해결 방법을 배웠음을 깨달았다. 교육받기 전이었다면 상황을 되돌릴 방법을 몰라서 회사를 그만두었을 것이다. 결정적 순간의 대화 덕분에 나는 도전을 받아들였다.

내 코치는 일시적 변화가 아니라 '인생을 바꾸는 변화'여야 한다고 말했고, 나는 조직에서 관계를 회복해야 할 사람들이 있다는 것을 알았다. 갈 길이 멀고 험하리라는 것도 알았다. 사과는 힘든 일이지만 나는 나 자신을 바꾸고 싶었다.

그로부터 1년이 지난 지금, 나는 여전히 이 회사에 다니고 있다. 지난 1년간 일어난 일은 정말 놀라웠다. 나는 모든 사람과 관계를 회복했고 가끔은 사람들이 상황 대처법에 관한 조언을 구하려고 나를 찾아오기까지 한다. 심지어 나는 다른 사람들을 대표해 관리자들과 결정적 순간의 대화를 나누기도 했다. 아내는 30년 동안 봐온 내 행동 패턴이 바뀌었다고 말한다. 더는 예전처럼 집에서 화를 내는 일도 없다. 아내는 마치 다른 사람과 결혼한 것 같다고 얘기한다. 나는 다른 사람이 되었고 이런 내가 좋다. 결정적 순간의 대화는 나를 완전히 바꿔놓았고, 이 늙은 개는 새로운 재주를 배웠다.

요약: 과정을 살펴보라

결정적 순간의 대화에 열중하고 있을 때는 무슨 일이 왜 일어나고 있는지 정확히 보기 힘들다. 대화 중에 스트레스를 받으면 우리는 종종 완전히 역효과를 내는 행동을 한다. 스트레스를 받을 때 나타나는 자신의 스타일 중에서 덜 건전한 요소에 의지하는 것이다. 사람을 함정에 빠트릴 수 있는 이런 패턴에서 벗어나려면 과정을 살펴보자.

- 대화 내용과 분위기를 파악하라.
- 대화가 결정적으로 바뀔 때를 알아차려라.
- 안전감을 형성하도록 신경 써라.
- 다른 사람이 침묵하거나 공격하는지 살펴보라.
- 스트레스 상황에서 발동하는 당신의 스타일을 관찰하라.

7 〔안전지대를 만들어라

어떤 이야기도 할 수 있도록 대화를 안전하게 만드는 법

경우에 합당한 말은
아로새긴 은쟁반에 금사과니라.

_잠언 25장 11절

6장에서 우리는 안전이 위협받는 때를 포착하면 대화에서 빠져 나와 '안전지대'를 만들고 거의 모든 사람과 어떤 이야기든 나눌 방법을 찾을 수 있다고 약속했다. 이번 장에서는 불안을 없애고 안전을 회복하는 데 무엇이 필요한지 알려줌으로써 이 약속을 지키겠다.

먼저 오바와 마리 부부의 결정적 순간의 대화를 들어보자. 오바는 요리사, 마리는 세계적인 공급체인 기업의 프로젝트 관리자다. 작년은 두 사람에게 힘든 해였다. 불경기로 마리의 회사는 구조조정을 단행했고 팀을 축소하면서 마리의 업무가 늘어났다. 설상가상으로 오바가 일하던 식당이 문을 닫았는데 그는 아직 안정

적인 일자리를 구하지 못한 상태다. 오바의 소득이 없어져 경제적으로 쪼들리는 데다 마리가 회사에서 보내는 시간이 늘어나면서 두 사람의 관계가 심한 압박을 받고 있다.

오바는 마리가 그와 함께할 시간을 내지 않고 자신이 항상 일보다 뒷전이라고 느낀다. 마리는 일에 지쳐 탈진할 것 같고 남편이 집안일을 충분히 하지 않는다고 생각한다. 몇 달 동안 두 사람은 이런 불만을 솔직히 말하지 않은 채 행동으로 티만 냈다. 마리가 늦게까지 일할 때면 오바는 소외된 기분에 부루퉁해져 텔레비전만 봤다. 마리가 집에 오면 오바는 빨래도 끝내지 않고 싱크대에 접시를 쌓아둔 채 소파에 늘어져 있었다. 마리는 화를 내며 냉소적인 말을 했고 그러면 오바는 더 분개했다. 마리는 방으로 쌩들어가 침대에 쓰러졌고 오바는 소파에서 잠이 들었다.

그렇게 몇 달을 보낸 뒤 오바는 마리와 이 문제를 이야기해보기로 마음먹었다. 그는 둘 다 지치거나 화났을 때 말고 오랜만에 느긋하게 브런치를 먹고 있던 일요일 아침을 택했다.

오바　　마리, 금요일 밤에 있었던 일을 좀 얘기할 수 있을까? 당신이 늦게 퇴근하곤 곧장 방으로 들어가버렸잖아.

마리　　아, 당신이 집안일은 팽개쳐두고 소파에 늘어져 있던 그날? 그 금요일 밤 말하는 거야?

오바　　이봐, 난 함께 시간을 보내려고 당신이 퇴근하길 기다리고 있었어.

마리	그래, 날 기다리고 있었겠지. 집안일을 할 사람이 필요하니까. 각자 몫은 알아서 해줘야지, 언제까지 그러고 살 건데?
오바	(나가버린다.)

대화에서 물러나 불안을 없앤 뒤 다시 시작하라

좋다, 오바를 살펴보자. 그는 민감한 문제를 터놓고 이야기하려 노력했다. 잘했다. 아무 말도 하지 않고 몇 달을 보내다가 그렇게 하기란 쉽지 않은데 어쨌거나 그는 시도했다. 그런데 아내가 비난조로 대응했다. 이제 그는 어떻게 해야 할까? 어떻게 하면 솔직하고 건전한 대화로 다시 돌아갈 수 있을까? 당신의 생각을 공유하는 것이 안전하지 않다고 느낄 때 당신은 어떻게 하는가?

핵심은 대화 내용에서 벗어나는 데 있다. 맞다. 안전이 위협받고 사람들이 침묵이나 공격 쪽으로 가려는 것을 눈치채면 대화 내용에서 빠져나와(말 그대로 현재 화제를 이야기하는 걸 멈춘다) 안전을 다시 확보해야 한다. 어떻게 그렇게 할 수 있을까?

먼저 누군가가 왜 불안을 느끼는지 이해해야 한다. 사람들은 당신이 하는 말(메시지의 내용) 때문에 방어적인 게 아니다. 당신이 그런 말을 하는 이유(의도)에 대한 사람들의 생각이 그들을 방어적으로 만든다. 달리 말하면 대화에서 안전감에 중요한 건 내용이 아니라 의도다. 사람들이 방어적인 때는 다음 둘 중 하나다.

- 당신이 상대에게 나쁜 의도를 품고 있다(그리고 상대가 그걸 정확히 알아차리고 있다).
- 상대가 당신의 좋은 의도를 오해했다.

전자라면 처음으로 돌아가 진심을 가지고 시작해야 한다. 결정적 순간의 대화를 나누는 도중 우리의 동기가 나쁜 쪽으로 바뀌기 쉽다는 걸 기억하라. 자신에게 "지금 내가 하는 행동이 내가 원하는 것을 반영하는가?"라고 물어보라. 이 질문은 다른 사람이 우리를 보는 시선으로 우리가 스스로를 보는 데 도움을 준다. 그런 뒤 당신이 정말로 원하는 게 뭔지 자신에게 물어보라. 당신을 위해, 다른 사람을 위해, 관계를 위해 무엇을 원하는가? 당신의 동기가 변질되었다면 물러나서 당신이 정말로 원하는 것에 다시 초점을 맞춰라.

그런데 우리가 정말로 나쁜 의도를 품은 게 아니라 상대가 우리 의도를 잘못 이해해 문제가 발생하는 경우도 많다. 위협을 탐색하는 게 인간의 본능이라는 걸 기억하라. 사람들은 위협을 느끼면 침묵하거나 언어폭력을 가하거나 싸우거나 달아난다. 이 중 무엇도 문제해결에 도움이 안 된다. 결정적 순간의 대화에서 안전감을 깨트리기 위해 당신이 (의도적으로) 해야 하는 일은… 없다. 대화를 시작하면서 긴장하는 순간에도 상대는 당신의 의도를 파악하기 위해 안면 경련이나 다리를 꼬는 모습까지 자세히 관찰한다. "저 사람은 내게 악의가 있을까?" "저 사람이 일부러 접근한 걸까?" 그렇지 않다는 증거를 보여주는 것이 당신이 할 일이다.

마지막 문장을 잠깐 생각해보자. 당신의 의도가 좋은 것만으로는 충분하지 않다. '상대가 그걸 알아야 한다.' 이 문제를 무의식적 편견, 즉 '자신도 모르게 타인에 대해 가지고 있는 불편한 마음과 평가'라는 맥락에서 생각해보라. 그런 편견이 상대에게 미묘한 신호를 보내 불안하게 만든다. 시선을 피하거나 약간 뒤로 물러서거나 거의 알아차리지 못할 정도로 얼굴을 찌푸리는 식이다. 마찬가지로 상대가 당신에게 무의식적 편견이 있어서 불안해할 수도 있다. 그렇지 않다는 것을 보여주는 분명한 증거를 만들어야 하는 또 하나의 이유다.

위 사례에서 오바는 두 사람의 관계를 두고 마리와 대화를 나누길 진심으로 원했다. 그는 아내를 사랑하고 지금 서로를 대하는 방식이 둘 모두에게 좋지 않다는 것을 알고 있다. 그는 두 사람 모두를 위해 관계를 개선하길 원한다. 그래서 말을 꺼냈는데 마리는 방어적인 태도를 보였다. 왜 그럴까? 마리가 오바의 의도를 성급하게 판단했기 때문이다. 오바가 자신의 의도를 보여주는 증거를 제시하지 않아 마리는 아마(그리고 예상대로) 그녀가 너무 오랜 시간 일하고 그를 위한 시간을 내주지 않아서 남편이 자신을 공격하는 거라고 생각했을 것이다(그것도 헤아릴 수 없을 정도로 여러 번!). 오바가 첫 문장을 채 마치기도 전에 그녀는 방어적으로 반격했다.

이런 상황에서 대화에 서툰 사람은 대개 오바와 마리처럼 반응한다. 마리와 마찬가지로 자기 말이 어떻게 받아들여질지 개의치 않고 뭐든 머릿속에 있는 말을 한다. 혹은 오바가 그랬듯 그 주제가 안전하지 않다는 결론을 내리고 침묵을 택한다.

대화에 어느 정도 익숙한 사람은 위험수위를 넘어서고 있다는 것을 알아차리지만 완전히 잘못된 방향으로 해결하려 한다. 그러니까 실제와 다르게 포장해서 좀 더 듣기 좋게 만들려고 애쓴다. "오, 여보. 당신이 시간을 함께 보내고 싶어 하는 건 알아. 하지만 금요일엔 그냥 너무 피곤했어." 이렇게 발언 수위를 낮추거나 좋게 돌려 말해서 상황을 안전하게 만들려고 노력한다. 물론 이 전략은 진짜 문제를 피해가므로 절대 문제를 해결하지 못한다.

대화의 달인은 게임을 하지 않는다. 끝. 그들은 문제를 해결하려면 가식적으로 말하거나 좋게 돌려 말하거나 속이지 않고, 문제 자체를 이야기해야 한다는 것을 알고 있다. 그래서 그들은 완전히 다른 무언가를 한다. 대화 내용에서 빠져나와 안전지대를 만든 뒤 다시 돌아오는 것이다. 일단 안전감을 회복하면 거의 어떤 얘기라도 할 수 있다.

안전감을 형성하는 2가지 조건

사람들이 당신과 이야기하면서 안심하려면 당신의 의도와 관련해 다음 2가지를 알아야 한다.

- **공동 목적**: 당신이 그들의 걱정거리에 마음을 쓴다.
- **상호 존중**: 당신이 그들에게 마음을 쓴다.

우리는 공동 목적과 상호 존중을 '대화의 조건'이라 부른다. 이 2가지 조건을 충족할 때만, 그러니까 공동 목적과 상호 존중이 있을 때만 의미 공유에 필요한 안전지대를 확보할 수 있다. 2가지 조건을 차례로 알아보자.

진입 조건: 공동 목적

받아들이기 힘든 피드백을 받으면서도 방어적이지 않았던 때를 기억하는가? 마지막으로 그랬던 때가 언제인가? 가령 친구가 당신에게 누가 들어도 화가 날 만한 말을 했다고 해보자. 이런 민감한 메시지가 와닿으려면 그 친구가 당신과 당신의 목표에 신경쓴다고 믿어야 한다. 당신이 듣기 싫은 피드백에도 기꺼이 귀를기울였다는 것은 그 친구가 그런 말을 하는 목적을 신뢰했다는뜻이다.

이러한 '공동 목적'이 안전의 첫 번째 조건이다. 이것은 다른사람들이 당신이 대화에서 공동 목적을 위해 노력하고 있고 그들의 목표와 이익, 가치관에 마음 쓰는 것을 안다는 의미다. 그 반대도 마찬가지다. 당신도 다른 사람들이 당신의 목표에 마음 쓴다고 믿는다. 따라서 공동 목적은 대화의 진입 조건이다. 공동 목적을 찾아라. 그러면 대화할 타당한 이유가 생기고 건전한 분위기를 마련할 수 있다.

예를 들어 마리가 남편이 민감한 이야기를 꺼낸 목적이 그녀에게 죄책감을 심어주거나 자기 뜻대로 하기 위해서라고 생각한다면 그 대화는 처음부터 실패할 운명이다. 반면 마리가 남편이 두 사람 모두를 위해 진심으로 상황 개선을 바란다고 믿는다면 그에겐 기회가 있다.

확실한 공동 목적을 만들어라. 간혹 공동 목적을 찾기가 불가능해 보이는 경우가 있다. 당신과 상대의 공동 목표나 목적이 떠오르지 않을 때도 있다("저 사람이 지난 선거 때 누굴 찍었는지 생각해봐! 저런 인간하고는 어떤 일에도 뜻이 맞지 않을 거야!"). 하지만 대화에서 항상 공동 목적을 발견하는 한 가지 방법이 있다. 알다시피 인간에겐 자기가 하는 말을 들어주길 바라는 타고난 욕구가 있다. 우리는 다른 사람들이 우리의 말에 귀를 기울이고 이해해주길 원한다. 결국 공동 목적의 좋은 출발점은 서로를 이해하려 노력하는 일이다. 상대가 당신이 그 혹은 그녀의 욕구나 관점을 진심으로 이해하길 원한다고 믿으면 당신은 안전한 대화를 위한 기본 조건을 갖춘 셈이다. 일단 상대가 자신이 깊이 이해받는다고 느끼면 당신의 말에 귀를 기울일 가능성도 더 크다.

공동 목적에서 '공동'을 기억하라. 대화에서 공동 목적으로 안전을 확보하기 위해 할 수 있는 일은 많다. 서로의 뜻이 어긋날 때 공동 목적을 만들기 위해 취할 수 있는 단계를 이번 장 뒷부분에 제시하겠다. 그런데 대화에서 안전지대를 만들 책임이 있다는 말을 다른 사람이 당신의 욕구를 인정하길 기대해서는 안 된다는 뜻으로 오해하면 안 된다. 공동 목적은 상호적이다. 당신이 상대의 목적에 관심을 기울여야 하는 건 맞다. 상대 역시 당신의 목적에 관심을 기울여야 한다. 오로지 다른 사람을 위한 허울 좋은 안전지대를 만들기 위해 당신의 목적을 다른 사람의 목적 아래에 둘 필요는 없다.

만약 상대가 당신의 목적에 관심이 없어 보이면 어떻게 해야 할까? 그 문제를 당신이 나눠야 하는 결정적 순간의 대화 주제로 선택하라. 어쨌든 당신의 목적도 상대의 목적과 똑같이 중요하다. 당신은 이것을 대화에서 지켜야 할 경계선으로 삼을 수 있고 또 그래야 한다. 예를 들면 이렇게 말할 수 있다.

"제겐 우리가 협력적이고 생산적인 관계를 맺는 것이 중요합니다. 우리 대화에서 제가 알게 된 패턴을 이야기하고 싶군요. 저는 우리의 목표나 목적이 종종 다르다는 걸 알고 있습니다. 제가 제 목표뿐 아니라 당신의 목표에도 관심이 있다는 걸 알아주었으면 합니다. 때로 저는 당신이 제 목표에 그리 신경 쓰지 않는다는 느낌을 받습니다. 그러면 당신과 대화를 나누기가 힘들어질 수 있습니다. 제가 오해한 건지 궁금합니다."

상호성이 있는지 살펴라. 까다로운 대화에 공동 목적을 어떻게 적용하는지 살펴보자. 언뜻 당신의 목적이 상황을 당신에게 유리하게 만드는 것으로 보이는 경우를 예로 들어보겠다. 가령 당신의 상사가 약속을 자주 어긴다고 하자. 그를 믿지 못하겠다고 상사에게 어떻게 이야기해야 할까? 상사를 방어적으로 만들지 않고 이 말을 할 방법은 없을 것이다. 그렇지 않은가? 아니, 꼭 그렇진 않다.

재앙을 피하려면 상사가 당신의 우려에 귀를 기울일 정도로 동기를 부여하는 공동 목적을 찾아야 한다. 당신이 상사를 찾아간 유일한 목적이 당신이 원하는 것을 얻기 위해서라면 상사에겐 당신의 말이 비판적이고 이기적으로 들릴 것이고 실제로도 그렇다. 반면 상대의 관점을 고려하려 노력하면 상대를 민감한 대화로 끌어들일 방법을 찾을 수 있다. 예를 들어 상사가 약속을 지키지 않아 당신이 그가 신경 쓰는 업무 마감일을 지키지 못하거나, 그가 노심초사하며 관리하는 비용이 발생하거나, 그가 걱정하는 생산성이 떨어진다면 당신은 공동 목적을 발견할 수 있다.

이런 식으로 이야기를 꺼내면 어떨까? "매달 보고서를 준비할 때 제가 마감일을 훨씬 더 잘 지키고 비용도 지금보다 몇천 달러 줄일 수 있는 아이디어가 제게 있습니다. 좀 민감한 대화일 수 있지만 서로 얘기를 나누면 많은 도움을 받을 것입니다." 이제 당신과 상사 사이에는 공동 목적이 생겼다.

지속 조건: 상호 존중

공동 목적이 없으면 결정적 순간의 대화를 시작할 이유가 없다.
마찬가지로 '상호 존중'을 유지하지 못하면 대화를 계속 이어갈
수 없다. 상호 존중은 대화의 지속 조건이다. 상대가 자신을 존중
하지 않는다는 느낌이 들면 대화가 곧바로 안전해지지 않고 대화
는 불협화음을 내며 중단된다.

왜 그럴까? 존중하는 마음은 공기와 비슷하다. 존중하는 마음
이 있을 때는 아무도 여기에 신경 쓰지 않지만 당신이 존중심을
잃으면 사람들의 신경은 온통 여기에 쏠린다. 상대가 자신이 존
중받지 못한다고 느끼는 순간 대화는 더 이상 원래의 목적이 아
니라 자존감을 지키기 위한 장이 된다.

예를 들어 복잡한 품질 문제와 관련해 관리자들과 대화를 나누
고 있다고 하자. 당신은 문제를 단번에 해결하길 간절히 바란다.
당신의 업무와 직결되는 문제여서다. 그런데 유감스럽게도 당신
은 관리자들이 능력에 비해 너무 많은 임금을 받는다고 생각한
다. 당신은 그들이 힘에 부치는 책임을 맡았을 뿐 아니라 항상 명
청한 짓을 한다고 믿는다. 심지어 일부 관리자는 비윤리적인 행
동까지 한다.

관리자들이 당신의 제안을 받아들이지 않자 당신은 눈을 부라
린다. 머릿속에 있는 무례한 생각이 제스처 하나에 슬쩍 묻어나

더니 이제 대놓고 티가 난다. 서로를 존중하지 않으면 대화는 망가지게 마련이다. 관리자들은 당신의 제안을 공격하고 당신은 그들에게 모욕적인 형용사를 덧붙인다. 관심이 상대를 이겨먹는 것으로 바뀌면 모든 사람이 패자가 된다. 상호 존중이 없을 경우 공동 목적이 흔들린다.

확실한 신호를 포착하라. 존중심이 침해받고 안전이 흔들리는 때를 포착하려면 사람들이 자존감을 지키려 애쓰고 있다는 신호가 나타나는지 살펴야 한다. 사람들은 존중받지 못한다고 느끼면 격앙한다. 이럴 때 두려움은 분노로 바뀐다. 그러면 뿌루퉁해지고, 욕하고, 소리치고, 위협을 한다. 상호 존중이 흔들리는 때를 판단하려면 "다른 사람들이 내가 그들을 존중한다고 생각하는가?"라고 자신에게 물어보라.

당신은 존경하지 않는 사람을 존중할 수 있는가

어떤 사람은 특정 인물이나 특정 상황에 대해 상호 존중을 유지하지 못할까 봐 걱정한다. 내가 못마땅해하는 행동을 하는 사람을 어떻게 하면 존중할 수 있겠는가? 예를 들어 어떤 사람에게 실망해서 화가 날 땐 어떻게 해야 할까? 더욱이 그런 일이 반복된다면 그렇게 의욕이 없고 이기적인 사람을 존중할 수 있을까?

우리가 상대방 성격의 모든 부분을 존중해야 제대로 이야기를 나눌 수 있다면 그런 대화는 불가능하게 마련이다. 그 경우 우리가 이야기할 수 있는 사람은 우리 자신뿐이다. 그러나 상대의 기본 인간성을 존중하고 배려하는 방법을 찾으면 대화를 유지할 수 있다. 존중하지 않는 마음은 본질상 우리가 상대방이 우리와 얼마나 '다른' 사람인지 자꾸 생각할 때 종종 나타난다. 비슷한 면을 찾으면 이런 감정을 물리칠 수 있다. 다른 사람의 행동을 눈감아주라는 게 아니라 일종의 동질감을 느끼고 심지어 측은하게 여기려 노력하라는 말이다.

어떤 현명한 사람이 "주여, 나와 '다른' 죄를 지은 사람들을 용서하게 도와주소서"라는 기도로 그 방법을 넌지시 알려주었다. 누구나 약점이 있음을 인정하면 다른 사람을 존중할 방법을 더 쉽게 찾을 수 있고 가장 껄끄러운 사람과도 동질감을 느낀다. 타인과의 이러한 유대감은 상호 존중심이 생기도록 도와 결국 거의 모든 사람과 대화를 유지할 수 있게 해준다.

실제 사례를 하나 살펴보자. 한 제조회사 직원들이 6개월 넘게 파업하다가 마침내 노조가 조업 재개에 동의했으나 노조의 원래 요구에 미치지 못하는 계약에 서명해야 했다. 업무에 복귀한 첫날 사람들이 일은 해도 활기차게 웃으며 일하진 않는 게 눈에 훤히 보였다. 모두 화가 나 있었다. 어떻게 하면 이들이 앞으로 나아갈 수 있을까?

파업은 끝났지만 싸움은 끝나지 않은 것을 걱정한 한 관리자가 우리에게 도움을 청했다. 우리는 양측 지도부(회사 경영진과 노조 간부들)를 만나 한 가지 일을 해달라고 주문했다. 경영진과 노조 간부들은 서로 다른 회의실에 들어가 커다란 종이에 회사 전체를 위한 자신들의 목표를 썼다. 각 그룹은 2시간 동안 미래에 원하는 것을 열정적으로 이야기했고 목록을 작성해 벽에 붙였다. 이 과제를 마쳤을 때 우리는 양측에게 어떤 것이든 서로 공통된 무언가를 찾으라는 목표를 주고 상대방 회의실에 들어가게 했다.

몇 분 뒤 강의실로 돌아온 사람들은 좋은 쪽으로 충격을 받은 상태였다. 양측이 똑같은 목록을 썼기 때문이다. 1~2가지 아이디어가 약간 겹친 정도가 아니라 바라는 점이 거의 동일했다. 다들 수익성 좋은 회사, 안정적이고 보람 있는 업무, 고품질 제품, 공동체를 위한 긍정적 영향을 원했다. 공격당할 두려움 없이 자유롭게 이야기할 기회가 주어지자 각 그룹은 자신들이 원하는 것뿐 아니라 거의 모든 사람이 원하는 것을 제시했다.

이 경험을 계기로 양측은 그동안 상대를 어떻게 판단했는지 진지하게 의문을 제기하기 시작했다. 서로를 자신과 비슷한 사람으로 보기 시작했고 옹졸하다고 생각했던 상대의 정치적 전술이 자신들의 전술과 당황스러울 정도로 비슷하다는 점도 깨달았다. 다른 사람들의 '죄'가 그들의 죄와 달랐던 건 성격에 근본적 결함이 있어서가 아니라 각자가 맡은 역할의 차이 때문이었다. 양측은 상호 존중을 회복했고 수십 년 만에 처음으로 침묵과 공격이 대화로 바뀌었다.

안전지대를 만들고 또다시 만든다

우리는 효과적인 대화를 하려면 공동 목적과 상호 존중이 둘 다 필요하다는 것을 알고 있다.

또한 우리는 결점이 있거나 특이한 사람들과도 공동 목적을 찾고 서로를 존중할 방법을 찾을 수 있어야 한다고 주장했다.

그럼 어떻게 해야 할까? 실제로 뭘 해야 할까? 대화의 달인들이 처음에 안전지대를 만들기 위해, 그리고 사람들이 불안을 느낄 때 안전을 회복하기 위해 일상적으로 사용하는 4가지 기술을 소개하겠다.

- 당신의 좋은 의도를 공유한다.
- 사과해야 할 때는 사과한다.
- '대조 기법'을 사용해 오해를 바로잡는다.
- 공동 목적을 만든다.

당신의 좋은 의도를 공유한다

앞서 이야기한 것처럼 사람들은 당신의 의도를 확실히 모를 경우 최악을 가정한다. 오바와 마리가 좋은 예다. 오바는 악의 없어 보이는 말로 대화를 시작했다. "마리, 금요일 밤에 있었던 일을 좀 얘기할 수 있을까? 당신이 늦게 퇴근하곤 곧장 방으로 들어가버렸잖아."

오바는 대화를 청하고 사실을 이야기했다. 그러자 무슨 일이 일어났는가? 마리가 곧바로 방어적인 태도를 취했다. 왜 그랬을까? 남편이 자신의 행동을 비난하려고 그 말을 꺼냈다고 생각했기 때문이다. 오바가 대화의 틀을 이렇게 설정했는데 그녀가 어떻게 그런 반응을 보이지 않겠는가? 그는 '당신이 곧장 방으로 들어가버린 일을 이야기해보자'로 상황을 설정했다. 마리가 불안을 느끼는 것은 당연하다.

잠깐 물러나 생각해보자. 오바에게 "지금 가장 원하는 게 무엇인가?"라고 물어보면 그는 "아내와 사이가 더 좋아지길 원합니다. 내 감정을 아내에게 솔직하게 말하고 싶고 아내도 제게 솔직했으면 좋겠습니다. 민감한 문제를 이야기할 때 서로를 부드럽게 대했으면 좋겠고요"라고 대답할 것이다.

그러면 오바가 대화를 이렇게 시작했을 경우를 생각해보자.

오바　마리, 금요일 밤에 있었던 일을 이야기할 수 있을까? 난 당신을 사랑하고 우리 관계에 영향을 미치는 일을 이야기하고 싶어. 내게는 우리 두 사람의 관계가 세상에서 가장 중요하거든. 당신이 생각하기에 내가 바꿨으면 하는 점이 있을 거야. 난 그런 점을 알고 싶고 내 걱정거리도 당신과 나누고 싶어. 우리 얘기 좀 할 수 있을까?

먼저 당신의 좋은 의도를 알리면서 대화를 시작하면 안전지대의 토대를 마련할 수 있다. 대화를 진행할 때 상대가 절대 방어적인 태도를 보이지 않을 것이라는 말이 아니라, 안전이 위협받을 때마다 당신이 되돌아가야 하는 기준이 그 좋은 의도라는 뜻이다.

사과해야 할 때는 사과한다

다른 사람에게 상처를 주는 실수를 저질렀을 때는 먼저 사과하라. 사과는 상대에게 고통 혹은 어려움을 안겨주거나 최소한 그걸 막지 못한 것에 대한 미안함을 진지하게 표현하는 말이다.

예를 들어 당신이 관리하는 공장에 부사장이 방문하기로 했다고 하자. 이번 일정에는 최근 프로세스를 새롭게 개선한 품질관리팀 방문이 포함되어 있다. 팀원들은 잔뜩 흥분해서 VIP 시찰을 준비했다. 그런데 품질관리팀에 방문하기로 한 시간이 됐을 때 부사장이 폭탄을 터뜨렸다. 부사장이 새로운 생산 계획을 제시했는데 그대로 따르면 품질이 떨어지고 가장 큰 고객들이 떠날 게 분명했다. 부사장은 1시간 뒤 떠날 것이므로 당신은 공장 시찰보다 그 문제를 이야기하는 쪽을 택했다. 회사의 미래가 그 특별한 대화에 달려 있었다. 다행히 당신과 부사장은 새로운 계획에 합의했다. 그런데 안타깝게도 당신은 부사장과의 만남을 그렇게 열심히 준비한 품질관리팀에 일정 변경을 알리는 걸 깜빡했다.

당신은 부사장을 배웅하고 사무실로 돌아가다 팀원들과 마주쳤다. 피곤해 보이는 눈에 실망한 표정을 띤 팀원 6명은 모두 잔뜩 화가 나 있었다. 부사장이 오지도 않았고 전화 한 통 없었던 데다 이제 당신이 그들 곁을 급히 지나가는 걸로 봐서 팀에 들러 간단한 설명도 하지 않으려 한 게 분명했다.

어이쿠.

상황이 험악해지기 시작했다. "우리는 밤을 꼬박 새웠어요. 그런데 잠깐 들를 생각도 안 했군요! 문자 한 통 보내지 않았고요. 참 고맙네요."

시간이 멈춘 것 같았다. 이 대화는 지금 막 결정적 순간의 대화로 바뀌었다. 열심히 일한 직원들은 분명 화가 났다. 당신이 무례하게 굴려고 한 건 아니었지만 직원들은 당신이 자신들을 존중하지 않는다고 느꼈다.

이때 당신은 안전지대를 회복하는 데 실패한다. 왜일까? 지금은 당신도 직원들이 무례하다고 느끼기 때문이다. 그들이 당신을 공격하고 있지 않은가. 당신은 대화 내용에만 얽매여 사태의 원인이 부사장이 팀을 방문하지 않은 것에만 있다고 생각한다. "나는 회사의 미래와 공장 시찰 중 하나를 선택해야 했어. 나는 미래를 선택했고 같은 상황이 다시 오더라도 똑같은 선택을 할 거야."

이제 당신과 팀원들은 자존심을 세우며 싸우고 있다. 싸워봤자 아무 소용이 없는데 말이다. 이럴 때 당신이 할 수 있는 게 뭘까?

싸움에 말려들어 맞서지 말고 순환고리를 끊어야 한다. 팀원들의 공격적 행위를 있는 그대로, 즉 안전지대가 깨졌다는 신호로 보고 대화에서 물러나 존중하는 마음을 회복하고 다시 안전지대를 만들어야 한다. 지금은 무례했던 것을 진심으로 사과할 때다.

"품질관리팀에 방문하지 못할 것을 알았을 때 전화하지 못해 미안합니다. 여러분은 밤새워 일했고 여러분이 개선한 것을 보여줄 멋진 기회였는데 내가 사정을 설명하지 않았네요. 미안합니다."

만약 당신의 마음에 변화가 없다면 그 사과는 진정한 사과가 아니다. 진심 어린 사과를 하기 위해서는 당신의 동기가 바뀌어야 한다. 당신이 정말로 원하는 것에 초점을 맞추려면 체면을 차리거나, 당신이 옳다는 걸 인정받으려 하거나, 이기는 것을 포기해야 한다. 자존심을 약간 희생해서라도 자기 잘못을 인정해야 한다. 다른 많은 희생과 마찬가지로 당신에게 가치 있는 무언가를 포기하면 더 가치 있는 무언가로 보상받는다. 바로 건전한 대화와 더 나은 결과다.

'대조 기법'을 사용해 오해를 바로잡는다

결정적 순간의 대화에서 당신은 무례한 행동을 하지 않았는데 상대가 무시당했다고 느끼는 경우가 있다. 물론 당신이 분명 상처를 주는 행동을 해서 상대가 존중받지 못한다고 느낄 때도 있다. 그러나 전혀 의도치 않게 모욕을 주는 경우도 그만큼 흔하다.

공동 목적에서도 마찬가지다. 당신은 나쁜 마음 없이 의견을 얘기하며 대화를 시작했는데 상대가 당신이 해를 입히려 하거나 당신의 의견을 강요하려 한다고 오해할 수 있다. 이런 상황에서는 사과가 능사가 아니다. 잘못하지 않은 당신이 잘못했다고 인정해도 오해를 살 수 있다. 어떻게 하면 대화로 돌아가도 안전하도록 공동 목적이나 상호 존중을 회복할 수 있을까?

다른 사람이 당신의 목적이나 의도를 오해할 때는 논쟁에서 물러나 '대조 기법'을 사용해 안전지대를 다시 구축하라.

대조 기법이란 '의도하지 않은 것/의도한 것'을 말해 오해를 바로잡는 것이다.

- **의도하지 않은 것**: 당신이 대화에서 원하지 않는 것을 설명해 자신을 존중하지 않는다거나 악의적 의도가 있을지 모른다는 상대의 걱정을 덜어준다.
- **의도한 것**: 당신이 대화하는 진짜 의도가 무엇인지 명확히 밝혀 상대를 존중하는 마음을 확인해주거나 당신의 진짜 목적을 분명히 알려준다.

예를 들어 오바와 마리의 경우에는 이렇게 말할 수 있다.

마리   (방어적으로) 당신은 왜 항상 나를 못살게 굴어? 난 당신이 텔레비전을 보고 있는 동안 뼈가 부서지도록 일하고 이 무거운 짐을 지고 있다고!

오바   (목적을 되찾기 위해 대조 기법을 사용해) 당신을 비난하거나 못살게 굴려는 게 아니야. 내 의도는 그게 아냐. 나도 당신이 무거운 짐을 지고 있다는 거 알아. 난 우리가 각자의 걱정거리를 서로에게 이야기해서 해결책을 찾고 우리 관계가 돈독해졌으면 좋겠어.

부사장이 방문하지 않은 뒤 당신과 품질관리팀은 이렇게 말할
수 있다.

팀 (방어적으로) 당신은 우리를 완전히 무시했어요. 이 공장
이 잘 돌아가도록 우리가 해낸 일도!

당신 (존중심을 되찾기 위해 대조 기법을 사용해) 여러분이 내가 품
질관리팀의 성과를 높이 평가하지 않거나 부사장님에
게 알리고 싶어 하지 않는다고 생각할까 봐 제일 걱정입
니다. 나는 여러분이 한 일이 그야말로 대단하다고 생각
합니다. 그리고 부사장님께 꼭 알리겠다고 약속하겠습
니다.

대조 기법의 두 부분에서 더 중요한 것은 '의도하지 않은 것'이
다. 안전을 위협하는 오해를 다루는 부분이기 때문이다. 열심히
일한 직원들은 당신이 자신들의 노력을 인정하지 않고 관심도 없
어서 부사장에게 알리지 않았다는 믿음에 따라 행동하고 있다.
사실은 그 반대인데 말이다. 사람들이 오해하고 있고 당신이 그
오해에 대응해 논쟁을 시작했다면 멈추고 대조 기법을 사용하라.
안전감을 회복할 때까지 당신이 의도하지 않은 것을 설명하라.
그런 뒤 대화를 다시 시작하라. 안전이 우선이다.

이렇게 해서 대화에 다시 안전지대를 마련하면 당신이 의도하는 것을 설명하라. 안전이 우선이다.

대조 기법을 사용해 맥락을 설명하고 균형을 확보한다. 한창 힘든 대화를 나누던 와중에 상대가 당신의 말을 실제보다 더 심각하거나 나쁘게 해석하는 경우도 있다. 예를 들어 비서에게 시간을 지키지 않는 문제를 이야기했는데 비서가 몹시 상심한 것처럼 보인다고 해보자.

이 시점에 당신은 말하려는 내용의 수위를 낮추고 싶은 마음이 들지도 모른다. "알다시피 그리 큰 문제는 아니야." 그런 유혹에 넘어가지 마라. 이미 한 말을 취소하지 말고 사과도 하지 마라. 대신 맥락을 설명하라. 가령 지금 비서는 당신이 자신의 업무 능력에 전혀 만족하지 못한다고 생각할 수도 있다. 그는 시간을 지키는 한 가지 문제에 관한 당신의 생각이 자신을 향한 당신의 모든 존중심을 나타낸다고 믿는다. 실제로는 그렇지 않다면 대조 기법을 사용해 당신이 생각하지 않는 것과 생각하는 것을 분명히 밝혀라. 먼저 당신이 생각하지 않는 것부터 시작하라.

당신이 생각하지 않는 것

자, 차근차근 짚어볼게. 내가 자네의 업무 능력에 만족하지 않는다고 생각하지 않았으면 좋겠어. 나는 우리가 계속 함께 일하길 원해. 난 정말로 자네가 일을 잘한다고 생각하거든.

당신이 생각하는 것

시간을 지키는 문제는 나한테 중요해. 그러니 자네가 여기에 신경을 썼으면 좋겠어. 이 문제에만 더 주의를 기울여줘. 다른 문제는 전혀 없어.

대조 기법을 사용해 문제를 방지한다. 지금까지는 오해로 마음이 상한 대화의 응급조치로 대조 기법을 어떻게 사용하는지 설명했다. 누군가가 오해하고 있고 우리는 진짜 목적이나 의미를 명확히 밝혔다. 대조 기법은 불안을 방지하는 데도 효과적인 도구다. 그 점에서는 당신의 좋은 의도를 공유하며 이야기를 시작하는 것과 비슷하다. 2가지 예를 들어보겠다.

"우리가 재정 관리를 어떻게 하고 있는지 이야기해보고 싶어. 당신이 우리 입출금 계좌 잔액을 맞추고 통장정리를 하는 데 들인 시간을 내가 인정하지 않는다고 생각하진 않았으면 좋겠어. 정말 고맙고, 나보고 하라고 했으면 그렇게 잘하지 못했을 거야. 하지만 우리가 새로운 온라인 뱅킹 시스템을 사용하는 것에 좀 걱정이 있어."

"걱정되는 일을 얘기하고 싶은데, 솔직히 어떻게 말해야 할지 잘 모르겠어. 이런 얘기를 해서 우리 관계를 해칠까 봐 두려워. 그렇지만 그건 절대 내 의도가 아니야. 그 반대야. 내가 이 이야기를 꺼내는 건 우리 관계를 돈독하게 하고 싶어서거든."

불안을 방지하기 위해 대조 기법을 사용하는 것은 당신이 상대를 어느 정도 겪어봐서 그 경험을 토대로 상대가 당신의 의도를 오해할 수 있겠다고 짐작할 때 효과적이다.

공동 목적을 만든다

분명 서로의 목적이 달라서 논쟁을 벌이는 때도 있다. 이 경우는 오해로 빚어진 논쟁이 아니라서 대조 기법이 효과가 없다. 여기에는 더 견고한 방법이 필요하다.

예를 들어 방금 당신이 승진을 제안받았다고 하자. 권한이 훨씬 더 커지고 출세 가도를 달리게 해줄 좋은 자리다. 이주에 따른 스트레스를 누그러뜨릴 만큼 급여도 높다. 여기서 '이주' 부분은 특히 중요한데, 그 자리를 받아들이면 가족이 나라 반대편으로 이사를 해야 하기 때문이다. 당신의 배우자와 아이들은 지금 사는 지역을 좋아한다.

당신은 배우자가 이번 일에 기뻐하는 마음과 싫어하는 마음이 반반일 줄 알았다. 그런데 전혀 그래 보이지 않는다. 배우자에게 이번 승진은 그냥 나쁜 소식이었다. 이사를 해야 하고 또 당신이 더 많은 시간을 일해야 할 것이니 말이다. 더 많은 수입과 권한 같은 것이 함께 보내는 시간이 줄어드는 것을 보상해줄 것 같지 않았다. 자, 이제 어떻게 해야 할까?

대화에 서툰 사람은 문제를 무시하고 그냥 밀고 나가거나 포기한 채 다른 사람의 뜻에 따른다. 맞서거나 굴복하는 것 중 하나를 선택하는 것이다. 두 전략 모두 결국 승자와 패자를 만들고 첫 대화가 끝난 뒤에도 오랫동안 문제가 이어진다.

어느 정도 대화할 줄 아는 사람은 즉각 타협을 시도한다. 가령 한 사람이 타지로 발령받아 부부가 두 집 살림을 하는 방법이 있다. 한 사람은 근무지에서, 다른 한 사람은 지금 사는 곳에서 가족과 함께 지내는 방식이다. 이 방식을 정말로 원하는 사람은 아무도 없다. 솔직히 말하면 더 심각한 문제로 이어지게 마련인 상당히 고약한 해결책이다. 타협이 필요할 때도 있지만 대화에 능숙한 사람은 출발점을 그렇게 잡지 않는다.

대화의 달인은 공동 목적을 만들기 위해 다음 4가지 기술을 사용한다. 이 기술을 CRIB라는 약어로 기억하자.

공동 목적을 추구하기로 약속하기Commit to seek mutual purpose

대부분의 대화 기술과 마찬가지로 대화를 재개하고 싶다면 진심을 가지고 시작해야 한다. 이 경우 우리는 동의하는 데 동의해야 한다. 대화에 성공하려면 상대에게 우리 의견을 강요하려고 침묵하거나 공격하는 짓을 멈춰야 한다. 공동 목적이 있는 척하면서 상대가 굴복할 때까지 침착하게 우리 입장만 주장하는 거짓 대화도 그만둬야 한다. 양측의 공동 목적에 도움을 주는 해결책을 마련할 때까지 대화를 계속하겠다는 약속을 하고 진심을 가지고 시작해야 한다.

쉬운 일은 아니다. 논쟁을 멈추려면 우리의 선택이 절대적 최선이고 유일한 해결책이며 우리가 원하는 걸 얻을 때까지는 만족하지 못할 것이라는 믿음을 유보해야 한다. 모두에게 좋은 제3의 선택지가 있을 수 있다는 사실에 마음을 열어야 한다.

또한 상대가 이기는 데만 전념하는 것처럼 보일 때도 이런 의지를 말로 표현해야 한다. 우리는 상대가 침묵하거나 공격하는 이유가 불안을 느끼기 때문이라 믿고 그에 따라 행동해야 한다. 공동 목적을 찾겠다는 우리의 의지를 보여주어 불안을 덜어주면 상대도 대화가 생산적일 수 있겠다고 더욱 확신할 것이다.

다음에 의지 싸움에 휘말리면 놀라울 정도로 효과적이지만 단순한 이 기술을 시도해보라. 싸움 내용에서 빠져나와 안전지대를 확보하라. "우리가 각자 자기 생각만 강요하려는 것 같군요. 저는 우리 둘 다 만족하는 해결책이 나올 때까지 대화를 계속할 겁니다"라고 말하라. 그런 다음 대화 참여자들의 불안이 사라지는지 살펴보라.

전략 뒤에 숨은 목적 인식하기 Recognize the purpose behind the strategy

공동 목적을 찾아내고 싶은 마음은 훌륭한 첫걸음이지만 바라는 것만으론 충분하지 않다. 마음이 바뀌면 전략도 바꿔야 한다. 여기에 우리가 고쳐야 하는 문제가 있다. 우리가 교착상태에 빠지는 이유는 나는 이것을 요구하는데 상대는 다른 무언가를 요구하기 때문이다. 우리가 해결 방법을 절대 찾지 못할 거라고 생각하는 이유는 요구하는 것과 실제로 원하는 것을 동일시해서다. 사실 우리가 요구하는 것은 원하는 것을 얻기 위해 제시하는 전략이다. 우리는 원하는 것 혹은 목적을 전략과 혼동한다. 그게 문제다.

예를 들어 내가 퇴근 후 집에 와서 영화를 보러 가고 싶다고 말한다고 하자. 당신은 집에서 쉬고 싶다고 한다. 내가 영화를 보고 싶다고 말하면 당신은 집에서 텔레비전을 보는 게 낫다고 하고, 그래도 내가 영화를 보러 가자고 하면 당신은 책이나 읽겠다며 옥신각신한다. 그러면서 외출과 집에 머무는 것은 양립할 수 없으니 우리의 차이는 절대 해결할 수 없을 거라고 생각한다.

그런 상황에서 상대에게 "왜 그걸 원해?"라고 물으면 교착상태를 깨트릴 수 있다. 위 경우에는 이렇게 물을 수 있다.

나	당신은 왜 집에 있고 싶어 해?
배우자	돌아다니면서 번거로운 일을 하는 게 피곤해.
나	평화롭고 조용한 시간을 원하는구나?
배우자	대체로 그렇지. 당신은 왜 영화를 보러 가고 싶어?
나	아이들이 없는 곳에서 당신과 둘만의 시간을 보낼 수 있으니까.

공동 목적에 합의할 수 있으려면 먼저 사람들의 진짜 목적이 무엇인지 알아야 한다. 대체로 전략에 초점이 맞춰진 대화 내용

에서 벗어나 그 뒤의 목적을 살펴보라.

목적과 전략을 분리하면 새로운 선택지가 생긴다. 전략에 집착하지 않고 당신의 진짜 목적에 초점을 두면 양측 모두가 만족하는 대안을 발견할 수 있는 아이디어에 마음을 열게 된다.

나　　　당신은 평화롭고 조용한 시간을 원하는구나. 나는 아이들이 없는 곳에서 당신과 시간을 보내기를 원하고. 그럼 아이들과 떨어져 조용히 할 수 있는 일을 찾으면 우리 둘 다 만족하겠네. 그렇지?

배우자　그러네. 계곡으로 드라이브를 가면 어떨까?

공동 목적 생각해내기|Invent a mutual purpose

상대의 전략 뒤에 숨은 목적이 뭔지 알면 실제로 양쪽의 목표가 같다는 것을 발견하기도 한다. 이 경우 그 목표로부터 공동 전략을 떠올리면 된다. 하지만 항상 그렇게 운이 좋지는 않다. 가령 당신이 진짜 원하는 것과 목표를 충족하려면 상대가 원하는 것과 목표를 희생해야 하는 때도 있다. 이럴 때는 공동 목적을 발견할수 없다. 즉, 공동 목적을 적극적으로 생각해내야 한다.

공동 목적을 생각해내려면 더 포괄적인 목표를 떠올려야 한다. 편 가르기를 하는 것보다 더 의미 있고 보람 있는 목표를 찾아라. 예를 들어 당신과 배우자는 승진 수락 문제에서는 합의점을 찾지 못할 수 있지만 직업적 야심보다 두 사람의 관계와 아이들이 우선이라는 데는 생각이 같을 수 있다. 더 고차원적이고 장기적인 목표에 초점을 맞추면 간혹 단기적인 타협을 넘어선 공동 목적을 생각해내 대화로 돌아갈 방법을 찾을 수 있다.

새로운 전략을 브레인스토밍하기Brainstorm new strategies

공동 목적을 발견해 안전지대를 만들었다면 대화 내용으로 돌아갈 수 있다. 이제 모두의 요구를 충족하는 전략을 브레인스토밍할 때다. 모든 사람이 지지할 만한 전략을 발견하는 데 전력을 기울이고 당신이 정말로 원하는 것을 표명하면 더 이상 비생산적인 갈등에 에너지를 쓰지 않아도 된다. 그 대신 모두에게 도움을 줄 선택지를 적극 제시해야 한다.

판단을 미루고 새로운 대안을 찾기 위해 고정관념에서 벗어나라. 지금 사는 지역에 계속 살면서 직업적 목표도 충족할 일을 할 방법은 없을까? 꼭 이 회사의 그 자리에서 일해야 행복할까? 그 새로운 자리에서 일하려면 꼭 이사해야 할까? 가족이 이곳만큼 만족할 만한 다른 지역은 없을까? 창의성을 발휘하지 않으면 양쪽 다 받아들일 수 있는 선택지를 떠올리기는 불가능하다. 반면 창의적으로 생각할 수 있다면 가능성은 무한하다.

공동 목적 만들기

요컨대 당신과 다른 사람들이 서로 목적이 엇갈린 채 일하고 있을 때는 이렇게 하라. 먼저 논쟁 내용에서 빠져나와라. 누가 무슨 생각을 하는지에 초점을 맞추지 말고 공동 목적을 만들어라.

공동 목적을 추구하기로 약속하라. 모두가 만족하는 방안을 떠올릴 때까지 대화를 계속하겠다고 공개적으로 약속한다.

"이래서는 안 되겠어. 자네 팀은 늦게까지 남아서라도 일을 끝내자 하고, 우리 팀은 퇴근했다가 주말에 나와서 다시 일하길 원해. 모두가 만족할 방안을 생각해보는 게 어때?"

전략 뒤에 숨은 목적을 인식하라. 사람들에게 그들이 요구하는 것을 왜 원하는지 물어보라. 그들의 요구와 그 요구로 이루고 싶은 목적을 분리하라.

"토요일에 출근하고 싶지 않은 정확한 이유가 뭐야? 지금 다들 피곤한 것 같은데. 이러다 안전사고가 날 수도 있고 품질이 떨어질까 봐 걱정돼. 왜 꼭 오늘 늦게까지 일하자는 거야?"

공동 목적을 생각해내라. 모든 사람의 목적이 명확해진 뒤에도 여전히 서로 의견이 엇갈린다면 갈등이 이어지는 목적이 아니라, 더 동기를 부여하고 의미 있는 장기 목적을 새로 생각해낼 수 있을지 살펴보자.

"여기서 누가 이기고 지는지가 중요한 게 아니라 한 팀이 다른 팀을 원망하지 않을 방안을 생각해낼 수 있으면 좋겠어. 다수결에 따르거나 동전 던지기도 해봤지만 진 쪽은 항상 이긴 쪽을 원망했잖아. 제일 걱정스러운 부분은 서로를 향한 감정이야. 어떤 결정을 내리든 협업 관계가 틀어지게 하진 말자고."

새로운 전략을 브레인스토밍하라. 명확한 공동 목적이 있으면 모두가 만족하는 해결책을 찾기 위해 힘을 합칠 수 있다.

"그러니까 안전과 품질을 해치지 않으면서 자네 팀이 토요일 오후 동료의 결혼식에 참석할 수 있는 방법을 생각해야 해. 우리 팀원들은 토요일 오전에 경기가 있어. 자네 팀이 토요일 오전과 이른 오후까지 일하고 우리 팀이 경기를 마친 뒤 출근해서 이어받아 일하면 어떨까? 그러면 우리는…"

두 번 써보라

지금까지 면대면(직접 혹은 온라인에서) 또는 적어도 전화로 나누는 대화에서 안전지대를 만들거나 회복하는 예를 살펴보았다. 그럼 이메일이나 문자 같은 서면 소통에서는 어떻게 해야 할까?

음, 이제껏 말한 그대로 하면 된다. 서면 소통에서 안전지대를 만드는 방법이 얼굴을 마주한 대화에서와 같은 것으로 밝혀졌기 때문이다. 이메일을 보내면서 상대에게 불안감을 심어주고 싶지 않다면 핵심은 지금 당신이 '인간'에게 이메일을 보내고 있다는 사실을 명심하는 일이다. 그런 뒤 당신의 좋은 의도를 공유하라. 인간은 그래야 안전감을 느낀다. 이메일이 혁신적 매체라는 건 우리도 안다.

그렇지만 안전지대를 만드는 핵심 조건이 매체에 따라 바뀌진 않는다. 내가 당신이 나한테 마음을 쓰고(상호 존중) 내가 마음 쓰는 것에도 마음을 쓴다는 것(공동 목적)을 알면 얼굴을 보고 얘기하든 이메일을 읽든 당신에 대해 안심할 것이다. 이메일을 비롯한 서면 소통과 대면 소통의 핵심적 차이는 당신의 좋은 의도를 '언어'로 표현하는 것이 더 중요해진다는 점이다.

대면 대화에서 우리는 언어(사과, 대조 기법 등)뿐 아니라 비언어 표현(어조, 보디랭귀지, 눈맞춤 등)으로도 의도를 공유한다. 시각적 단서가 사라질 경우 언어를 사용해 의도를 전달하는 것은 더 중요해진다.

문제는 가장 중요한 순간에 안전감을 느껴야 대화할 수 있는 인간과 소통하고 있다는 사실을 잊는다는 데 있다. 어쨌거나 주위에 아무도 없지 않은가. 자신과 키보드뿐이고 우리는 키보드를 두드리고 있다.

자, 누군가에게 보낼 중요한 메시지를 타이핑할 때 자신의 의도를 잘 전달하는 팁을 알려주겠다. 바로 두 번 써보는 것이다.

먼저 당신이 말하려는 내용을 알리는 메시지를 쓴다. 내용을 충분히 알렸다면 이제 상대가 당신의 의도를 어떻게 이해할지 검토한다. 상대의 얼굴을 상상하면서 메시지를 천천히 읽어보자. 당신이 쓴 메시지의 각 부분을 상대가 어떻게 느낄까? 그런 뒤 안전감을 염두에 두고 메시지를 다시 써본다. 상대가 당신의 의도나 존중하는 마음을 오해할 만한 지점이 있는지 확인하고 당신이 의도한 것과 의도하지 않은 것을 분명히 밝힌다. 덜 공적인 친근한 관계에서는 당신의 의도를 좀 더 명확히 전하기 위해 당신의 현재 표정을 묘사해도 괜찮다. 예를 들면 "지금 이 글을 쓰고 있는 내 얼굴을 네가 볼 수 있다면 내 말을 가혹하거나 비판적이라고 생각할까 봐 걱정하느라 찌푸린 내 표정이 보일 거야"라고 쓸 수 있다.

우리는 결정적 순간의 대화를 할 때 실시간으로 이뤄지지 않는 서면 소통을 차선책으로 여기는 경향이 있다. 대개는 차선책이긴 하다. 그러나 메시지를 요령 있게 잘 쓰기만 하면 '비동기식 소통'(실시간으로 이뤄지지 않는 소통 - 옮긴이)에는 한 가지 장점이 있다. 이메일 같은 가상 소통에서는 당신이 일을 망치고 한 번 더 기회를 달라고 하기도 전에 한 번의 기회가 더 주어진다. 무슨 말을 해놓고 "더 잘 얘기했어야 했는데"라고 후회하는 대신 무언가를 쓴 뒤 한 번 더 읽어보고 보낼 수 있다. 그러니 안전지대를 만들 수 있는 또 한 번의 기회를 잘 이용하는 법을 익혀야 한다.

> **나는 가상공간에서 결정적 순간의 대화를 어떻게 나누는가**
>
> 화상회의를 하든 문자나 전화를 이용하든 가상 대화는 결정적 순간의 대화에 대면 대화와 다른 역학을 불러온다. 이 책의 공동 저자 에밀리 그레고리가 가상공간에서 결정적 순간의 대화에 성공하기 위한 준비 방법을 공유한다. crucialconversations.com을 방문해 영상 '나는 가상공간에서 결정적 순간의 대화를 어떻게 나누는가How Do I Have a Crucial Conversation Virtually'를 시청하라.

오바와 마리의 이야기로 돌아가보자

오바와 마리의 이야기로 이번 장을 마무리하겠다. 오바는 마리와 다시 대화를 나눠보려고 한다. 오바가 이 결정적 순간의 대화에 어떻게 안전지대를 만드는지 지켜보자. 이미 대화를 시도하다 실패한 적이 있기에 그는 아내가 자신의 의도를 오해할 수 있다는 것을 잘 알고 있다. 그래서 먼저 대조 기법을 써서 자신이 좋은 의도로 대화를 원한다는 것을 알린다.

오바　마리, 당신의 회사 일이 많은 게 우리 관계에 어떤 영향을 미치는지 이야기해보고 싶어. 당신을 비난하거나 당신이 문제라고 말하려고 얘기를 꺼내는 게 아니야. 당신이 직장에서 엄청난 압박을 받고 있다는 걸 나도 알아. 그리고 우리 가족을 위해 당신이 그렇게 희생하는 걸 정말 고맙게 생각하고 있어. 나는 다만 우리가 처한 이 새로운 현실에서 상황을 개선하기 위해 우리가 뭘 할 수 있을지 이야기해보고 싶은 것뿐이야.

마리   얘기할 게 뭐가 있지? 난 일을 해. 당신은 안 하고. 난 그 사실을 받아들이려고 노력하고 있어.

오바   내 생각엔 문제가 그것보다 복잡해. 당신이 그런 말을 하면 난 당신이 나를 더 이상 존중하지 않는 것처럼 느껴져.

마리   정말 그렇게 느낀다고? 그럼 우리가 부부가 맞긴 해?

좋다. 어떤 일이 일어났는가? 우리가 지금 이 대화에서 오바의 입장을 보고 있다는 걸 기억하라. 그가 대화를 시작한 사람이다. 상황 개선을 위해 마리가 노력하고 있는 부분도 분명 많을 것이다. 대화를 더 원활하게 진행하길 원할 경우 오바는 어떻게 해야 할까? 그가 정말로 원하는 것, 그러니까 두 사람 모두를 위해 상황을 개선할 방법을 찾는 것에 계속 초점을 맞춰야 한다. 결국 오바는 마리가 한 말의 내용에 대응하면 안 된다. 그보다는 기를 죽이는 그 말 뒤에 숨은 불안을 봐야 한다. 왜 마리는 대화에서 달아나기 시작할까? 2가지 이유 때문이다.

- 오바가 이야기하는 방식이 마리에게는 매사에 그녀를 탓하는 것처럼 들린다.

- 마리는 오바가 걱정하는 한 가지 부분이 자신을 향한 그의 전체 감정을 반영한다고 생각한다.

그래서 오바는 안전감을 되찾기 위해 사과하고 대조 기법을 사용한다.

오바 그런 식으로 말해서 미안해. 내 기분이나 행동은 당신 탓이 아니야. 그건 내 문제야. 난 이걸 당신 문제라고 생각하지 않아. 우리 문제지. 우리 둘 다 상황을 악화하는 쪽으로 행동하고 있을지도 몰라. 적어도 나는 그래.

마리 아마 나도 그럴 거야. 가끔은 그냥 너무 힘들고 피곤해서 부루퉁하게 군 적도 있어. 또 당신 기분이 나빠지길 바라면서 그런 적도 있고. 나도 그 점은 미안해.

자, 무슨 일이 일어났는지 주목하라. 오바는 불안 문제를 잘 다뤘고 이 대화에서 그가 정말로 원하는 것에 계속 초점을 맞췄다. 그러자 마리는 대화로 돌아왔다. 오바가 마리를 탓하는 것보다 이 방법이 훨씬 더 효과적이다.

대화를 계속 살펴보자.

마리 우리가 이 상황을 어떻게 해결할 수 있을지 모르겠어. 내 일은 어쩔 수가 없어. 당신이 일이 없으니 내가 일을 줄이거나 재협상을 시도해볼 입장이 아냐. 그리고 퇴근하고 와서 쌓여 있는 집안일을 보면 그냥 너무 짜증이 나. 당신이 나와 더 많은 시간을 보내고 싶어 하는 건 알아. 하지만 난 너무 지쳐서 혼자 재충전할 시간이 필요해.

지금 문제는 공동 목적에 있다. 마리는 자신과 오바의 목적이 어긋난다고 생각한다. 그녀가 볼 때는 둘 다 만족하는 해결책이 있을 수 없다. 그녀에겐 하루가 24시간뿐이지 않은가. 그러자 오바는 타협하거나 싸우기보다 문제에서 빠져나와 공동 목적에 도달하기 위해 CRIB 기술을 사용했다.

오바　(공동 목적을 추구하기로 약속하기) 당신이 무리해서 일하는 거 알아. 그리고 나도 당신에게 도움이 안 되는 일은 하고 싶지 않아. 난 우리 둘 다 친밀감과 인정받고 사랑받는다는 감정을 느낄 방법을 찾고 싶어.

마리　내가 원하는 것도 그거야. 다만 그럴 시간이 없을 것 같아.

오바　(전략 뒤에 숨은 목적 인식하기) 어쩌면 그럴 수도 있고 아닐 수도 있어. 우리 관계에서 당신이 사랑받고 인정받는다고 느끼게 만드는 것이 뭘까?

마리　음, 그건 말하기 어려워. 난 당신 마음을 상하게 하고 싶지 않고 이건 민감한 문제잖아…. 당신이 실직 중이어서 속상한 거 나도 알아. 이해해. 그렇지만 당신은 지금 쉬고 있잖아. 당신이 설거지나 빨래 같은 집안일을 더 많이 맡으면 내가 우리 사이에 더 만족하는 데 도움이 될 거야. 우리 둘 다 일할 땐 집안일을 반반씩 나눠서 했어. 그런데 지금은 우리 둘 다 일하고 있진 않잖아.

오바   좋아, 그게 공평해. 말해줘서 고마워. 난 자신감이 없어져서 힘들어. 왠지 의욕도 떨어지더라고. 그 어느 때보다 당신과의 시간을 간절히 원하는 건 그런 이유도 있을 거야. 그냥 당신과 이야기를 나누면서 웃고 함께 있는 걸 즐기는 재밌는 시간 말이야.

마리   무슨 말인지 알겠어. 그래도 난 너무 피곤할 땐 만사가 귀찮아. 거기에다 내가 느끼는 압박감 때문에 당신을 원망하지.

오바   응, 당신 마음 이해해. 나도 당신이 날 원망하는 걸 느꼈어. 그래서 나 자신이 더 싫어지더라. 당신이 내게 실망하고 있다는 걸 아니까.

마리   (공동 목적 생각해내기) 그럼 우리가 함께 시간을 더 즐길 수 있도록 내 어깨의 짐을 좀 덜어낼 방법을 찾아야겠네. 나도 정말 그걸 원해, 알잖아.

오바   알아. 우리 둘 다 그걸 원하는 줄은 몰랐어.

마리   (새로운 전략을 브레인스토밍하기) 음, 이렇게 하면 어떨까….

오바와 마리는 아직 문제를 해결하지 못했고 그 해결을 어렵게 만들 현실적 제약이 많다. 그래도 문제를 해결하고 관계를 돈독하게 만들 가능성이 이 장을 시작할 때보다 훨씬 더 커졌다. 안전지대를 만든다고 모든 문제를 해결할 수 있는 건 아니다. 단지 대화할 여지가 생길 뿐이다.

내 결정적 순간의 대화: 제리 M. 박사

월요일에 한 여성이 무릎 아래쪽의 혈액순환장애로 인한 극심한 통증을 치료하기 위해 혈관 우회로 수술을 받으려고 내 병원에 입원했다. 미시시피에 사는 그녀는 2시간 거리에 있는 멤피스까지 수술을 받으러 왔다. 의사는 능숙하게 수술을 마쳤고 결과도 성공적이었다. 다음 날 극심한 통증이 사라진 환자와 그녀의 남편은 무척 기뻐했다.

환자 담당자와 의사는 아무 이상이 없으면 목요일 오후에 퇴원해도 된다는 데 잠정 동의했다. 그 뒤 환자 상태가 계속 나아져 환자 담당자는 목요일에 퇴원 예약을 잡았다.

목요일 아침 담당자는 의사가 '환자 상태 양호, 발 따뜻함, 심전도 양호, 환자 안정적, 계획: 금요일 오전 퇴원'이라고 남긴 메모를 확인하지 못한 채 보호자에게 환자를 데리러 오라고 연락했다.

그러다 뒤늦게 메모를 발견한 담당자는 의사에게 연락을

취하려 애쓰다가 그날 오후 자신의 진료실로 정신없이 뛰어 들어온 의사와 마침내 이야기를 나눌 수 있었다. 진료 시간에 늦은 의사는 퉁명스럽게 말했다. "이 환자가 퇴원하기 전에 내가 꼭 봐야 합니다. 그런데 내일까지는 내가 그럴 시간이 없어요. 환자는 오늘 퇴원 못 합니다. 더는 할 말 없습니다."

오후 3시경 담당자가 내게 도움을 청했다. 나는 즉시 의사에게 전화를 걸어 그가 수술에 성공한 것을 칭찬하고 도움을 주고 싶다며 대화를 시작했다. 나는 환자 가족이 2시간을 달려왔고 환자도 퇴원할 준비를 마쳤다고 설명했다.

그러니 전화로 부부에게 주의할 점을 알려주고 서류 작업을 해달라고 청했지만 그는 고집을 부렸다. "안 됩니다. 저는 그 환자를 봐야 하고 내일까지는 그럴 시간이 없어요." 그러고는 방어적으로 목소리를 높였다. "보험회사가 당신더러 이렇게 하라던가요? 왜 날 압박하죠?"

깜짝 놀란 나는 대조 기법을 사용해 대답했다. "솔직히 말해 저는 누가 돈을 내는지도 모릅니다. 보험회사가 아니라 환자와 가족 때문에 전화한 겁니다. 그들은 잊지 못할 경험을 했어요. 당신이 기적을 일으켰다고 믿더라고요. 환자가 퇴원해도 좋다는 이야기를 들었는데 퇴원을 취소하면 훌륭한 임상 성과가 훼손되지 않을까 걱정스럽습니다."

그는 약간 당황하면서 대답했다. "제가 간다고 말해주세요. 하지만 7시 전까지는 불가능합니다."

합의에 이른 나는 그가 환자를 보고 직접 주의사항을 알려주길 원한다는 뜻을 전하기로 약속했다. 그날 밤 그가 환자에게 간 덕분에 환자는 퇴원했고 훌륭한 치료 경험도 퇴색하지 않았다.

의료 서비스 환경에서 결정적 순간의 대화는 현실적이고 돌발적이며 수시로 일어난다. 이 대화에 성공할 수 있었던 것은 내가 본질적인 2가지 규칙을 따랐기 때문이다. 바로 '상호 존중'과 '공동 목적'이다.

요약: 안전지대를 만들어라

내용에서 빠져나온다

사람들이 침묵이나 공격 쪽으로 향하면 일단 대화 내용에서 빠져나와 안전지대를 만들어라. 안전감을 회복하면 이야기하던 화제로 돌아가 대화를 계속하라.

안전 조건이 위협받는지 판단한다

- **공동 목적**: 다른 사람들이 대화에서 당신이 그들의 목표에 관심이 있다고 생각하는가? 그들이 당신의 동기를 신뢰하는가?
- **상호 존중**: 다른 사람들이 당신이 그들을 존중하고 있다고 생

각하는가?

당신의 좋은 의도를 공유한다

대화를 순조롭게 시작하려면 당신의 긍정적 의도를 알려라. 당신과 다른 사람들을 위해 당신이 정말로 원하는 게 무엇인가?

사과해야 할 때는 사과한다

당신이 분명 상대를 존중하지 않았다면 사과하라.

대조 기법을 사용해 오해를 바로잡는다

다른 사람들이 당신의 목적이나 의도를 오해한다면 대조 기법을 사용하라. 당신이 의도하지 않은 것, 의미를 두지 않는 것을 먼저 말한 다음 당신의 의도나 의미를 설명하라.

공동 목적을 만든다

서로의 뜻이 어긋날 때는 CRIB 기법을 사용해 공동 목적으로 돌아가라.

- C: 공동 목적을 추구하기로 약속하기
- R: 전략 뒤에 숨은 목적 인식하기
- I: 공동 목적 생각해내기
- B: 새로운 전략을 브레인스토밍하기

8 ｜ 내 입장을 말하라

거슬리지 않고 설득력 있게 말하는 법

누구한테 솔직하다는 거죠?

_도로시 파커,
아주 솔직하다는 말에 대한 반문

지금까지 우리는 결정적 순간의 대화에 나서서 잘 해낼 준비를
하고자 많은 노력을 기울였다. 우리가 배운 것을 요약하자면 마
음엔 선의가 있어야 하고 머리로는 적절한 주제에 초점을 맞춰야
한다. 또 우리를 나아가지 못하게 만드는 교묘한 스토리를 버려
야 한다. 필요한 경우 안전감을 되찾도록 사람들이 대화에 어떻
게 임하고 있는지 면밀히 살펴야 한다. 특히 불안을 느끼기 시작
할 때는 더욱 그렇다.

자, 이제 만반의 준비를 했다고 해보자. 우리는 입을 열고 생각
을 공유할 준비를 했다. 지금부터는 실제로 우리의 의견을 표현
할 것이다. 어떻게 해야 할까?

대화를 시작하면 우리는 대개 자동응답기처럼 이야기한다. "안녕, 애들은 잘 있어? 하는 일은 어때?" 대화보다 더 쉬운 게 있을까? 우리는 수천 개의 단어를 알고 있고 그 단어들을 조합해 필요에 맞는 문장으로 엮어낸다. 대부분은 그렇다.

그런데 중요한 이해관계가 걸려 있고 감정이 고조되는 대화를 할 때는 단어를 그리 능숙하게 엮지 못한다. 앞서 말한 것처럼 보다 중요한 대화일수록 우리가 최상의 대응을 할 가능성은 더 작다. 앞으로 살펴보겠지만 안타깝게도 우리는 상대가 방어적으로 대응하기 딱 좋게 우리 생각을 표현한다.

의견을 효과적으로 주장하는 기술을 개선하기 위해 우리의 주된 문제 2가지를 해결하는 5가지 기술을 알아보자. 먼저 그 5가지 기술이 어떻게 당신의 메시지를 다른 사람들이 귀를 기울이게 구성하도록 돕는지 살펴본다. 그다음에는 당신의 확신이 대화의 가장 큰 방해꾼일 때 이러한 기술이 어떻게 당신의 설득력을 높이는지 알아본다.

민감한 의미를 공유하는 법

우리가 말하려는 것이 민감한 내용이거나 변변치 않거나 논란의 여지가 있을 때 의미를 공유하기란 상당히 어렵다. "마르타, 사람들이 당신과 함께 일하는 걸 싫어해. 그래서 난 프로젝트팀에서 자네를 제외하려고 해" 같은 말을 어떻게 쉽게 하겠는가?

회사의 제품 포장지를 녹색에서 빨간색으로 바꿔야 한다고 주장하는 것과 누군가에게 불쾌하다거나 호감이 가지 않는 사람이라고 말하는 건 완전히 다른 문제다. 주제가 사물에서 사람으로 바뀌면 말하기가 항상 더 까다롭다. 그렇지만 당연히 어떤 사람은 이런 대화에 남들보다 더 능숙하게 접근한다.

민감한 정보를 공유해야 할 때 대화에 서툰 사람은 자기 생각을 불쑥 던지거나 아무 말도 하지 않거나 한다. 이런 사람은 "넌 듣기 싫겠지만. 이봐, 누군가는 솔직하게 말해야 하니까 하는 말인데…"라고 입을 떼거나(전형적인 어리석은 선택) 그냥 입을 꾹 다문다.

대화에 어느 정도 익숙한 사람은 머릿속에 있는 생각 중 일부를 말하지만 상대에게 상처를 줄까 봐 축소해서 말한다. 즉, 말을 그럴듯하게 하면서 주의를 기울여 메시지를 듣기 좋게 꾸민다. 예를 들면 당신이 만든 마케팅 자료가 황당하다고 생각하면서도 솔직하게 말하는 대신 "어, 음, 그래프는 아주 맘에 들어. 다만 문서는 여기저기 좀 다듬어야 할 것 같아"라고 말한다.

대화의 달인은 자기 생각을 있는 그대로 전하면서도 다른 사람이 안심하면서 듣고 반응하도록 말한다. 그러니까 완전히 솔직하면서도 다른 사람을 전적으로 존중한다. 마케팅 자료가 별로라고 생각하면 당신에게 그런 평가를 분명히 알리면서도 완전히 존중하는 태도를 취한다.

어떻게 그렇게 할까? 솔직하게 말하면서도 안전감을 유지하는 법을 찾아내면 된다.

안전지대를 유지하는 법

있는 그대로 말했다가 상대의 기분을 상하게 할 수 있을 때, 솔직하게 말하려면 상대가 불안을 느끼지 않을 방법을 찾아야 한다. 이 말이 다른 사람의 코를 후려치되 상처는 입히지 말라는 것처럼 들릴지도 모른다. 말하기 힘든 말을 하면서 어떻게 존중심을 유지하라는 걸까? 자신감, 겸손, 기술이라는 3가지 요소가 섬세하게 조화를 이루도록 하는 법을 알면 가능하다.

자신감. 사람들은 대부분 민감한 이야기는 하지 않으려고 한다. 당사자에게는 특히 더 말하길 꺼린다. 예를 들면 당신의 동료 브라이언이 집에 가서 아내에게 상사 페르난도가 사소한 부분까지 일일이 간섭하는 바람에 죽을 맛이라고 이야기할 수 있다. 브라이언은 친구들과 점심을 먹으면서도 같은 이야기를 한다. 모든 사람이 브라이언이 페르난도를 어떻게 생각하는지 안다. 당연히 페르난도만 모른다.

대화에 능숙한 사람은 누군가에게 어떤 말을 해줘야 할 때 자신감 있게 이야기한다. 그들은 자신의 의견이 공유할 가치가 있다고 확신하며, 자신이 상대를 나쁜 사람으로 만들거나 심하게 기분 상하지 않게 하면서 솔직하게 이야기할 수 있다고 믿는다.

겸손. 자신감은 오만이나 옹고집이 아니다. 대화에 능숙한 사람은 자신이 해야 할 말이 있다고 확신하지만, 자기 생각만 옳은 것은 아니며 다른 사람에게도 가치 있는 의견이 있다는 걸 안다. 그래서 다른 사람의 정보와 견해를 궁금해한다. 자신의 의견은 대화의 출발점이긴 해도 결론은 아니다. 또 자신이 지금은 무언가를 믿지만 새로운 정보를 알게 되면 생각이 바뀔 수 있다는 것도 안다. 이는 자기 의견을 표현하는 동시에 다른 사람도 의견을 말하도록 독려한다는 뜻이다.

기술. 마지막으로 민감한 정보를 기꺼이 공유하는 사람은 그 정보를 조리 있게 이야기할 줄 안다. 애초에 자신감이 있는 것도 그 때문이다. 이들은 솔직함과 안전감을 둘 다 확보할 방법을 찾기에 어리석은 선택을 하지 않는다. 그들은 말하기 힘든 것을 말하고, 다른 사람은 그런 솔직함에 당신이 예상하는 것보다 훨씬 고마워한다.

기술은 연습과 반복에서 나온다. 이 책을 읽고 대화 기술을 배우는 것은 중요한 첫 단계이긴 하지만 책만 읽는다고 대화를 더 잘하게 되는 건 아니다. 결정적 순간의 대화를 더 능숙하게 나누고 싶으면 실제로 대화를 해봐야 한다.

사라진 돈 이야기

민감한 사안을 이야기하는 법을 알아보기 위해 어려운 문제 하나를 살펴보자. 애니타는 지금 막 계산대에서 지갑을 열었다. 그녀는 채소를 살 때 쓰려던 20달러짜리 지폐를 꺼내려고 했다. 그런데 잠깐만. 돈이 없었다. 그녀는 지갑을 구석구석 살펴봤지만 지폐가 보이지 않았다. 그녀는 곧바로 옆에 서 있던 열여섯 살짜리 딸을 돌아보며 빽 소리를 질렀다. "앰버! 돈 어쨌어?"

음, 너무 성급했다. 애니타가 "지갑에 40달러가 있을 줄 알았어"에서 "애가 내 지갑을 뒤져서 돈을 꺼내갔어"로 바뀌는 데는 0.5초도 걸리지 않았다.

애니타가 이 사건에 대처하는 최악의 방식은 뭘까? 딸을 방에 가두고 스물다섯 살이 될 때까지 빵과 물만 주는 건 빼고 생각해 보자. 이 문제에 대응하는 최악의 대화 방식은 뭘까? 대뜸 의심하며 비난부터 한 뒤 협박하는 것이 그 영광을 차지할 유력 후보라는 데 대다수 사람이 동의할 것이다. 실제로 대개는 그렇게 한다. 애니타도 예외가 아니다.

"네가 내 돈을 훔치다니 믿을 수가 없네! 앞으로 10년 동안 방에 갇혀 살고 싶어?" 애니타가 분개한 목소리로 윽박지른다.

"엄마, 무슨 말을 하는 거예요?" 앰버는 엄마가 왜 그러는지 모르지만 뭐든 좋은 일일 리 없다고 생각하며 묻는다.

"내가 무슨 말을 하는지 알잖아." 애니타가 큰소리로 받아친다.

주위를 둘러본 앰버는 모든 사람의 시선이 자신들을 향하고 있다는 걸 알아차린다. "엄마," 앰버가 쉿 소리를 낸다. "난 엄마가 무슨 얘길 하는지 모르겠어요. 하지만 진정하세요. 사람들이 쳐다보잖아요."

"네가 내 지갑에서 40달러를 슬쩍했잖아. 그래놓고 지금 아무것도 모르는 척하는 거야?" 애니타는 구경하는 사람들은 안중에도 없다.

자식을 길러본 사람이면 누구라도 10대의 부모 노릇이 힘들다고 말할 것이다. 10대에게 잘못을 이야기하는 건 더 힘들다. 애니타에게 딸이 범인이라고 믿을 만한 이유가 있다면 분명 그 문제를 해결해야 한다. 그러나 공공장소에서 열을 내며 비난하는 건 이 문제를 해결하는 최선의 방법이 아니다. 애니타는 자신의 걱정스러운 결론을 놓고 어떤 식으로 대화를 풀어가야 할까?

내 입장을 말하는 법

애니타의 목표가 어려운 주제(예: "내 생각엔 네가 내 돈을 훔쳤어")에 관해 건설적인 대화를 나누는 것이라면 유일한 희망은 적어도 그 우려가 사실로 밝혀지거나 잘못된 생각임이 드러날 때까지 대화를 유지하는 것이다. 이 말은 어떤 결정적 순간의 대화(예: "부장님은 너무 세세한 부분까지 간섭하는 것 같아요." "너 마약하는 거 같은데." "당신은 회의에서 날 궁지에 빠트렸어요.")를 나누는 사람에게도 해당한다. 최악을 의심하더라도 존중심은 지켜야 한다는 뜻이다. 비슷한 맥락에서 위협과 비난으로 안전감을 망가뜨려서는 안 된다.

그러면 어떻게 해야 할까? 진심을 가지고 시작하라. 당신이 정말로 원하는 것과 그걸 대화로 얻을 수 있는 방법을 생각하라. 당신의 스토리를 돌아보라. 당신이 성급하게 희생자나 악당이나 무기력자 스토리를 만들고 있는 것인지도 모른다. 진짜 스토리를 발견하는 가장 좋은 방법은 당신이 생각할 수 있는 최악의 스토리에 따라 행동하지 않는 것이다. 그랬다간 자멸적인 침묵과 공격 게임으로 이어질 수 있다. 감정을 누그러뜨리고 대화에 임하도록 다른 가능한 설명을 많이 생각해보라. 설령 당신이 처음에 받은 느낌이 옳다고 밝혀지더라도 싸울 시간은 나중에도 얼마든지 있다.

대화에 적절한 환경을 조성하기 위해 노력했다면 가장 민감한 주제를 이야기하도록 돕는 다섯 가지 기술을 사용할 수 있다. 이 5가지 도구는 STATE라는 약어로 기억하면 쉽다. STATE는 다음을 나타낸다.

- 사실을 공유하라Share your facts.
- 당신의 스토리를 들려주어라Tell your stroy.
- 상대방 입장을 물어보라Ask for others' paths.
- 잠정적으로 말하라Talk tentatively.
- 다른 의견을 적극 구하라Encourage testing.

처음 3가지 기술은 '무엇'을 해야 하는지 설명하고 나머지 2가지는 '어떻게' 해야 하는지 알려준다.

'What' 기술

당신의 견해를 공유하는 가장 좋은 방법은 5장에서 배운 행동 경로 모델을 처음부터 끝까지 따라가는 것이다. 우리 자신은 왼쪽에서 오른쪽으로 경로를 밟으면서, 다른 사람을 설득하려 할 때는 같은 과정을 거치지 않고 그냥 우리의 감정과 스토리를 받아들이라고 요구하는 건 이상하지 않은가? 아드레날린이 분비되면 추리를 위한 지혜나 인내심은 없어진다. 그런데 우리는 자기 감정과 스토리에 사로잡혀 다른 사람도 자신과 똑같이 느끼길 기대한다. 우리의 고약한 스토리로 이야기를 시작하는 것은 가장 논란의 여지가 많고 영향력이 없는 데다 무례한 방법이다.

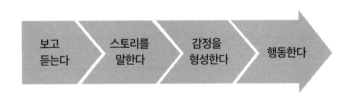

사실을 공유하라

그럼 왼쪽부터 출발해보자. 첫 번째 단계는 당신의 행동 경로를 되짚어 사실, 즉 당신이 직접 보거나 듣거나 경험한 것 같은 구체적인 증거를 찾는 일이다. 애니타는 지갑에서 40달러를 찾지 못했다. 이것은 사실이다. 애니타는 지갑에 돈이 없는 이유는 앰버가 훔쳐 갔기 때문이라는 스토리를 말했다. 그러자 배신감과 분노를 느꼈다. 마지막으로 그녀는 딸을 공격했다. "이 좀도둑! 믿을 수 있는 아이라고 생각했는데!" 모든 상호작용이 빠르고 예상 가능하면서도 굉장히 거칠게 이뤄졌다.

애니타가 다른 경로를 택했다면 어떻게 됐을까? 사실로 시작하는 경로를 택했다면? 다른 그럴듯한 스토리를 의도적으로 생각해내 고약한 스토리를 보류한 뒤 사실을 바탕으로 대화를 시작할 수 있었다면? 그게 더 안전한 방법이 아니었을까? 그녀가 자신이 지어낸 한 가지 스토리를 사실로 땅땅 확정하는 대신 겸손하게 호기심 어린 태도를 보인다고 해보자. 그녀는 여전히 의심이 가지만 그 느낌을 잠시 보류하고 다른 가능성을 검토한다. 어떻게 하냐고? 스토리를 유보하고 사실, 돈이 사라졌다는 내용으로 대화를 시작하는 것이다.

사실은 논란의 여지가 가장 적다. 있는 그대로의 사실은 대화를 안전하게 시작하도록 해준다. 사실은 본질상 논란의 여지가 적기 때문이다. 예를 들어 "어제 당신은 8시 20분에 왔어"라는 문장을 생각해보자. 논란이 일어날 거리가 거의 없다. 반면 결론을 내려버리면 논란의 소지가 커진다. 가령 "당신은 어제 20분 늦었어"라는 말은 스토리를 포함하고 있다. 당신이 8시에 도착할 것으로 예상했다는 가정이 더해져 있기 때문이다. 또 다른 선택지인 "당신은 믿을 수 없는 사람이야"는 있는 그대로의 사실이 아니다. 이 말은 모욕에 가깝고 분명 반발을 살 수 있다.

8시 20분에 도착했다는 사실로부터 지각이라는 가정, 신뢰할 수 없는 사람이라는 스토리로 비약하면서 대화의 지반이 금세 흔들린다. 우리는 자신이 내린 결론을 공유하길 원하긴 해도 논란으로 시작하는 건 분명 원치 않는다. 의견 차이가 가장 적은 영역에서 시작해 논쟁의 여지가 큰 영역으로 옮겨가는 것이 좋다.

사실은 대화의 토대를 마련한다. 사실은 다음에 내려질 결론의 기틀을 다진다. 사실은 대화의 출발점이며 감정을 상하게 할 가능성이 작다. 예를 들어 다음 중 어떻게 말을 꺼내는 쪽이 덜 공격적인가?

"나한테 성희롱 그만해요!"
"나와 이야기할 때 내 얼굴을 보기보다 내 몸을 위아래로 훑어보는 것 같네요. 어떨 땐 내 어깨에 손을 올리기도 하고요."

우리는 자신이 생각하는 의미를 상대가 공유해주길 바란다. 이를 위해서는 상대가 당신의 말을 편견 없이 들어주어야 한다. 그래서 우리는 상대가 우리를 악당으로 생각하지 않도록 이성적이고 합리적이며 괜찮은 사람도 우리와 같은 스토리를 생각할 수 있다는 걸 이해시키려 노력한다. 그게 전부다. 우리가 내린 충격적이거나 공격적인 결론("내 몸 그만 훑으시지!" "우린 파산을 선언해야 해!")부터 이야기하면 상대가 우리에 관해 악당 스토리를 말하도록 부추기는 셈이다. 우리가 내린 결론을 뒷받침할 사실을 제시하지 않으니 듣는 사람은 우리가 왜 그런 말을 하는지 짐작해야 한다. 그러면 그들은 우리를 멍청하거나 악하다고 여길 것이다.

만약 당신의 목표가 이성적이고 합리적이며 괜찮은 사람도 당신이 생각하는 것을 생각할 수 있다는 걸 상대가 알게 하는 것이라면 대화를 사실로 시작하는 것이 좋다.

당신이 내린 결론에서 사실을 추려내라. 사실을 모으는 것은 결정적 순간의 대화에 필요한 숙제다.

또한 지금 당신이 아는 사실을 공유하고 있다는 점을 기억하라. 여기서 중요한 건 '절대적' 사실이 아니라 '당신이 아는' 사실이라는 점이다. 당신은 자신이 보고 들은 것을 공유하고 있다. 이것이 당신이 아는 사실이라는 걸 인정하면 다른 사실, 그러니까 상대가 보고 들은 것이 들어올 여지를 만들 수 있다. 당신은 사실을 모으는 숙제를 철저히 하되 모든 사실을 아는 척해서는 안 된다.

당신의 스토리를 들려주어라

우리는 종종 자신의 스토리(우리의 판단과 결론)를 몹시 말하고 싶어 한다. 그러나 때로는 그냥 사실만 제시해도 사람들은 충분히 이해한다. 예를 들어 상사가 당신의 급여 인상 문제를 연달아 세 번이나 인사팀에 이야기하지 않았다면 "부장님은 겁쟁이이거나 거짓말쟁이 같네요, 어느 쪽인가요?"라고 덧붙이지 않고도 일련의 실수를 충분히 지적할 수 있다.

만약 당신의 스토리를 기어코 공유하고 싶다면 스토리로 말을 시작하지 마라. 당신의 스토리(특히 좀 가혹한 결론으로 이어지는 스토리)가 쓸데없이 상대를 놀라게 하거나 모욕을 줄 수 있다. 경솔하고 분별없는 한 문장만으로도 안전지대를 깨트릴 수 있다.

브라이언   부장님의 리더십 스타일을 이야기하고 싶어요. 부장님이 너무 세세한 부분까지 간섭하는 바람에 돌아버릴 것 같아요.

페르난도   뭐라고? 난 제시간에 일을 끝낼 수 있는지 물었을 뿐인데, 자네는 날 나쁜 사람으로 만드네.

당신의 스토리로 이야기를 시작하면(그리고 그렇게 해서 안전지대를 깨트리면) 사실로 되돌아가지 못할 수 있다. 당신의 스토리를 말하고 싶다면 당신의 행동 경로를 알려주어야 한다. 다른 사람이 당신의 행동 경로를 처음부터 끝까지 순서대로 따라가게 하

라. 당신이 아는 사실로 시작한 뒤 스토리를 말해 다른 사람이 당신 관점에서 당신의 경험을 보게 하라. 그래야 당신이 내린 결론을 들려줄 때 사람들이 당신이 왜 그런 생각을 하게 되었는지 이해할 수 있다. 사실이 먼저이고 스토리는 그다음이다. 또한 스토리를 말할 때는 그것이 입증된 사실이 아니라 가능성 있는 이야기라고 해야 한다.

> **브라이언** (사실) 제가 이 부서에 온 첫날부터 부장님은 하루에 두 번씩 보고하라고 하셨습니다. 우리 부서에서 그 정도로 자주 보고하는 사람은 없는 것 같습니다. 또 제 아이디어를 프로젝트에 반영하기 전에 부장님께 먼저 승인을 받으라고 하셨어요.
>
> **페르난도** 말하고 싶은 게 뭔가?
>
> **브라이언** (가능한 스토리) 부장님이 이런 메시지를 전하고 싶었던 건지는 잘 모르겠지만 부장님이 저를 믿지 못하는 건 아닌가 하는 생각이 들기 시작했어요. 어쩌면 부장님은 제가 일을 해내지 못하거나 부장님을 곤경에 빠트릴 것이라고 생각할지도 모르겠습니다. 정말 그런가요?
>
> **페르난도** 난 단지 자네가 프로젝트를 너무 많이 진행하기 전에 내 의견을 들을 기회를 주려고 했을 뿐이야. 지난번에 같이 일한 직원이 매번 프로젝트를 거의 끝낼 때가 되어서야 중요한 요소를 빠트렸다는 걸 발견하곤 했거든.

난 기겁할 사태를 방지하려고 하는 거야.

당신의 스토리를 공유하는 것은 힘든 일이다. 당신이 알고 있는 사실을 먼저 이야기해서 스토리를 공유할 권리를 얻어야 한다. 그렇게 해도 상대는 당신이 사실에서 스토리로 옮겨갈 때 여전히 방어적일 수 있다. 어쨌거나 당신은 다른 사람에게 달갑지 않을지도 모를 결론과 판단을 이야기하고 있으니 말이다.

애초에 스토리를 공유하는 이유가 뭔가? 사실만으로는 언급할 가치가 거의 없어서다. 면대면 대화가 필요한 건 사실에 더해진 결론 때문이다. 또한 사실만 언급하면 상대가 심각성을 모를 수도 있다. 예를 들어보겠다.

나	네가 새로운 칩 시제품을 가방에 넣는 걸 봤어.
상대	맞아, 그게 이 신제품의 장점이지. 튼튼해서 어디든 가져갈 수 있거든.
나	그 시제품은 우리 회사의 특허품이야.
상대	당연하지! 회사의 미래가 이 시제품에 달려 있잖아.
나	그것을 집에 가져가면 안 되는 걸로 아는데.
상대	물론 안 되지. 사람들이 그런 식으로 훔쳐가잖아.
나	(당신이 내린 결론을 이야기할 때가 된 것 같다.) 왜 시제품을 네 가방에 넣었는지 궁금해. 집에 가져가려는 것 같은데, 진짜 그런 거야?

자신감이 필요하다. 부정적인 결론과 달갑지 않은 판단(예: "네가 도둑인 것 같아")을 공유하는 건 힘들 수 있다. 적의를 불러일으킬 수 있는 그런 스토리를 말하려면 자신감이 필요하다. 그렇지만 당신의 스토리 뒤의 사실을 충분히 생각하는 숙제를 마쳤다면 당신이 이성적이고 합리적이며 괜찮은 결론, 즉 상대가 들을 가치가 있는 결론을 끌어내고 있다는 것을 알 수 있다. 여기에다 사실을 먼저 이야기함으로써 토대도 닦아놓았다. 사실을 깊이 검토한 뒤 그 사실로 이야기를 꺼내면 논란의 여지가 있는 중요한 의미를 공유하는 데 필요한 자신감을 얻을 가능성이 훨씬 크다.

과장해서 말하지 마라. 때로 우리는 생각을 말할 자신감이 부족해서 문제가 장기간 곪아 터지도록 놔둔다. 그러고는 기회가 있을 때마다 온갖 비호의적인 결론을 내린다. 가령 당신이 아이의 2학년 담임교사와 결정적 순간의 대화를 나누려 한다고 해보자. 교사는 당신의 딸이 1년 유급하길 바라고 당신은 딸이 같은 나이의 아이들과 함께 학년이 올라가길 원한다. 당신 머릿속에는 이런 생각이 떠다닌다.

"진짜 어이가 없네! 대학을 갓 졸업한 초짜 선생이 제이드를 유급시키려고 하다니. 이 선생은 유급당하면 어떤 오명이 따라다니는지 모르는 것 같아. 더구나 학교 상담사의 조언을 들먹이는데, 그 인간은 완전 바보잖아. 나도 상담 선생을 만나봤는데 그 선생이 하는 말은 콩으로 메주를 쑨다 해도 믿지 않을 거야. 아무튼 두 멍청이가 나한테 이래라저래라 참견하는 꼴은 못 봐!"

이 모욕적인 결론이나 판단에서 무엇을 공유해야 할까? 비호의적인 생각을 전부 공유하진 못할 것이다. 건설적인 대화를 나누고 싶다면 이 악당 스토리를 검토해보아야 한다. 아마 당신의 스토리는 이렇게 들리기 시작할 것이다(신중한 용어 선택에 유의하라. 어쨌거나 이건 당신의 스토리이지 사실이 아니다).

"선생님의 권유를 들었을 때 처음에는 막아야겠다는 생각뿐이었어요. 그런데 곰곰 따져보니 제가 틀렸을 수도 있겠다는 생각이 들더군요. 이런 일이 처음이라 어떻게 하는 것이 제이드에게 가장 좋을지 모르겠습니다. 유급당했을 때 어떤 오명이 따라다닐지 두렵기도 합니다. 복잡한 문제란 건 압니다. 어떻게 하면 선생님과 제가 객관적으로 이 결정을 검토할 수 있을지 이야기를 나눠봤으면 좋겠습니다."

불안이 나타나는지 살펴라. 당신의 스토리를 공유할 때 대화의 안전지대가 흔들리고 있다는 신호가 나타나는지 살펴보아야 한다. 사람들이 방어적인 태도를 보이면 대화에서 물러나 다음과 같이 대조 기법을 사용해 다시 안전지대를 만들어라.

"선생님이 제 딸에게 많이 신경 써주시는 건 알고 있습니다. 그리고 잘 교육받은 교사이신 것도 확신합니다. 그건 전혀 걱정하지 않습니다. 선생님이 제 아이를 위해 최선의 결정을 내리길 원한다는 걸 알고 있고, 저 역시 그러합니다. 다만 제 딸의 인생에 큰 영향을 미칠 결정이라 걱정입니다."

당신의 생각을 두고 사과한다는 인상을 주지 않게 조심하라. 대조 기법의 목표는 하고 싶은 말의 수위를 낮추는 것이 아니라 상대가 당신의 의도를 확대해석하지 않게 하는 것임을 기억해야 한다. 당신이 정말로 말하고 싶은 것을 공유할 수 있도록 자신감을 가져라.

상대방의 입장을 물어보라

앞에서 우리는 민감한 생각을 공유하기 위한 열쇠는 자신감과 겸손한 자세를 두루 갖추는 것이라고 말했다. 사실과 자신의 스토리를 명확히 공유함으로써 자신감을 표현한 뒤, 다른 사람에게도 그들의 의견을 공유해달라고 진심으로 요청하는 겸손한 태도를 보여주어야 한다.

당신의 관점, 사실, 스토리를 공유했다면 다른 사람에게도 그렇게 해달라고 청하라. 당신의 목표가 자신이 옳다는 게 아니라 더 많은 의미를 공유하는 것, 당신 마음대로 하는 게 아니라 최상의 결정을 내리는 것이라면 다른 사람의 견해에 기꺼이 귀를 기울일 것이다. 마음을 열고 알려고 하면 진정한 겸손에서 오는 호기심과 자존심보다 진실을 중시하는 모습을 보여줄 수 있다. 예를 들면 이렇게 물을 수 있다.

"어떻게 생각하세요?"

"당신 생각은 어떤가요?"

"무슨 뜻인지 이해하게 도와주시겠어요?"

이런 주관식 질문은 다른 사람이 자신의 사실, 스토리, 감정을 표현하도록 독려한다. 다른 사람이 자기 생각을 말할 때는 그들이 하는 말에 주의 깊게 귀를 기울여라. 마찬가지로 중요한 것은 더 많은 정보를 공유함에 따라 당신의 스토리를 버리거나 다시 만들 의지가 있어야 한다는 점이다.

당신이 정말로 원하는 것은 당신이 옳다고 인정받아 자존심을 충족하는 게 아니라 가치 있는 결과를 얻는 것임을 기억하라.

'How' 기술

STATE 도구 세트의 What 기술을 살펴보았으니 이제 How 기술을 알아보자.

잠정적으로 말하라

지금까지 살펴본 사례를 되돌아보면 우리가 사실과 스토리를 잠정적으로 혹은 독단적이지 않게 묘사하려 주의를 기울였음을 알 것이다. 이를테면 "나는 이런 결론을 내리기 시작했습니다…"나 "이렇게 생각하고 싶은 마음이 듭니다…"라고 말하는 식이다.

잠정적으로 말한다는 것은 우리의 스토리를 마치 확실한 사실인 것처럼 말하지 않고 하나의 스토리로만 이야기한다는 뜻이다. "아실지 모르겠지만…"이라는 말은 당신이 상대가 뭘 알고 있는지 전적으로 확신하진 않는다는 의미다. "제 생각에는…"은 당신이 단지 의견을 공유하는 것뿐이라는 표현이다.

스토리를 공유할 때는 자신감과 겸손을 적절히 섞어가며 말해야 한다. 당신이 내린 결론을 적당히 자신감 있게 표현하되 필요하면 상대가 얼마든지 이의를 제기해도 괜찮다는 걸 밝히라는 뜻이다. 그러기 위해서는 어투를 다음과 같이 바꾸는 것이 좋다.

원래 어투	바뀐 말투
사실은…	제 생각에는…
…을 모르는 사람이 어딨어요.	저는 …라고 생각합니다.
이걸 하는 유일한 방법은…	저는 …라고 확신합니다.
바보 같은 생각이네.	그 생각이 효과가 있을 것 같지는 않습니다.

왼쪽과 오른쪽 표현의 주된 차이점은 확신의 정도가 아니라 이 생각은 단지 개인적 확신일 뿐이라는 정직성의 정도다. "이걸 하는 유일한 방법은…"보다 "저는 …라고 확신합니다"라고 말하는 것이 더 잠정적이다. 전자는 절대 진리를 주장하는 것처럼 들리지만 후자는 당신의 개인적 확신일 뿐임을 인정한다.

'잠정적으로 말하기'는 메시지를 약화하는 게 아니라 강화한다. 당신의 목표는 의미를 공유하는 것임을 기억하라. 상대가 동의하지 않으면 의미를 공유할 수 없다. 당신이 내린 결론을 사실로 위장하려 할 경우 상대는 그 결론을 검토하기보다 거부감부터 드러내기 쉽다. 그러면 어떤 의미도 공유하지 못한다. 대화의 아이러니 중 하나는 의견 차이가 있을 때 당신이 보다 확신을 담아 단호하게 행동할수록 상대가 더 거부감을 느낀다는 것이다. 절대적이고 과장된 표현은 당신의 영향력을 높이는 게 아니라 오히려 떨어트린다. 그 반대도 사실이다. 당신이 더 잠정적으로 말할수록 사람들은 당신의 의견에 더 마음을 연다.

이 대목에서 흥미로운 질문을 제기할 수 있다. 사람들은 우리에게 잠정적으로 말한다는 것이 조종한다는 뜻인지 묻는다. 이는 당신의 의견에 확신이 없는 것처럼 말해서 남들이 당신의 의견을 덜 방어적인 태도로 검토하게 만드는 것이냐는 질문이다.

우리 대답은 명백하게 "아니오"다. 가짜로 잠정적인 척하면 대화를 이어가지 못한다. 잠정적으로 말해야 하는 이유는 당신의 의견이 절대적 진리인지 혹은 당신이 이해하는 사실이 완전하고 완벽한지 확신하지 못하기 때문이다. 실제보다 더 자신 없는 척해서는 안 된다. 그렇다고 당신의 제한적인 역량보다 더 자신 있는 척해서도 안 된다. 당신이 관찰한 것은 불완전할 수 있다. 당신의 스토리는 음, 경험에 근거한 추측일 뿐이다.

소심하게 말하지 마라. 어떤 사람은 지나치게 단호하거나 강압적일까 봐 겁을 먹은 나머지 잘못된 생각을 한다. 또 다른 어리석은 선택을 해서 지레 겁을 먹고 꽁무니를 빼는 것이다. 그들은 민감한 이야기를 하는 유일하게 안전한 방법은 별것 아닌 것처럼 말하는 것이라고 생각한다. "아마 내 말이 틀렸을 거야…"라거나 "내가 미쳤나 봐. 하지만…"이라고 말하는 식이다.

자신이 하는 말을 의심하고 부인하는 듯한 어조로 이야기를 꺼내면 메시지를 제대로 전달하기 어렵다. 겸손하고 열린 마음을 보이는 것과 확신이 없는 것은 다른 문제다. 당신이 몹시 불안하다는 걸 나타내는 게 아니라 의견을 공유하고 있음을 말해주는 표현을 사용하라.

'좋은' 스토리: 너무 강하지도 약하지도 않게 말하기

어떻게 하면 당신의 확신을 과장하거나 축소하지 않으면서 스토리를 가장 잘 공유할 수 있는지 감을 잡기 위해 다음 예를 살펴보자.

축소   바보 같은 생각이겠지만…

과장	어떻게 이걸 훔쳐갈 수 있어?
적절	내가 보기엔 네가 이걸 집에 가져가서 쓰려는 것 같은데. 내 생각이 맞아?

축소	이런 말을 하는 것조차 민망하지만…
과장	언제부터 중독성 마약을 하기 시작한 거야?
적절	그래서 난 네가 약물을 시작했다고 판단했어. 내가 미처 생각하지 못한 게 있니?

축소	아마 내 잘못이겠지만…
과장	넌 아마 네 엄마도 못 믿을 거야!
적절	네가 날 믿지 않는다는 느낌이 들기 시작했어. 무슨 일 있어? 그럼 내가 무슨 일로 네 신뢰를 잃었는지 알고 싶어.

축소	아마 내가 성욕이 지나친 것이겠지만…
과장	빈도를 늘릴 방법을 찾지 않으면 난 내 갈 길 갈게.
적절	당신이 일부러 그러는 게 아닌 건 알지만 난 거부당한다는 느낌을 받기 시작했어.

다른 의견을 적극 구하라

다른 사람에게 그들의 행동 경로를 공유해달라고 청할 때 어떤 표현을 쓰는지는 큰 차이를 불러온다. 생각을 말해달라고 청할 뿐 아니라 그 생각이 아무리 논란의 여지가 있어도 당신은 그걸 듣고 싶다는 뜻을 분명히 밝혀야 한다. 그들이 자신의 관찰과 스토리를 안심하고 공유할 수 있어야 한다. 특히 당신과 생각이 다른 경우에는 더 그러하다. 안심할 수 없으면 사람들은 솔직히 말하지 않을 테고, 그러면 당신은 자기 견해의 정확성과 타당성을 검증할 수 없다.

입을 다물어버릴 수 있는 사람과 결정적 순간의 대화를 할 때는 안전감이 특히 중요하다. 어떤 사람은 이런 상황에서 어리석은 선택을 한다. 예를 들어 일부 리더는 자신이 다른 사람을 윽박질러 말을 못 하게 할까 봐 자기 의견을 내지 않으려 한다. 그들은 자신의 진짜 의견을 말하면 다른 사람이 입을 다물어버리지는 않을지 걱정한다. 그래서 자기 생각을 말하는 것과 다른 사람의 말을 끝까지 듣는 것 중 하나를 선택한다. 대화의 달인은 선택하지 않고 둘 다 한다. 그들은 상대에게 거리낌 없이 이의를 제기하라고 적극 독려할 의지만 있으면 자신의 의견도 얼마든지 강력하게 표현할 수 있다는 것을 안다.

반대 의견을 이야기해달라고 청하라. 다른 사람이 주저하는 것 같으면 그들의 의견이 당신의 생각과 달라도 듣고 싶다고 분명히 밝혀라. 의견이 다르면 더 좋다. 그들이 해야 하는 이야기가 논란의 여지가 있거나 민감한 내용이라면 생각을 표현할 용기를 내도록 그들을 존중하는 태도를 보여주어라. 다른 사람이 당신과 다른 사실을 알고 있고 다른 스토리를 떠올리고 있다면 상황을 완전히 이해하기 위해 그것을 들어봐야 한다. 그러니 적극 청해서 의견을 공유할 기회를 주어야 한다. 이렇게 말하라. "이 문제를 다르게 보는 분 있나요?" "제가 빠트린 부분이 있나요?" "이 이야기와 반대되는 의견을 듣고 싶습니다."

진심으로 의견을 청하라. 간혹 사람들은 적절히 의견을 구하기보다 위협처럼 들리게 말한다. "음, 내 생각은 이래요. 아무도 반대 없죠?" 은근히 협박하며 의견을 구해서는 안 된다. "나는 정말로 당신의 생각을 듣고 싶습니다" 같은 표현과 어조로 의견을 청해야 한다. 예를 들면 이렇게 말하자. "이 문제에 관해 이야기하길 꺼린다는 건 알고 있습니다만, 저는 진심으로 모든 사람의 생각을 듣고 싶습니다" "이 이야기에는 적어도 2가지 측면이 있다는 걸 압니다. 다른 의견을 들을 수 있을까요? 이 결정이 일으킬 수 있는 문제가 뭘까요?"

일부러 반대 입장을 취하라. 때로 사람들은 당신이 말하는 사실이나 스토리를 받아들이지 않으면서 자기 의견도 이야기하지 않는다. 그들에게 생각을 말하라고 진심으로 청하고 다른 의견을 내달라고 독려해도 다들 입을 꾹 다문다. 이 경우 대화를 원활하게 진행하도록 일부러 반대 입장을 취하라. 당신이 낸 의견을 스스로 부정해 본을 보이는 식이다. "제 생각이 틀리지는 않았나요? 사실은 제 생각과 반대면 어쩌죠? 우리 제품이 정말로 구식이라서 판매가 감소한 것이라면요? 제가 반대 주장을 했다는 건 알지만 제 생각이 위험할 정도로 틀릴 수 있는 이유를 듣고 싶습니다."

당신의 동기를 분명히 알릴 때까지 다른 사람의 의견을 독려하라. 적절히 잠정적으로 얘기해도 당신이 무조건적 동의를 바란다거나 상대를 함정에 빠트리려 한다는 의심을 피하지 못할 때가 있다. 당신이 권위 있는 자리에 있을 경우 더욱더 그러하다. 상대가 이전 상사나 권한이 있는 사람이 의견을 말하라고 해서 얘기했다가 불이익을 당한 적이 있을 수도 있다.

바로 이 지점에서 다른 의견을 적극 구하는 기술을 발휘해야 한다. 앞서 이야기했듯 다른 사람의 반박을 적극 독려하면 당신의 견해를 그만큼 더 적극적으로 주장할 수 있다. 당신의 동기가 논쟁에서 이기는 것인지, 아니면 진짜 대화를 나누는 것인지는 당신이 자신의 의견 검증을 얼마나 독려하는지 보면 알 수 있다.

암과 싸우는 자신감

STATE 기술은 우리가 생각하는 의미를 정중하고 효과적으로 공유하도록 도와준다. 한 결정적 순간의 대화 트레이너가 심각한 진단을 받은 환자의 치료 방법을 결정할 때 어떻게 이 기술을 사용해 자신의 의견을 밝혔는지 알아보자. crucialconversations.com에 있는 '암과 싸우는 자신감Confidence Against Cancer' 영상에서 그녀의 이야기를 들어보기 바란다.

사라진 돈 이야기로 돌아가자

STATE 기술이 민감한 대화에 얼마나 적합한지 살펴보기 위해 40달러를 잃어버린 사건으로 돌아가보자. 애니타는 앰버와 함께 상점을 나와 집으로 걸어오면서 무슨 일이 일어났는지 되돌아보았다. 이번에는 애니타가 민감한 이야기를 훨씬 더 효과적으로 꺼낼 것이다.

애니타 (사실을 공유한다) 앰버, 조금 전에 채소를 사고 계산하러 갔을 때 내 지갑에 있는 줄 알았던 40달러를 쓸 생각이었어.

앰버 으응.

애니타 (사실을 공유한다) 그런데 지갑을 열어보니 돈이 없었어. 이상하다고 생각했지. 어제 지갑에 돈이 있는 걸 봤거든. 그때 어젯밤에 네가 친구들을 만나러 나가려고 돈을 좀 달라고 했던 게 생각났어. 난 안 된다고 했지. 그런데 넌 결국 나가서 친구들과 영화를 보고 저녁도 먹었지.

앰버 으응.

애니타 (잠정적인 스토리를 들려준다) 네가 돈을 가져갔다는 것도 분명 한 가지 가능성이야.

앰버 내가 돈을 훔쳤다고 생각하는 거야?

애니타 (상대의 행동 경로를 알려달라고 청한다) 솔직히 말할까? 난 어떻게 생각해야 할지 잘 모르겠어. 내가 아는 건 방금

말한 것뿐이야. 내가 적어도 의문을 보일 수 있다는 걸
네가 이해했으면 좋겠어. 이해하니?

앰버 음… 글쎄…

애니타 (대조 기법을 사용한다) 앰버, 난 네가 착한 아이란 걸 알고
있고 네게 상처를 줄 수 있는 결론을 성급하게 내리고
싶지도 않아. 또 나는 사람들이 곧잘 실수한다는 것도
알고 있어. 내가 네 나이 때도 그랬단다. 나는 우리가 어
려운 문제라도 마음을 터놓고 솔직하게 이야기할 수 있
었으면 좋겠어. 우리 중 한 사람이 잘못을 했더라도 말
이야.

앰버 난 돈을 돌려놓을 생각이었어. 훔치려고 한 게 아니야.
오늘 내가 용돈을 받기 전에 엄마가 알게 될 줄 몰랐어.

이 대화가 실제로 이뤄졌을 때 딱 위의 묘사와 비슷했다. 의심
하는 엄마는 고약한 비난과 험악한 스토리를 피하고 사실을 이야
기한 뒤 가능한 결론을 잠정적으로 공유했다. 결국 딸이 돈을 가져
간 것으로 밝혀졌고 두 사람이 이 일을 이야기하고 나서 딸은 도둑
질에 따른 벌을 받았다. 더 나아가 두 사람은 놀랍게도 딸이 돈을
훔치기까지 받은 스트레스에 관해서도 대화를 나눴다. 엄마는 딸
에게 무슨 일이 일어나고 있는지 더 많이 알게 되었고 힘든 상황에
대처하는 법을 다정하게 코칭해줄 수 있었다. 엄마는 그날 민감한
대화를 잘 다룬 덕분에 10대 딸의 삶에서 영향력을 얻었다.

강한 확신 때문에 영향력이 약해질 때

소통의 또 다른 과제로 관심을 돌려보자. 이번에는 민감한 내용을 피드백하거나 모호한 스토리를 말하는 게 아니라 그저 논쟁에서 자기주장을 옹호하려는 경우다. 이건 당신이 항상 하는 일이다. 당신은 집에서, 직장에서, 소셜 미디어에서 늘 그렇게 한다. 심지어 당신은 투표장에 줄을 서서도 1~2가지 의견을 쏟아내는 사람으로 유명하다.

유감스럽게도 당신은 위험성이 커지고 남들이 당신과 다른 의견을 주장하면, 그러니까 마음 깊은 곳에서 당신이 옳고 남들은 틀리다는 생각이 들면 너무 강하게 밀어붙이기 시작한다. 그저 이겨야 한다는 생각뿐이다. 당신이 보기에 너무 많은 위험이 존재하고 오로지 당신의 생각만 옳다. 남들이 하자는 대로 했다간 일을 망쳐버릴 것 같다. 그래서 당신은 관심이 많은 문제에서 자신이 옳다고 확신하면 그냥 당신의 의견을 이야기하는 게 아니라 강요하려 한다. 즉, 당신이 생각하는 사실로 사람들을 압도하려 한다. 당연히 다른 사람은 이를 거부하고 그러면 당신은 더 강하게 밀어붙인다.

우리는 컨설팅하면서 언제나 이런 사례를 보았다. 예를 들어 리더들이 테이블에 둘러앉아 중요한 문제를 논의하기 시작한다고 해보자. 처음에 누군가가 진짜 통찰력이 있는 사람은 자기뿐이라는 듯 이야기한다. 그러면 다른 누군가가 사실을 독화살처럼 날리기 시작한다. 때마침 중요한 정보를 가진 또 다른 사람은 물러나 입을 다물어버린다. 처음에는 단어를 신중하게 선택해 잠정적으로 표현하다가, 감정이 고조되면 교회 문에 못으로 박아놓거나 석판에 새길 주장에나 어울리는 절대적 확신을 담은 말이 쏟아져 나온다.

결국 아무도 남의 말을 듣지 않고 모든 사람이 침묵하거나 공격에 열중한다. 의미 공유는 물 건너가고 오해만 쌓인다. 승자는 아무도 없다.

왜 이런 상황이 발생할까

스토리가 발단이다. 자신만 옳고 남들은 다 틀렸다고 믿으면 의미를 더 많이 공유할 필요를 느끼지 못한다. 자신이 의미를 지배한다고 생각하기 때문이다. 또한 우리가 아는 사실을 위해 싸우는 것이 의무라고 굳게 믿는다. 그게 명예로운 일이고 인격자가 할 일이라는 식이다.

다른 사람을 편협하거나 멍청한 사람으로 묘사하는 우리의 스토리는 우리가 지배적으로 행동하는 데 정당성을 부여한다. 우리는 '이 불쌍한 사람들을 구해야 해'라고 생각하고, 그러면 우리는 곧 순진해 빠진 생각이나 편협한 시야와 싸우는 현대판 영웅이 된다.

비겁한 책략을 정당하다고 느낀다. 진실을 위해 싸우는 것이 의무라는 확신이 들면 우리는 비장의 수를 꺼내든다. 수년 동안 익힌 논쟁 수법을 사용하는 것이다. 그 대표적인 것이 자기한테 유리하도록 미리 판을 짜는 방법이다. 이 경우 자기 생각을 뒷받침하는 정보는 언급하는 반면, 그렇지 않은 정보는 감추거나 못 믿을 것으로 치부한다. 그러고는 과장을 섞어 자기 생각이 더 좋아 보이게 꾸민다. "이게 유일한 방법인 걸 모르는 사람은 없어." 그래도 통하지 않으면 "생각이 똑바로 박힌 사람이면 다 나한테 동의할 걸" 같은 선동적인 표현을 덧붙인다.

여기서부터 우리는 온갖 비겁한 수법을 사용한다. "사장님도 그렇게 생각하셔"라며 권위에 호소하기도 하고, "그걸 정말로 믿을 만큼 순진하진 않지?"라는 식으로 상대를 공격하기도 한다. "만약 해외 영업부에서 그런 일이 일어나면 여기서도 분명 일어날 거야"라며 성급한 일반화를 하는가 하면, "네 계획대로 할 수는 있어. 우리의 최고 고객들을 불쾌하게 만들어서 거래를 놓치고 싶다면 말이야"라는 식으로 공격해 상대를 바지저고리로 만든다.

다시 말하지만 우리가 열심히 애쓰면서 더 강압적이고 추잡한 수법을 쓸수록 더 큰 거부감을 불러일으키고 결과가 나빠질 뿐 아니라 관계에도 더 큰 타격을 준다.

이런 행태를 어떻게 바꿀까

과도하게 자기 의견을 주장하는 문제의 해결책은 사실 다소 간단하다. 당신이 실천할 수만 있다면 말이다. 당신이 떠올린 방법이 최고라며 어떻게든 다른 사람을 설득하려 애쓰는 당신을 발견하면 현재 하고 있는 공격을 멈추고 당신이 자신, 다른 사람, 관계를 위해 정말로 원하는 게 무엇인지 생각해보라. 그런 뒤 "내가 정말 원하는 것으로 다가가려면 지금 무엇을 해야 하는가?"를 자문하라. 아드레날린 수치가 최고 허용치인 0.05 아래로 떨어지면 STATE 기술을 사용할 수 있을 것이다. 사실 STATE 기술을 사용해 메시지를 공유하겠다는 의지가 있다면 당신이 대화에 관심이 있다는 뜻이다. 그 기술을 사용하기 어려울수록 당신의 목표는 무언가를 배우기보다 이기는 것일 가능성이 더 크다.

대화에 참여하기보다 그냥 사실을 공표하고 싶은 마음이 든다면 지금까지 배운 기술을 사용해보자.

• **과정을 살펴보라**

사람들이 당신을 거부하기 시작하는 순간을 살펴라. 아마 그들은 당신의 수법에 대응해 목소리를 높이거나 그들의 의견을 뒷받침하는 사실을 과장해서 말하기 시작할 것이다. 혹은 입을 다물어버릴 수도 있다. 그러면 당신의 관심을 현재의 화제(얼마나 중요한 것이든 상관없이)에서 당신 자신에게로 돌려라. 몸을 앞으로 내밀고 있지 않은가? 목소리가 커지지 않았는가? 이기려고 애쓰기 시작했는가? 화가 나서 댓글을 쓰며 키보드를 맹렬하게 두드리고 있지 않은가? 기억하라. 더 신경쓰이는 사안일수록 최선의 행동을 할 가능성이 더 작다.

• 당신의 의도를 점검하라

이 대화에서 당신의 목표는 무엇인가? 그냥 당신의 말을 들어주길 바라는가? 이해받거나 입증받길 원하는가? 어쩌면 당신은 상대의 마음을 바꿔놓길 원할지도 모른다. 당신은 대화가 끝났을 때 상대가 어떤 생각을 할지 통제하거나 결정할 수는 없지만 영향을 미칠 수는 있다. 대화에서 당신이 정말로 원하는 게 뭔지 검토하며 "내가 정말로 원하는 게 이것이라면 어떻게 행동해야 할까?"라고 자문해보라.

예를 들어 당신이 동료와 최근의 한 고등법원 판결을 두고 논쟁을 벌인다고 해보자. 당연히 당신과 그녀는 정치 성향이 정반대다. 이 사안에 매우 열성적인 당신은 동료가 생각을 바꾸길 바란다. 가장 좋은 방법이 뭘까? 아마 고함치거나 입씨름하거나 폄하하거나 반박하는 건 최선이 아닐 것이다. 누군가가 당신의 의견에 모욕적인 폭언을 해서 당신이 마음을 바꾼 적이 있긴 한가?

사람들에게 영향을 미치려면 먼저 그들을 이해해야 한다. 이를 위해서는 접근방식을 완화해야 한다. 다른 사람에게도 할 말이 있을 수 있고, 더 나아가 퍼즐의 한 조각을 쥐고 있을지 모른다는 것을 인정하고 의견을 말해달라고 청하라. 엄격하고 단정적인 표현은 버려라. 하지만 당신의 믿음은 버리지 말고 유지하라. 단지 접근방식을 부드럽게 하면 된다.

내 결정적 순간의 대화: 로리 A.

3년 전 10대인 내 딸이 조울증 진단을 받았다. 조증과 울증은 종종 공격적 성향을 보이기 때문에 너무 무서웠다. 딸이 공격적인 행동을 하다가 뒤이어 깊은 우울에 빠지는 모습에 나와 남편은 딸의 인생이 진심으로 걱정스러울 수밖에 없었다.

조울증의 경우 환자에게 맞는 약의 조합을 찾는 데 오랜 시간이 걸리고, 환자 역시 처방을 꾸준히 잘 따라야 한다. 처방하지 않은 약과 술은 당연히 금지다. 그 힘든 시기에 딸의 공격성으로 인해 집에 경찰이 출동하기도 했다. 우리 부부는 딸이 마약을 하고 술을 마시고 자해하는 모습을 속수무책으로 지켜보았다. 급기야 딸은 학교를 그만두고 병원에 입원해야 했다. 우리는 수없이 기도했다.

긍정적인 일은 딸이 조증과 울증 상태일 때 내가 결정적 순간의 대화 기술을 사용했더니 통했다는 것이다! 대조 기법은 딸의 분노와 슬픔을 덜어주는 데 굉장히 효과적이었고 지금도 그렇다. 나중에 딸이 안정을 찾은 뒤에는 '내 입장을 말하라' 기술이 말 그대로 우리 가족의 생명줄이 되었다. 나는 걱정스러운 점을 이야기할 때 판단하지 않고 그냥 사실을 말한 뒤 딸에게 자기 입장을 말하도록 격려하면 딸이 내 말을 좀 더 쉽게 받아들인다는 것을 알았다.

결정적 순간의 대화의 도움을 받아 나는 딸이 손을 내밀기 어려워하던 시기에 딸과의 관계를 유지할 수 있었다. 조울증 진단을 받고 치료한 뒤 딸의 인생은 완전히 바뀌었다. 딸은 약을 잘 먹었고, 친구들과의 관계를 바꿨으며, 치료를 받으러 다녔다. 학교에서 스트레스를 받으면 선생님께 도움을 요청했고 교회에서 특수 아동 봉사도 했다. 가장 중요한 점은 남편과 내게 말을 건다는 것이었다.

앞으로 더 힘든 상황에 직면한다 해도 나는 이 기술을 계속 사용할 수 있고 사용할 것이다. 나는 결정적 순간의 대화 기술이 우리가 딸을 구하는 데 많은 면에서 도움을 주었다고 믿는다.

요약: 내 입장을 말하라

말하기 힘든 메시지를 공유해야 하거나 자기 생각이 옳다고 확신해서 지나치게 밀어붙이고 싶을 때는 STATE 기술을 기억하라.

- S: 사실을 공유하라. 당신의 행동 경로에서 가장 논란이 적고 설득력이 높은 요소부터 이야기하라.
- T: 당신의 스토리를 들려주어라. 당신이 어떤 결론을 내리기 시작했는지 설명하라.
- A: 상대방 입장을 물어보라. 다른 사람에게 그들이 아는 사실

과 그들의 스토리를 공유해달라고 독려하라.

- T: 잠정적으로 말하라. 당신의 스토리를 마치 사실처럼 꾸미지 말고 하나의 스토리로만 이야기하라.
- E: 다른 의견을 적극 구하라. 다른 사람이 당신과 반대되거나 다른 의견을 안심하고 표현할 수 있게 하라.

9 | 상대방의 입장을 알아보라

상대방이 화가 나 있거나 침묵할 때 경청하는 법

다른 사람을 설득하는 데 가장 좋은 도구는 바로 귀다.
그들의 애기를 잘 들어주면 그만큼 잘 설득할 수 있다.

_딘 러스크

"자, 현재의 프로젝트 계획에 어떤 위험 요소가 있을까요?" 산지
가 묻는다. 그러고는 테이블에 둘러앉은 팀원들의 무표정한 얼굴
을 차례로 쳐다본다. 몇 명은 고개를 숙이고 뭔가를 끼적이는 데
집중하고 있다. 다른 사람들은 산지와 눈을 마주쳤다가 시선을
피한다. 아무도 어떤 말도 하지 않는다.

산지가 다시 묻는다. "이번 프로젝트가 얼마나 중요한지는 다
들 알고 있을 겁니다. 그래서 이렇게 모인 것이고요. 우리가 성공
하려면 계획에 어떤 위험이 있는지 논의해서 위험을 최소화해야
합니다. 여러분은 어떤 점을 우려하나요?"

또 침묵이 흐른다.

"좋아요. 멋지네요, 멋져요." 산지의 말에 비꼬는 기색이 역력하다. "계획은 마무리한 걸로 생각할게요. 모두 잘했어요. 자, 그럼 이제 계획을 실행하죠!"

산지는 팀원들이 주섬주섬 물건을 챙겨 밖으로 나가는 모습을 보면서 프로젝트 계획서를 다시 내려다보았다. 유능하고 노련한 프로젝트 관리자인 그는 수백만 달러 규모의 프로젝트를 성공적으로 운영했지만, 이런 프로젝트는 처음이었다. 프로젝트는 이미 많이 지연된 상태였다. 전임 프로젝트 관리자를 해고하고 산지를 투입한 이유 중 하나가 여기에 있었다. 계획의 초안을 작성한 산지는 자신에게 갖가지 빈 곳을 채울 전문적인 직무 기술이 없다는 것을 알고 있었다. 팀은 그래서 있는 게 아닌가! 그런데 팀원들의 의견을 묻자 다들 멍하니 쳐다보기만 했다. 아무 의견도 나오지 않았다. 제로! 0! 無! 팀원들은 그저 고개만 끄덕이며 그 계획이 마음에 든다고 말했다. 이러니 산지가 뭘 할 수 있겠는가?

유감스럽게도 조금씩 차이는 있지만 이런 시나리오는 매우 흔하다. 당신은 핵심 프로젝트 계획이나, 이웃의 문 앞에 쌓이는 쓰레기나, 아들이 새로 사귄 친구의 화려한 경범죄 이력에 관해 결정적 순간의 대화를 해야 한다는 것을 알고 있다. 주제가 뭐든 결정적 순간의 대화가 될 것이다. 당신에게는 선의가 있고, 당신의 스토리를 돌아보았으며, 당신의 입장도 주의 깊게 이야기했다. 당신은 진심으로 상대의 의견을 듣길 원한다. 그런데 의견을 구하자 상대는 놀라서 어쩔 줄 모르는 눈빛으로 쳐다보거나, 아무 말도 하지 않거나, 결사적으로 당신을 공격한다.

회의가 끝난 뒤 산지는 팀원 중 한 명인 토니를 불러 이 상황을 어떻게 생각하는지 물었다. "이봐, 토니. 회의에서 팀원들이 너무 조용하더군. 정말로 모든 사람이 프로젝트 계획에 동의하는지 아닌지 모르겠어. 자네는 위험 요소를 어떻게 생각하나?"

"오, 맙소사. 팀장님, 모든 사람이 이 프로젝트가 지옥행 열차라는 걸 알고 있어요. 우리가 제시간에 해낼 방법은 없어요. 그렇지만 누구도 그걸 팀장님 앞에서 이야기하지 않아요. 왜냐하면 그거 있잖아요, 팀장님이 그런 사람이기 때문이죠. 회사에서 보낸 사람, 백마를 타고 구원하러 온 사람이요. 음, 이 말은 신경 쓰지 마시고요. 이건 승산 없는 프로젝트예요. 유일한 궁금증은 배가 가라앉을 때 누가 거기에 타고 있을 것인가죠. 이건 말씀드릴게요…. 저는 아닐 거예요. 저는 상황이 나빠질 때 책임을 뒤집어쓰진 않을 겁니다. 그건 팀장님 몫이에요."

"잠깐! 그건 불공평하지. 자네도 나와 마찬가지로 이 팀의 일원이잖아. 이 팀의 무능을 내가 뒤집어쓰진 않을 거야." 산지가 목청을 높였다. "이 프로젝트에 신경을 쓰는 사람이 나밖에 없네!"

어떻게 다시 대화로 돌아갈 수 있을까

다른 사람이 침묵이나 공격 모드로 나오면 똑같이 응수하고 싶은 마음이 들 수 있다. 어쨌거나 우리는 대화의 문을 열고 사람들에게 생각을 공유해달라고 청하느라 노력했다. 그런데 사람들이 아예 생각을 공유하지도, 제대로 밝히지도 않으면 좌절감이 드는 게 당연하다. 그 모든 이야기가 헛수고가 되지 않았는가? "내가 이렇게 애썼는데 다들 화를 내거나 입을 다물고 있군." 그러면 금세 우리의 스토리가 꼬이고, 다른 사람들의 시각을 이해하고 싶다는 동기가 내 우월성을 강조하고 싶다는 동기로 바뀐다.

그럼 어떻게 해야 할까? 아무튼 당신은 침묵이나 공격을 택하진 않을 것이다. 다른 사람들이 입을 꾹 다물거나(생각을 말하길 거부하기) 화를 내서(공격적이고 모욕적인 방식으로 소통하기) 의미 공유를 방해할 때 그들을 다시 대화로 돌아오게 할 방법이 있을까?

대답은 "상황에 따라 다르다"다. 긁어 부스럼을 만들고 싶지 않다면 아무 말도 하지 마라(혹은 이 경우에는 프로젝트가 지옥행 열차가 될 수 있는데도 손을 놓고 내버려두기). 할 말이 있는 것 같은데 밝히지 않으려는 사람은 상대다. 발끈 화를 낸 사람도 상대다. 이 경우엔 그냥 피해서 달아나라. 당신이 다른 사람의 생각과 감정까지 책임질 수는 없다. 그렇지 않은가?

하지만 모든 당사자가 자유롭게 생각을 공유할 때까지는 결코 의견 차이를 극복하지 못할 것이다. 의견 차이를 극복하려면 화를 내거나 입을 다물고 있는 사람도 대화에 참여해야 한다. 강제로 그들이 대화하게 만들 수는 없어도 더 안심하고 대화하기 위한 조치는 취할 수 있다. 애초에 사람들이 침묵이나 공격으로 자신을 보호하려 하는 이유도 안전감 때문이다. 사람들은 대화를 나눴다가 자신의 입지가 약해질까 봐 걱정한다. 웬일인지 당신과 진지하게 대화를 나누면 자신에게 나쁜 일이 일어날 것이라고 믿는다.

가령 산지의 팀은 겁을 먹고 있다. 팀원들은 프로젝트가 곤경에 처했다는 걸 안다. 알다시피 이전 프로젝트 관리자가 해고당하지 않았는가. 사람들은 자기 일자리를 지키길 원하고 그러려면 꼬리를 내리고 지내는 게 가장 좋은 방법이라는 것을 파악했다.

관계(그리고 당신의 팀, 프로젝트, 성과)를 다시 정상 궤도에 올리기 위해 가장 희망을 걸 수 있는 방법은 안전지대를 다시 마련하는 것이다.

상대방의 입장을 알아보는 법

7장에서 우리는 위험수위를 넘어섰다는 걸 알아차릴 때마다 대화에서 빠져나와 안전감을 회복하라고 조언했다. 생각 없는 행동으로 다른 사람의 마음을 상하게 했다면 사과하고, 누군가가 당신의 의도를 오해한다면 대조 기법을 사용해 당신이 의도한 것과 의도하지 않은 것이 무엇인지 설명하라. 마지막으로 서로 의견 차이를 보이는 게 문제라면 공동 목적을 찾아라.

이제 우리는 안전을 회복하도록 돕는 한 가지 기술을 더 추가하겠다. 바로 '상대방의 입장을 알아보는 일'이다. 상대가 무슨 생각을 하고 있는지(행동 경로)에 관한 모델을 추가하면 다른 사람이 안심하도록 돕는 완전히 새로운 도구가 생긴다. 사람들에게 그들의 행동 경로, 즉 그들이 아는 사실, 심지어 고약한 스토리와 추한 감정까지 공유해도 괜찮다는 것을 알릴 방법을 찾아낼 경우 사람들이 마음을 터놓을 가능성은 더 커진다.

또한 다른 사람의 입장을 알아보면 우리의 좋은 의도를 보여줄 수 있다. 이 기법이 안전지대를 만드는 강력한 도구인 것은 그 때문이다. 지금까지는 사람들에게 우리의 좋은 의도를 말로 설명했다. 이 기법은 우리의 좋은 의도를 보여줄 수 있는 기회다. 우리의 의도가 정말로 사람들의 말에 귀를 기울이고 이해하며 공감하는 것이라면 우리의 말뿐 아니라 행동이 안전지대를 만들어줄 것이다.

그러려면 무엇이 필요할까?

진심을 가지고 시작하라: 귀를 기울일 자세를 갖춰라

진심이어야 한다. 다른 사람이 아는 사실과 그들의 스토리를 공유하려면 그들의 머릿속에 있는 것을 알려달라고 청해야 한다. 그 방법은 잠시 뒤 알아보겠다. 지금은 사람들에게 의견을 공유해달라고 청할 때는 진심이어야 한다는 점을 강조하고 싶다. 예를 들어 다음 일화를 검토해보자. 한 환자가 병원에서 퇴원 수속을 밟고 있다. 환자가 약간 불편하고 심지어 불만스러운 표정인 것을 알아차린 원무과 직원이 묻는다.

직원   저희 병원 서비스가 마음에 드셨습니까?

환자   대체로요. (뭔가가 잘못되었다고 암시할 때 '대체로'라는 표현을 쓴다.)

직원   (퉁명스럽게) 다행이군요. 그럼 안녕히 가세요.

이 대화는 실제로는 관심이 없으면서 있는 척하는 전형적인 예다. "오늘 기분 어때?"라고 묻는 것이나 마찬가지로, "본질적인 얘기는 하지 마. 그냥 가볍게 인사나 하고 지나가자고"라는 뜻이다. 다른 사람에게 생각을 터놓으라고 청할 때는 경청할 준비를 하고 있어야 한다.

호기심을 가져라. 다른 사람의 생각을 듣고자 할 때(그래야 의미 공유가 가능하므로 반드시 들어야 한다) 진실을 아는 가장 좋은 방법은 침묵이나 공격으로 향하고 있는 스토리를 안심하고 이야기할 수 있게 만드는 것이다. 이는 사람들이 대부분 분노하는 바로 그 순간에 호기심을 가져야 한다는 뜻이다. 상대와 똑같이 반응하지 말고 상대가 왜 저렇게 나오는지 궁금해해야 한다. 그럼 다른 사람이 우리를 공격하거나 대화를 피하려고 하는 경우에는 어떻게 호기심을 가지고 행동할 수 있을까?

다른 사람이 왜 불안을 느끼는지 항상 파악하려 하는 사람은 두려움과 불편의 원인을 알아내는 것이 대화로 돌아가는 가장 좋은 방법이라는 것을 알고 있다. 그들은 침묵이나 공격의 해결책은 똑같은 방식으로 대응하는 것이 아니라 근본 원인을 아는 것임을 깨닫는다. 그러려면 좌절하거나 화를 내기 쉬울 때 진정한 호기심이 필요하다.

호기심을 발휘하면 어떤 일이 일어날 수 있는지 알아보기 위해 앞에서 말한 불편한 기색의 환자 예로 돌아가보자.

직원 저희 병원 서비스가 마음에 드셨습니까?

환자 대체로요.

직원 뭔가 문제가 있었다는 말씀 같네요, 그런가요?

환자 그래요, 우선 치료가 상당히 아팠어요. 그리고 의사 선생님이 개업하기엔 좀 어리지 않나요?

이 경우 환자는 처음에 솔직하게 말하길 꺼렸다. 아마 솔직하게 이야기했다가 의사에게 모욕을 주거나 혹시라도 의사를 존경하는 원무과 직원이 마음이 상할까 봐 걱정되어서였을 것이다. 이 문제를 해결하기 위해 직원은 환자에게 안심하고 이야기해도 괜찮다고 알려주었고(적절한 단어와 어조로) 환자는 생각을 밝혔다.

호기심을 유지하라. 사람들이 자신의 불안정한 스토리와 감정을 이야기할 때 우리는 그들이 왜 저런 이야기를 하는지 스스로에게 설명하기 위해 자신의 희생자, 악당, 무기력자 스토리를 꺼내들 위험이 있다. 다른 사람의 비판적인 스토리를 듣는 일이 유쾌할 리 없으니 우리는 그들이 하는 말에 다음과 같이 부정적인 동기를 부여하기 시작한다.

직원 무척 까다로우시네요! 인터넷에서 글을 1~2개 읽었다고 의대를 나온 사람보다 의학을 더 잘 아는 것처럼 생각하시다니. 우리 의사 선생님은 과 수석으로 졸업했어요. 최고라고요.

상대의 스토리에 과잉 방어하지 않으려면 호기심을 유지해야 한다. 머릿속으로 다른 사람의 악의적 동기를 지어내는 짓을 멈추는 좋은 방법은 뇌에 집중할 다른 문제를 주는 것이다. 가령 "왜 합리적이고 이성적이며 괜찮은 사람이 이런 말을 하는 걸까?"라고 자문한 뒤 부지런히 답을 찾아보자.

뒤이어 등장하는 기술들이 도움을 줄 것이다. 이러한 도구는 이성적이고 합리적이며 괜찮은 방식으로 모든 것이 맞아떨어지고 이해가 갈 때까지 상대의 행동 경로를 적극 되짚도록 도와준다. 그리고 대부분의 경우 당신은 상대가 그 상황에서 상당히 이성적인 결론을 끌어냈음을 알게 된다.

인내심을 가져라. 사람들이 침묵이나 공격으로 자신의 감정과 생각을 내비치면 그 사람이 아드레날린의 영향을 받기 시작했다고 봐야 한다. 우리가 상대의 언어 공격에 안전하고 효과적으로 대응하려 최선을 다해도 상대가 진정하는 데는 약간의 시간이 걸린다는 사실을 받아들여야 한다.

예를 들어 친구가 고약한 스토리를 던졌는데 당신이 그 스토리를 존중하며 대화를 계속 이어간다고 해보자. 그러다 이제 둘이 비슷한 의견을 공유하게 됐는데도 친구가 여전히 너무 강하게 밀어붙이는 것처럼 보일 수 있다. '생각'은 빨리 바뀌지만 격렬한 '감정'은 진정하는 데 시간이 좀 걸리는 법이다. 생각은 전기적 성질을 띠는 반면 감정은 화학적이다. 일단 감정을 부추기는 화학물질이 분비되면 한동안, 어떤 경우에는 생각이 바뀐 뒤로도 오랫동안 혈관을 타고 흐른다. 그러니 감정이 생각을 따라잡는 동안 인내심을 발휘해야 한다. 사람들에게 자신의 행동 경로를 살펴볼 시간을 준 뒤 그들의 감정이 당신이 만든 안전지대로 들어갈 때까지 기다려라.

상대가 자신의 행동 경로를 되짚어보게 하라

진정 호기심 어린 태도로 이야기를 시작했다면 이제 일을 시작할 시간이다. 당신의 목표는 다른 사람들이 자신의 행동 경로를 되짚어보게 돕는 것이다. 우리가 그들 행동 경로의 '마지막 단계'에 대화에 참여했다는 것을 알아야 한다. 그들은 무언가를 보고 들은 뒤 자신에게 1~2가지 스토리를 말했고 그리하여 감정(아마도 두려움, 상처, 분노, 실망이 뒤섞인 감정)이 생겼으며 이제 자신의 스토리를 행동으로 티를 내기 시작한다. 우리가 개입하는 것은 이 지점이다. 우리는 그들의 말은 처음 듣지만 그들 행동 경로의 마지막쯤에 개입한다. 행동 경로 모델에서 우리가 보는 것은 경로의 마지막 단계인 행동이다.

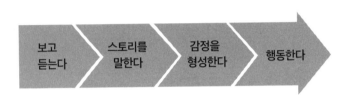

모든 문장에는 역사가 있다. 당신이 즐겨 보는 미스터리 쇼가 축구 경기 지연으로 예정 시간보다 늦게 시작되었다. 경기가 끝나자 화면에서 중계방송 진행자 3명이 사라지고 살인 피해자를 연기하는 신인 여배우가 나타났다. 화면 아래쪽에 불편한 단어들이 지나갔다. "이미 진행 중인 프로그램의 방송을 시작합니다."

당신은 분통이 터져 리모컨을 흔들었다. 사건 설정을 소개하는 부분을 전부 놓치는 바람에 남은 시간 동안 당신은 핵심 사실을 추측해야 한다. 당신이 쇼를 보기 전에 과연 무슨 일이 있었을까?

결정적 순간의 대화도 이와 마찬가지로 알쏭달쏭하고 좌절감을 줄 수 있다. 다른 사람이 침묵하거나 공격할 때 사실 우리는 '이미 진행 중인' 그들의 행동 경로로 들어간 것이다. 스토리의 토대를 이미 놓친 셈이라 혼란스럽다. 조심하지 않으면 방어적일 수 있다. 어쨌거나 우리는 늦게 참여했고 그것도 상대가 공격적으로 행동하기 시작할 때 참여했다.

악순환의 고리를 끊어라. 그러면 무슨 일이 일어날까? 누군가에게 비난과 비열한 플레이를 당하면서 '저 사람은 지금 감정이 격해져 있어. 흥미로운 스토리를 떠올린 게 분명해. 무슨 스토리인지, 왜 그런 스토리에 이르렀는지 궁금하네'라고 생각하는 사람은 드물다. 그보다는 상대의 불건전한 행동에 걸맞게 대응한다. 아주 먼 옛날부터 유전자에 새겨진 방어 기제가 발동해 아무짝에도 쓸모없는 성급한 행동 경로를 만들어내는 것이다.

현명한 사람은 공방을 벌이지 않고 상대가 자신의 행동 경로를 안심하고 이야기할 수 있게 해서 그 악순환의 고리를 끊는다. 그들은 상대가 거친 감정과 반사적 반응에서 벗어나 근본 원인을 보도록 격려한다. 본질적으로 그들은 상대의 행동 경로를 함께 되짚어본다. 그런 격려를 받은 상대는 자신의 감정에서 벗어나 내린 결론, 나아가 자신이 관찰한 것까지 되짚어볼 수 있다.

다른 사람을 도와 행동 경로의 출발점까지 되짚어보게 하는 것은 우리의 반응을 억제하는 데 도움을 줄 뿐 아니라 우리도 감정을 해결할 수 있는 지점, 즉 감정을 일으킨 원인인 사실과 스토리로 되돌아가게 한다.

3가지 질문의 기술

 <u>언제?</u> 지금까지 우리는 상대에게 공유할 스토리와 사실이 있는 것처럼 보일 때 이를 들려주도록 청하는 것이 우리가 할 일이라고 말했다. 단서는 간단하다. 상대가 침묵하거나 공격성을 드러내려 할 때가 그때다. 우리는 상대가 기분이 나쁘거나 두려워하거나 화가 났다는 걸 알 수 있다. 상대방 감정의 '원인'을 알지 못하면 결국 우리가 그 감정의 '영향'을 받으리라는 것도 알 수 있다. 그런 외부적 반응은 뭐든 상대에게 자신의 행동 경로를 되짚어보게 할 조치를 취하라는 단서다.

 <u>어떻게?</u> 다른 사람에게 입장을 공유해달라고 청할 때는 어떤 방법을 사용하든 진심을 바탕으로 해야 한다. 힘들겠지만 우리는 두렵거나 상대가 적의를 보이거나 심지어 모욕적으로 행동해도 진실해야 한다. 그러면 이런 질문이 생긴다.

 <u>무엇을?</u> 다른 사람이 자신의 입장을 말하게 하려면 무엇이 필요할까? 한마디로 말하면 '경청'이다. 감정을 은근히 티만 내던 사람들이 자신이 무엇을 보고 들었는지, 어떤 결론을 내렸는지 이야기하게 만들려면 그들의 마음속 깊은 생각을 공유해도 괜찮다고 안심시키며 들어야 한다. 자신의 생각을 공유해도 우리 감정이 상하지 않을 것이고 솔직히 말해도 불이익이 따르지 않을 것

임을 상대가 믿어야 한다.

4가지 경청의 기술

다른 사람에게 입장을 공유해달라고 독려하기 위해 우리는 4가지 강력한 경청 도구를 사용하겠다. 그것은 묻기Ask, 그대로 비춰주기Mirror, 다른 말로 바꿔 표현하기Paraphrase, 이끌어내기Prime로 AMPP라는 약어로 기억하면 좋다. 이 4가지 기술은 사람들이 침묵하든 공격하든 효과가 있다.

대화를 계속하기 위해 질문하라Ask

다른 사람에게 행동 경로를 공유해달라고 독려하는 가장 쉽고 간단한 방법은 생각을 표현하라고 직접 요청하는 것이다('묻기'). 단지 상대의 의견을 이해하려고 노력하기만 해도 교착상태가 깨지는 경우가 종종 있다. 우리가 진심 어린 관심을 보이면 상대는 침묵하거나 공격해야겠다는 생각이 약해진다. 당신의 생각만 이야기하려 하지 마라. 상대에게 의견을 말하도록 독려하면 문제의 원인에 도달하는 데 큰 도움을 받는다. 일반적으로 다음과 같이 말한다.

"무슨 일이야?"
"이 문제에 관한 네 생각을 정말 듣고 싶어."
"뭔가 다른 생각이 있으면 말해줘."

"내 기분이 상할까 봐 걱정할 필요는 없어. 난 진심으로 네 생각을 듣고 싶어."

감정을 확인하기 위해 그대로 비춰주어라Mirror

요청해도 상대가 자신의 생각을 말하지 않을 경우, 상대의 모습을 있는 그대로 비춰주면 대화가 더 안전해지는 데 도움을 받을 수 있다. '그대로 비춰주기'는 우리가 볼 수 있는 상대의 행동 경로 중 일부를 언급해 상대가 이를 안심하고 이야기할 수 있게 돕는 방법이다. 우리가 지금 알고 있는 건 상대의 감정에 관한 얼마간의 힌트와 행동이다. 그러니 여기에서 출발하자.

이것은 우리가 상대의 모습이나 행동을 묘사하는 거울 역할을 하는 방법이다. 우리는 상대의 스토리나 사실은 모를 수 있지만 행동은 보고 재현할 수 있다.

그대로 비춰주기는 상대의 어조나 제스처(숨은 감정을 내비치는 힌트)가 말의 내용과 일치하지 않을 때 가장 유용하다. 가령 상대가 말로는 "신경 쓰지 마. 난 괜찮아"라고 하는데 표정이나 어조로는 상당히 화가 나 있는 경우가 있다. 이를테면 얼굴을 찌푸리고 주위를 두리번거리며 괜히 땅을 걷어찬다.

그럴 땐 이렇게 대답한다. "정말? 근데 네 말투로 봐선 괜찮지 않은 것 같은데."

이처럼 상대의 말과 그 말을 하는 어조나 자세가 일치하지 않는다고 설명한다. 이 방법은 우리의 진심 어린 관심과 걱정을 보여주어 상대가 더 안심하게 만든다. 우리는 상대에게 집중하고 있다. 몹시 집중해서 단지 상대가 말하는 '무언가'만 듣고 있는 게 아니라 '어떻게' 말하는가에까지 주목하고 있다.

우리가 관찰한 것을 말해줄 때는 어조와 전달 방식에 주의를 기울여야 한다. 우리가 상대의 감정을 인식하고 있다는 사실 자체가 안전지대를 만들어내는 건 아니다. 상대가 그렇게 느껴도 우리는 괜찮다고 알려주는 어조가 상대를 안심시킨다. 그러면 상대는 자신의 감정을 은근히 티를 내는 대신 자신감 있게 털어놔도 되겠다는 결론을 내릴 수 있다.

우리가 본 것을 묘사할 때는 아주 차분하게 해야 한다. 화를 내거나 상대의 말이 못마땅한 것처럼 행동하면 상대를 안심시킬 수 없다. 그럴 경우 상대는 확실히 침묵을 고수한다.

몇 가지 예를 들어보겠다.

"괜찮다고 말하지만, 네 말투로 봐서는 기분이 좋은 것 같지가 않은데?"

"나한테 화난 것 같아."

"그 사람과 마주하는 게 불안한 것 같아 보여. 정말로 만나고 싶은 거야?"

아이러니하게도 상대가 당신에게 화가 났다는 걸 당신이 진심으로 인정해주면 상대는 대개 화가 좀 풀리기 시작한다. 누군가의 불안을 확인해주면 불안이 다소 누그러진다. 거울처럼 비춰주기는 다른 사람이 감정을 행동으로 티를 내기보다 말로 표현하기 시작하도록 도울 수 있다.

스토리를 파악하기 위해 다른 말로 바꿔 표현하라Paraphrase

앞의 두 방법을 이용하면 상대의 스토리를 일부나마 아는 데 도움을 받는다. 상대가 느끼는 감정의 '원인'이 무엇인지 그 단서를 얻었다면 당신이 들은 것을 다른 말로 바꿔 표현함으로써 상대를 더 안심시킬 수 있다. 이때 상대가 한 말을 앵무새처럼 반복하지 않게 조심해야 한다. 그보다는 당신의 말에 메시지를 넣고 가능한 한 간결한 형태로 말하라.

> "내가 제대로 이해했는지 볼까요? 그러니까 이전 프로젝트 관리자가 해고당해 걱정한다는 말이죠? 당신과 다른 팀원들도 위험해질 것 같고 말이죠."

'다른 말로 바꿔 표현하기'의 핵심은 '그대로 비춰주기'와 마찬가지로 차분함과 침착성을 유지하는 데 있다. 우리의 목표는 겁에 질려 행동하거나 대화가 험악해질 것을 암시하는 게 아니라 상대를 안심시키는 것이다. 합리적이고 이성적이며 괜찮은 사람이 어떻게 그런 행동 경로를 거쳤는지 파악하는 데 집중하라. 그러면 화를 내거나 방어적으로 행동하지 않는 데 도움을 받을 수 있다. 상대가 한 말을 다른 말로 표현하되, 그 말을 해도 괜찮고 당신이 이해하려 애쓰고 있으며 상대가 솔직히 말해도 안전하다는 뜻을 내비쳐라.

너무 강하게 밀어붙이지 마라. 자, 지금 우리는 어떤 상태일까? 우리는 상대에게 현재 공유한 것보다 할 이야기가 더 있다는 것을 알았다. 상대는 침묵하거나 공격하려 하고 우리는 그 이유를 알고 싶다. 그러기 위해 문제를 해결할 수 있는 원인(사실과 스토리)으로 돌아가고 싶다. 상대가 생각을 공유하도록 독려하기 위해 우리는 3가지 경청 도구를 사용했다. 질문을 던지고, 상대의 모습을 거울처럼 비춰주었으며, 상대의 말을 다른 말로 바꿔 표현했다. 그런데도 상대는 자신의 스토리나 사실을 설명하지 않고 여전히 화만 내고 있다.

이제 어떻게 할까? 이쯤 되면 그만두고 싶은 생각이 들 수 있다. 상대를 안심시키려는 시도가 성가시게 굴거나 캐묻는 것 같은 느낌이 들기 시작한다. 상대를 너무 몰아세우면 목적과 존중심을 둘 다 해친다. 상대는 우리의 목적이 단지 그들에게서 얻고 싶은 걸 뽑아내는 데 있다고 오해하고 우리가 그들에게 마음을 쓰지 않는다는 결론을 내릴 수 있다.

그러면 물러서라. 상대방 감정의 원인에 도달하려 노력하기보다 하던 말을 적절히 중단하고 상대가 진심으로 원하는 게 뭔지 물어보라. 이 질문은 상대가 공격이나 회피에서 벗어나 문제해결로 나아가는 사고를 하는 데 도움을 준다. 또 그들이 생각한 문제의 원인을 밝히는 데도 도움을 준다.

성과가 없으면 이끌어내라Prime

반면 상대가 생각을 말하고 싶긴 한데 아직 안심하지 못하는 듯 보일 때가 있다. 혹은 아직 공격적이고 아드레날린 수치가 떨어지지 않아 왜 화가 났는지 설명하지 못하고 있다. 이 경우에는 상대방의 생각을 이끌어내는 것이 좋다. 상대에게 아직 공유할 무언가가 있고 당신이 좀 더 노력하면 그걸 말할 것 같다는 생각이 들면 이끌어내라.

효과적인 경청 용어인 '이끌어내기priming'는 '물을 끌어올리기 위해 펌프에 물을 붓다prime the pump'라는 표현에서 나왔다. 손으로 펌프질하는 구식 펌프를 사용해본 사람이라면 이 비유를 이해할 것이다. 이런 펌프는 대개 처음에 마중물을 한 바가지 부어주어야 물이 나온다. 일단 물을 끌어올리면 그 뒤론 물이 잘 나온다. 마찬가지로 경청할 때 상대의 생각이나 감정과 관련해 우리가 내린 최선의 추측을 들려주어야 상대가 자기 생각을 들려주는 경우도 간혹 있다. 당신이 얼마간의 의미를 공유해야 상대가 같은 방식으로 대응하는 식이다.

몇 년 전 공동 저자 중 한 사람이 어느 회사 경영진에게 컨설팅을 해줬을 때의 일이다. 경영진은 회사의 작업 구역 중 하나에 오후 근무조를 추가하기로 결정했다. 장비를 충분히 활용하지 못하고 있어 3시에서 자정까지 근무하는 조를 추가하지 않고는 그 구역을 계속 운영할 수 없었기 때문이다. 이 결정은 당시 낮에 일하고 있던 직원들이 2주마다 교대로 저녁 근무를 해야 한다는 뜻이었다. 고통스럽지만 필요한 선택이었다.

경영진이 회의를 열어 이 달갑지 않은 변화를 발표했을 때 기존 직원들은 침묵했다. 불만스러워 보였지만 다들 아무 말도 하지 않았다. 운영부장은 회사가 그저 돈을 더 많이 벌려고 이런 조치를 취한다고 직원들이 오해할까 봐 걱정했다. 사실 그 구역은 적자를 보고 있었고 이번 결정은 현재 일하고 있는 직원들을 생각해서 내린 것이었다. 2교대를 하지 않으면 모두가 일자리를 잃고 말 것이었다. 또한 부장은 직원들이 교대근무를 하느라 사랑하는 사람들과 저녁 시간을 함께 보내지 못하면 몹시 힘들어할 것도 알고 있었다.

직원들이 씩씩대며 말없이 앉아 있을 때 부장은 그들이 자신의 생각을 솔직히 이야기하게 만들려고 최선을 다했다. 직원들의 불만을 해소하지 못한 채 회의를 끝내면 큰일이었다. 그는 먼저 직원들의 모습을 그대로 비춰주었다. "모두 화가 나 있군. 하긴 어떻게 화가 나지 않을 수 있겠어? 무슨 방법이 없을까?" 아무 대답이 없었다.

결국 부장은 이끌어내기를 시도했다. 즉, 직원들의 생각을 최대한 추측해서 그걸 말해도 괜찮다는 것을 보여주고 거기서부터 대화를 진행해갔다. 그는 말했다.

"혹시 회사가 밤늦게까지 일을 시키는 이유가 단순히 돈 때문이라고 생각하나? 회사가 자네들의 사생활에는 전혀 관심도 없다고 말이야."

잠시 정적이 흐른 뒤 누군가가 입을 열었다. "예, 솔직히 저희 눈에는 그렇게 보입니다. 이런 식의 근무가 직원들을 얼마나 힘들게 할지 생각해보셨습니까?"

그러자 다른 누군가가 맞장구를 쳤고 회의는 갑자기 활기를 띠기 시작했다.

단, 상대방의 생각을 짐작하고 그것으로 상대방을 자극하는 것은 다른 어떤 방법도 효과가 없을 때 사용하는 것이 좋다. 당신이 정말로 상대방의 생각을 듣길 원하고 상대가 무슨 생각을 하고 있을지 확신이 서야 한다. 이끌어내기는 선의를 바탕으로 해야 하며 위험을 무릅써야 한다. 이는 설령 내 입지가 약해지더라도 상대가 생각을 공유하길 기대하면서 안전지대를 구축하는 행동이다.

다른 사람이 틀린 경우에는 어떻게 해야 할까

당신과 입장이 전혀 다른 누군가의 견해를 진지하게 살펴보는 것이 위험하게 느껴질 때도 있다. 상대가 완전히 틀렸거나 편견이 심하거나 위험할 수도 있다. 어쨌거나 우리는 차분하고 침착하게 행동하고 있다. 이럴 때는 질문하는 게 아니라 내 생각이 옳다고 주장하는 운동이라도 벌이고 싶다!

상대가 아무리 당신과 다르거나 틀린 생각을 하는 것 같아도 당신은 양심을 속이지 않으면서 상대의 행동 경로를 탐사해야 한다. 다만 당신이 상대의 생각을 이해하려 노력하고 있는 것이지 꼭 동조하거나 지지할 필요는 없다는 점을 기억해야 한다. 이해한다는 말이 동의한다는 뜻은 아니다. 상대의 기분을 세심하게 헤아리는 것과 잠자코 따르는 것은 다르다. 상대의 행동 경로를 이해하기 위해 조치를 취하는 것은 상대의 의견을 인정하겠다는 약속이 아니라 경청하겠다는 약속이다.

나중에 우리의 행동 경로를 공유할 기회가 있을 것이다. 지금은 상대가 왜 그런 감정을 느끼고 그렇게 행동하는지 이해하기 위해 상대의 생각을 알고자 노력하면 된다.

> **정치적 견해에 예의를 지키며 반대하기**
>
> 정치적 견해 같은 뜨거운 쟁점을 놓고 결정적 순간의 대화를 나누기란 불가능해 보일 수 있다. 공동 저자 조셉 그레니는 상대에게 동의하지 않는 경우에도 격렬한 논쟁을 정중한 대화로 바꾸기 위해 상대의 행동 경로를 탐구하는 요령을 알고 있다. crucialconversations.com에서 '정치적 견해에 예의를 지키며 반대하기How to Respect fully Disagree About Politics' 영상을 보기 바란다.

산지의 팀의 행동 경로

다시 산지와 그의 팀으로 돌아가 이 모든 기술을 상호작용에 적용해보자. 아침 회의를 위해 팀원들이 모였고 안드레아가 중요한 이정표를 보고하고 있다.

안드레아   노력했지만 우리는 아직 최종 사이클 시험을 끝내지 못했습니다. 다음 주중에는 반드시 끝내야 합니다. 예정보다 늦은 건 알고 있지만 애초에 누구도 현실적인 일정이라고 생각하진 않았을 겁니다.

산지   잠깐만요, 뭐라고요? 여러분이 이 일정에 동의했잖아요. 일정이 현실적이지 않다고 생각했으면 말을 했어야죠. 안드레아, 당신 팀은 동의한 대로 결과물을 내야 합니다.

안드레아   우리가 팀장님이 제시한 일정에 동의한 건 다른 방도가 없었기 때문이에요. 그 일정이 합리적이어서가 아니라요!

산지는 화가 치밀기 시작했다. 그는 항상 실적이 뛰어난 사람이었고 마감을 어기는 것을 질색했다. 팀원들이 처음부터 솔직하게 말했다면 일정을 조절해 이런 사태를 피할 수 있었을 것이다. 그는 팀원들을 둘러보았다. 얼굴에 걱정하는 표정이 가득했다. 이 대화가 잘 흘러가지 않을 게 분명했다. 산지는 실망하고 짜증이 났다. 안드레아는 방어적이고 비판적이었다. 산지는 지금 자신이 중요한 갈림길에 서 있다고 느꼈다. 지금부터 일어날 일이 앞으로 팀원들의 협력과 프로젝트의 최종 성공을 판가름할 것이었다.

그는 잠시 말을 멈추고 생각했다. "여기에서 내가 정말로 원하는 게 뭘까?" 답은 쉬웠다. 그는 프로젝트 성공을 원했다. 안드레아를 질책하면 그 소망은 물 건너갈 터였다. 산지는 팀의 도움이 필요하다는 것을 알고 있었다. 팀원들은 그가 놓치고 있는 지뢰를 볼 수 있었다. 너무 늦기 전에 팀원들이 걱정을 이야기하도록 해야 했다.

산지	(안전지대를 만들기 위해 대조 기법 사용하기) 나는 여러분 중 누구도 비현실적이라고 생각하는 일정에 동의해야 한다는 압박을 받지 않았으면 좋겠습니다. 그랬다간 우리 모두에게 재앙을 불러올 겁니다. 나는 여러분 모두가 마음을 열고 위험 요소를 솔직하게 이야기할 수 있길 바랍니다. 본인이나 팀에 나쁜 영향을 미치지 않을까 걱정하지 않고 말이죠. 불이익은 없을 겁니다. 나는 우리가 지킬 수 없는 마감일은 원하지 않습니다.
토니	팀장님 입장에선 그처럼 쉽게 말할 수 있죠. 팀장님은 회사에서 보낸 스타이니까요. 팀장님이 회사에서 잘릴 위험은 없잖아요.
산지	(묻기) 그 문제를 잠시 얘기해도 될까요? 나는 여러분

몇몇이 나를 회사에서 보낸 사람이라고 말하는 걸 우연히 들은 적 있어요. 여러분은 내가 여러분 편이라고 믿지 않는 것 같군요.

(침묵)

안드레아 (초조한 말투로) 그럴 리가요. 왜 우리가 팀장님을 믿지 않겠어요? 제 말은, 팀장님은 이 프로젝트가 성공하길 바라잖아요. 그렇지 않나요?

산지 (그대로 비춰주기) 안드레아는 초조해 보이고 다들 입을 다물고 있는 걸 보면 여러분이 나를 믿는지 의문이 들어요. 내 경험으로 봤을 때 이런 프로젝트는 팀 전체가 모든 사람의 목표가 같다는 걸 알고 있어야 성공해요. 그래야 모두가 각자의 걱정을 솔직하게 이야기할 수 있거든요.

(묻기) 나 자신이나 내 관리방식에서 그걸 방해하는 무언가가 있는지 진심으로 알고 싶어요.

(또 침묵)

페트르 팀장님은 잘하고 계세요. 우리는 팀장님이 오셔서 진심으로 기쁩니다.

안드레아 맞아요. 문제는 팀장님이 아니에요. 지금 우리는 모두 많은 압박을 받고 있어요. 만약 이 프로젝트가 실패할 경우에 우리 자리가 어떻게 될지 생각하기도 싫습니다.

산지	(다른 말로 바꿔 표현하기) 아, 회사에서 잘릴지도 모른다고 생각하는군요. 그런가요?
안드레아	음, 그렇죠? 지난번 프로젝트 관리자가 해고당했는데 우리가 어떻게 그런 생각을 하지 않을 수 있겠어요?
산지	(이끌어내기) 그런 걱정을 하는 것도 이해가 갑니다. 맞아요, 결국 우리 모두의 일자리는 우리가 낸 성과와 연결돼요. 하지만 뭔가 다른 문제가 있는지 궁금합니다. 내가 얘기해볼까요…. 나를 '싱가포르 산지'라고 부르는 걸 대여섯 번 들었어요. 사람들은 그런 말을 하면서 웃더군요. 그래서 여러분이 내가 싱가포르 본사에서 승진하는 데만 신경 쓰고 이번 프로젝트 성공에는 관심이 없다고 걱정하는지 궁금합니다. 내가 본사에서 이 프로젝트에 투입한 사람이라 여러분을 평가하거나 뭐 그런 걸 하는지 걱정하나요? (팀원들이 불안한 눈빛으로 서로를 쳐다본다.)
안드레아	그게…. 저….
산지	그게 걱정스럽다면 지금 당장 해결하고 싶습니다. 우리는 모두 이 프로젝트에 많은 게 걸려 있으니까요….

이때부터 대화가 현실적인 문제로 들어가면서 팀원들은 실제 상황을 이야기했고 양측 모두 걱정거리를 솔직히 이야기해도 된다는 확신이 더 강해졌다.

동의하지 못할 때는 어떻게 할까

자, 당신은 상대가 안심하고 이야기할 수 있게 만들기 위해 최선을 다했다. 묻고, 비춰주고, 바꿔 표현하고, 이끌어내기까지 하자 상대가 마음을 열고 자기 입장을 이야기했다. 이제 당신이 말할 차례인데 상대의 생각에 동의할 수 없다면? 상대가 말한 사실 중 일부는 틀렸고 스토리도 완전히 엉망이라면? 음, 적어도 상대의 입장은 당신의 스토리와 딴판이다. 이제 어떻게 할까?

동의하기 | Agree

가족이나 업무팀의 열띤 논쟁을 관찰하면 흥미로운 현상을 발견할 수 있다. 다양한 당사자들은 격렬하게 논쟁을 벌이고 있지만 정작 '격렬하게 동의'하고 있기도 하다. 실제로는 모든 중요한 점에 동의하면서 여전히 싸우고 있다. 사람들에게는 미묘한 의견 차이를 격렬한 논쟁으로 바꾸는 재주가 있다.

예를 들어 지난밤에 10대 아들이 또 통금 시간을 어겼고 당신과 아내가 이 문제로 아침 내내 논쟁을 벌였다고 해보자. 아들이 지난번에 늦었을 때 당신 부부는 외출금지령을 내리는 데 동의했다. 그런데 오늘은 아내가 아들이 이번 주에 있을 축구 캠프에 참가해도 된다며 입장을 바꾼 것 같아 당신은 화가 났다. 더 대화를 해보니 오해였다. 당신과 아내는 핵심 문제인 외출금지령에는 '동의'했다. 다만 외출금지령을 시작하는 날짜를 정하지 않았을 뿐인데 당신은 아내가 합의를 어긴다고 생각한 것이다. 실제로는 의견이 다르지 않은데 격렬하게 싸우고 있다는 것은 한발 물러서서 서로 상대의 말을 경청해야 알아차릴 수 있다.

언쟁은 대부분 사람들이 동의하지 않는 5~10%의 사실과 스토리 때문에 벌어진다. 그 차이도 결국 해결해야 하는 건 맞지만 그게 시작점이 되어선 안 된다. 대화는 동의한 부분에서 출발해야 한다.

여기에 시사점이 있다. 상대의 입장에 완전히 동의한다면 그것을 말하고 대화를 계속하라. 동의할 때는 동의하라. 동의하는 부분까지 논쟁으로 돌리지 마라.

추가하기|Build

우리가 동의하는 부분을 논쟁으로 바꿔버리는 이유는 상대방이 한 말의 특정 부분에 동의하지 않아서다. '사소한' 부분이라도 상관없다. 동의하지 않는 점이 있으면 뷔페에서 마지막 남은 초콜릿 파이 조각이라도 되는 것처럼 덤벼든다.

우리가 그러는 이유는 어렸을 때부터 아주 작은 오류도 찾아내도록 훈련받았기 때문이다. 가령 유치원에서 정답을 맞힌 아이는 선생님의 귀여움을 받는다. 정답을 맞히는 건 좋은 일이다. 당연히 다른 아이가 정답을 알면 그 아이가 귀여움을 받는다. 따라서 가장 먼저 정답을 맞히면 더 좋다. 결국 당신은 다른 사람의 사실, 생각, 논리에서 티끌 같은 오류라도 찾는 법을 배우고 그 오류를 지적한다. 다른 사람을 제치고 내가 먼저 정답을 맞히는 게 최고다.

학교생활을 마칠 때쯤 우리는 사소한 차이점을 찾아내 주된 쟁점으로 만드는 데 박사가 된다. 그래서 상대방이 사실이나 스토리에 근거해 어떤 제안을 하면 일단 동의하지 않으려 하고, 사소한 차이를 발견할 경우 그걸 본격적인 주제로 삼는다. 그 결과 올바른 대화를 하기보다 격렬한 논쟁을 하고 만다.

반면 대화에 능숙한 사람들을 관찰해보면 작은 차이를 찾아내 크게 부각하는, 즉 '사소한 데 목숨 거는' 짓을 하지 않는다. 대신 동의할 만한 부분을 찾는다. 그들은 종종 "저도 같은 생각입니다"라는 말로 대화를 시작한 뒤 자신이 동의하는 부분을 이야기한다. 적어도 시작은 그렇게 한다.

상대가 논쟁의 한 요소를 빠트리고 말하면 대화에 능숙한 사람은 일단 동의한 뒤 추가한다. "틀렸어요. 당신은 이 이야기를 빠트렸어요"라고 지적하는 대신 "맞아요, 그뿐 아니라 제가 알게 된 바로는…"이라고 말한다.

당신이 상대에게 들은 이야기에 동의하지만 정보가 불완전한 경우에는 추가하라. 동의하는 부분을 말한 뒤 논의에서 누락한 부분을 덧붙이면 된다.

비교하기 Compare

마지막으로, 상대의 말에 동의할 수 없을 때는 당신과 상대의 입장을 비교하라. 상대가 '틀렸다'가 아니라 나와 '다르다'라고 말하라. 실제로 상대가 틀렸을지도 모르지만 스토리의 양면을 들을 때까지는 확실히 알 수 없다. 지금은 단지 당신과 상대가 다르다는 것만 알고 있다. 그러니 상대가 '틀렸다'라고 결론짓기보다 잠정적이면서도 솔직하게 말을 꺼내는 것이 좋다. 예를 들면 다음과 같이 말하라.

"제 생각은 다릅니다. 어떻게 다른지 설명할게요."
"저는 이 문제에 다른 시각으로 접근했어요."
"제가 알고 있는 정보는 다릅니다. 그걸 이야기해도 될까요?"

그런 뒤 8장에서 배운 STATE 기술을 사용해 당신의 입장을 말하라. 일단 당신이 관찰한 것을 공유하되, 확정적이 아니라 잠정적으로 이야기하면서 상대에게 어떻게 생각하는지 물어보라. 이렇게 당신의 입장을 공유한 뒤 상대에게 서로의 경험을 비교할 수 있게 도와달라고 청해 함께 차이점을 살펴보고 설명하라.

이 기술을 ABC로 기억하면 쉽다. 상대와 의견이 같으면 동의해준다Agree. 상대가 중요한 부분을 빠트리면 추가하고Build, 생각이 다르면 비교한다Compare. 차이점을 건강하지 못한 관계와 나쁜 결과로 이끄는 논쟁으로 바꾸지 마라.

기대치를 미리 이야기하라

상대의 입장을 알아볼 때, 당신은 안심하고 생각을 공유하도록 만들기 위해 노력한다. 이때 당신이 상대의 의견을 듣고 상대도 당신의 의견을 들어야 의미 공유가 가능하다. 당신의 생각 역시 공유해야 한다. 특히 당신의 모든 생각을 공유하기 전에 먼저 상대의 생각을 공유하도록 도우면 상대가 더 안심한다. 먼저 들은 뒤에 당신의 생각을 공유하라.

이렇게 하는 건 힘들 수 있다. 상대가 자기 생각은 말하고 싶어 하면서 당신의 생각은 들으려 하지 않을까 봐 걱정스러울 경우엔 더욱 그러하다. 칼 삼촌은 추수감사절 식탁에서 자신의 정치 견해를 늘어놓는 걸 좋아한다. 그런데 누군가가 다른 의견을 내놓는 순간 그는 고함을 치거나 입을 다물어버린다. 어떻게 하면 당신의 말도 듣게 만들 수 있을까?

억지로 사람들이 당신의 말에 귀를 기울이게 만들 수는 없다. 당신이 다른 사람의 말을 주의 깊게 듣는다고 남들도 꼭 그렇게 하는 건 아니다. 하지만 사람들은 대부분 당신의 태도에 보답해야겠다는 의무감을 느낀다. 당신이 먼저 상대의 입장에 진심으로 귀를 기울이고 살필 경우 사람들은 대개 그에 화답해 당신의 말을 경청한다. 이렇게 하면 기대치를 미리 설정하는 데도 도움을 받을 수 있다.

예를 들어 칼 삼촌이 비판을 쏟아내기 시작하면 잠시 '대화의 경계'를 정하는 시간을 가져라. 당신이 삼촌의 견해를 듣고 싶어한다는 것을 알리고 당신의 의견도 듣고 싶은지 물어보라.

이를테면 이렇게 말한다. "삼촌, 이 문제에 정말 열정적이네요. 삼촌의 생각을 정말 듣고 싶어요. 제 의견과 다를 것 같아서 삼촌의 생각을 더 많이 알았으면 좋겠어요. 열린 마음으로 경청하겠다고 약속할게요. 그런데 제가 그렇게 하면 삼촌도 제 생각에 편견 없이 귀를 기울일지 궁금해요. 어떤가요?"

칼 삼촌이 싫다고 대답하면 당신은 대화를 그만두어도 미안해할 필요가 없다. 삼촌의 독백을 들어주어야 할 이유는 없다. 그렇지만 삼촌은 아마 이 합리적인 요구에 동의할 것이다. 삼촌이 생각을 이야기하고 나면 이제 당신의 의견을 공유할 차례다. 귀를 기울이겠다는 약속을 삼촌에게 다섯 번이나 상기시켜야 하는 사태가 벌어져도 놀라지 마시라.

내 결정적 순간의 대화: 대럴 K.

몇 주 전 내가 존경하는 한 친구가 결정적 순간의 대화를 들려주었다. 마침 리더십 문제로 고민하고 있어서 그랬는지 '결정적 순간의 대화'라는 문구가 내게 크게 와닿았다. 내 모든 문제가 중요한 의사결정으로 이어지는 까다로운 대화와 관련되어 있었기 때문이다. 어쨌거나 그 개념에 몹시 흥미를 느낀 나는 곧장 서점으로 달려가 책을 사서 읽었다. 한번 읽

기 시작하니 손에서 내려놓을 수가 없었다. 나는 그날 저녁
과 다음 날 아침까지 마치 소설처럼 그 책을 읽었다. 모든 쪽
이 내가 처한 곤란한 상황에 도움을 주는 것처럼 느껴졌다.

나는 핵심 파트너와 중요한 협상의 마지막 단계에 있었
다. 우리는 기술 향상을 위해 벤처 캐피털의 투자를 받는 회
사를 유럽에 공동 설립하길 원했다. 지난 2개월 동안 계약에
근접할수록 전화상의 싸움은 격렬해졌고 양측의 불신이 커
지면서 논의가 무너지기 시작했다.

나는 어떻게 하면 상대측 사람들과 효과적으로 대화할 수
있을지 몰라 갈팡질팡했다. 2주 전에 주요 거래 조건서를 받
았기 때문에 우리는 합의할지, 헤어져서 각자의 길로 갈지
선택해야 했다. 만약 후자를 택한다면 엄청난 손해라는 걸
양측 모두 알고 있었다. 그래서 지난주에 나는 이 난국을 헤
치고 거래를 성사시키기 위해 지푸라기라도 잡는 심정으로
협상 상대들을 만났다.

회의를 준비하면서 책을 다시 읽어보았는데 마치 한 줄기
빛을 만난 기분이었다. 나는 새로운 소통 기술로 무장하고
협상에 들어갔다. 나는 내 주장을 대본으로 썼고 대화 과정
을 위한 커닝 페이퍼까지 만들었다. 책에서 제시하는 기본
프로세스를 따랐더니 마법처럼 효과가 있었다. 가끔 대화가
결렬되는 순간도 있었지만 그때마다 회복해 대화에 진전을
이뤘다. 내 생각만 주장하고 싶은 충동과 싸우며 상대의 의

견을 살펴보고 안전을 회복하는 것이 힘든 일 중 하나였다. 6시간에 걸친 회의가 끝난 뒤 우리는 양측 모두에게 좋은 거래안을 도출할 수 있었다.

지난 이틀 동안 거래를 마무리했다. 2개의 다른 대륙에서 시간이 촉박한 상태로, 그것도 전화로 최종 문서의 구체적인 부분까지 협상하는 건 지뢰투성이의 힘든 도전이었다. 사실 어제까지만 해도 극도의 긴장이 흐르는 순간에는 모든 거래가 물거품이 되는 듯 보였다. 계약의 마지막 단계를 밟도록 양측이 대화를 회복하게 만들기 위해 나는 4시간 동안 전화기에 매달려 있어야 했다.

어젯밤에 우리는 17쪽짜리 계약서에서 한 단어를 합의하는 일만 남겨두었다. 나는 포기하지 않으려 했고 상대는 으름장을 놓았다. 나는 다시 한발 물러나 그들의 생각을 알아보고 공동 목적을 발견해 안전지대를 다시 만들었다. 양쪽의 공통 이해를 찾는 소통 프로세스를 사용한 끝에 마침내 새벽 5시에 우리는 마지막 문제를 전화상으로 매우 쉽게 풀어낼 수 있었다.

내 좋은 친구가 이 강력한 소통 도구를 추천해주지 않았다면 우리는 이 거래를 성사시키지 못했을 것이다.

요약: 상대방의 입장을 알아보라

의미가 자유롭게 흐르게 하고 상대가 침묵이나 공격에서 벗어나게 도우려면 상대의 행동 경로를 알아보아야 한다. 먼저 호기심과 인내심을 가지고 시작하라. 그것이 대화의 안전지대를 되찾는 데 도움을 준다.

그런 뒤 4가지 강력한 경청 기술을 사용해 상대의 행동 경로를 그 시작점까지 되짚어보라.

- **묻기**: 먼저 상대의 의견에 관심을 표현하라.
- **그대로 비춰주기**: 사람들의 감정을 예의 있게 인정해 안심시켜라.
- **다른 말로 바꿔 표현하기**: 다른 사람들이 자신의 스토리를 일부 공유하기 시작하면 당신이 이해했을 뿐 아니라 상대가 안심하고 생각을 공유해도 괜찮다는 것을 보여주기 위해 당신이 들은 내용을 다른 말로 바꿔 표현하라.
- **이끌어내기**: 다른 사람이 계속 망설이면 이끌어내라. 그들의 생각과 감정을 잘 헤아려라.

상대의 말에 대응할 때는 다음을 기억하면 좋다.

- **동의하기**: 당신과 의견이 같을 땐 동의하라.

- **추가하기**: 상대가 무언가를 빠트린 경우 당신과 생각이 같은 부분에 동의한 뒤 의견을 추가하라.

- **비교하기**: 서로 의견이 다를 때 상대에게 틀렸다고 말하지 말고 두 사람의 관점을 비교하라.

10 ｜ 당신의 펜을 되찾아라

가혹한 피드백을 받았을 때 회복하는 법

아무도 내 허락 없이
내게 상처를 줄 수 없다.

_간디

이 책의 공동 저자 중 한 명이 어느 행복한 부부에게 긴 결혼식 축사를 한 적이 있다. 그런데 그는 신부를 언급할 때마다 신랑의 전처 이름을 말하는 실수를 저질렀다. 네 번째로 이름을 잘못 말할 때까지만 해도 그는 자신의 멋진 축사에 자신감으로 들떠 있었다. 그때 한 하객이 더 이상 민망함을 참지 못하고 소리를 질렀다. "보니예요, 베키가 아니라!" 어이쿠.

비판적인 피드백은 듣기 힘들 수 있다. 가장 결정적인 순간의 대화 중 하나는 다른 사람이 당신에 관해 불쾌한 이야기를 할 때다. 피드백을 받는 것과 피드백으로 얻어맞는 건 다르다. 우리는 대부분 살면서 '피드백으로 얻어맞은' 적이 있다. 회의할 때, 아무 생각 없이 복도를 걸을 때 혹은 업무평가서에서 누군가가 말이나 글로 당신의 심리적 근간을 뒤흔드는 강펀치를 먹인다. 그때부터 우리 중 일부의 삶이 예전과 달라진다.

가족이 운영하는 사업체에서 일하던 카르멘을 예로 들어보자. 어느 날 카르멘은 창업자 중 한 명인 삼촌에게 피드백을 달라고 했다. 삼촌은 안경을 벗고 카르멘의 눈을 바라보더니 이렇게 말했다. "넌 언니 린다를 더 본받아야 해." 카르멘이 그때를 회상하며 말했다. "기가 막혀서 말이 안 나왔죠. 린다는 체구가 작고 끼를 부려요. 내숭쟁이에다 남자들에게 아양을 떨죠. 나는 키가 크고 독립적이에요. 재치 있고 솔직하죠. 더구나 남자들하고 똑같이 일해요." 그녀는 "몇십 년 전 일이지만 삼촌의 말이 아직도 가슴에 박혀 있어요"라고 덧붙였다.

우리는 살면서 피드백으로 얻어맞은 적 있는 수백 명의 이야기를 연구했다. 그들은 대부분 그 잠깐의 충돌로 지금까지 아물지 않은 상처를 이야기했다. 그들이 들었던 말들을 읽어보면 상처를 받을 수밖에 없겠다는 생각이 들 것이다. 어떤 사람들은 직장에서 이런 말로 얻어맞았다.

- "넌 나쁜 놈이야. 도둑놈. 인간쓰레기."
- "사무실에 오는 모든 사람한테 그렇게 당하면서 끽소리도 못 하는 등신짓 그만해. 여길 관두는 게 어때. 난 겁쟁이가 아니라 전사가 필요하거든."

- "넌 게으르고 자격이 없어."
- "넌 악의적이고 해로운 인간이야."
- "찡찡이!"
- "게을러빠져서는. 그러니 야망도 없고 욕심도 없겠지."

어떤 사람들은 집에서 이런 피드백과 맞닥뜨리고 충격으로 휘청거렸다.

- "넌 그저 사랑할 사람이 너무 필요해서 지금 남자친구를 사귀는 거야."
- "직장에서 소통을 잘해야 하는 사람이 나하고는 소통을 못하네."
- "누가 널 뽑겠어?"
- "넌 단지 친구가 필요해서 아이를 원하는 거야."
- "넌 쓸모없고 자기밖에 모르는 인간이야!"

우리는 많은 사람이 마치 정신에 수를 놓은 것처럼 한마디, 한마디를 정확히 기억하고 있는 것에 놀랐다. 방망이와 돌멩이는 뼈를 부러트릴 수 있지만 이 몇 마디는 자신감과 희망, 그리고 어떤 경우에는 인생 계획을 산산조각을 낸다.

그렇다면 우리는 뭘 해야 할까? 합리적인 사람이 나쁜 말을 하면 우리의 행복은 언제든 무너질 수밖에 없는 것일까?

범죄자에게 배우는 피드백 수업

우리는 사람들이 부정적인 피드백을 받아들여 행동을 바로잡도록 돕는 가장 좋은 방법은 메시지를 전하는 방법을 개선하는 것임을 알리는 데 오랜 시간 매달렸다. 앞의 여러 장에서는 적절한 근거(진심을 가지고 시작하라)에 따라 적절한 방식(내 입장을 말하라)으로 적절한 일(CPR)을 말할 때 다른 사람을 안심시키기 위해(안전지대를 만들어라) 사용할 수 있는 도구를 소개했다. 우리는 그 개념들을 변함없이 지지한다.

그런데 우리는 메시지를 어떻게 전달하든 사람들이 가혹한 이야기를 듣는 능력을 높임으로써 소통을 개선할 수 있다는 점을 크게 과소평가했다. 유타주 솔트레이크시티 시내에서 흉악범 100명을 만나기 전까지는 말이다.

솔트레이크시티의 이스트 700번가와 사우스 100번가가 만나는 모퉁이에는 붉은 벽돌로 지은 빅토리아풍의 3층짜리 건물이 하나 서 있다. 1892년 이 건물을 완공했을 때는 도시 최초의 실내 배관을 자랑했다. 오늘날 이곳에서는 훨씬 더 혁신적인 일이 일어나고 있다.

현재 이 건물은 재활학교 디아더사이드아카데미The Other Side Academy, TOSA로 쓰이고 있는데, 입소자는 평균 스물다섯 번 체포된 적 있는 남녀 120명이다. 이들은 대부분 범죄를 저지르거나 약물 중독에 시달렸고 수년, 심지어 수십 년 동안 노숙자로 지내기도 했다.

예를 들어 글로리아라는 여성은 다섯 살 때부터 어머니와 함께 다리 밑에서 살았다. 열 살 때 어머니로 인해 필로폰을 처음 접한 그녀는 자기가 초능력을 발견한 줄 알았다. 이 학교에 지원했을 당시 그녀는 남자친구를 잔혹하게 폭행한 혐의를 받고 있었다. 제프리라는 다른 학생은 6년 동안 거리에서 사람들에게 온갖 수모를 겪으며 걸인으로 살았다. 도미니크라는 남성은 노숙자를 칼로 찌르면서 갱단에 화려하게 데뷔했다. TOSA 학생들은 많은 문제를 안고 있었다.

학생은 대부분 형을 받고 복역하는 대신 이곳에서 2~4년을 지내고 그 시간 동안 '자기파괴의 시간'을 극복하기 위해 열심히 노력한다.

TOSA에는 전문가가 없다. 치료사도, 상담사도, 간수도 없다. 자립할 방법을 찾아야 하는 동료들만 있다. TOSA에 오기 위해 돈을 내는 사람은 없다. 이곳은 학비나 보험 환급금, 정부 지원금을 받지 않는다. 그 대신 소득을 창출하고 새로운 생활 습관을 비롯해 다른 사람들과의 협력을 배우도록 돕기 위해 학생들이 세계 최고 수준의 사업체를 운영한다.

TOSA에 갓 입소한 학생은 대개 충동적이고 이기적이며 음울하고 인종차별적으로 행동한다. 또 게으르고 방어적이며 정직하지 않다. 교도소는 직업 예절을 배우기에 좋은 예비학교는 아니다. 교회성가대에서 너무 큰 소리로 노래를 불렀다고 체포당하는 사람은 없지 않은가. 혹시 직장에서 문제 있는 사람을 두고 불평한 적 있는가? 그렇다면 TOSA 학생으로만 구성한 사업체를 운영하는 게 어떨지 상상해보라.

사실 TOSA 사업체들은 2015년 설립한 이후 매년 해당 부문에서 최고순위에 올랐다. 디아더사이드이사서비스The other Side Movers는 주에서 1위로 꼽히는 이삿짐 운송업체다. 다음은 이 업체가 받은 별점 5개 리뷰 수백 개의 전형적인 예다.

버클리 R.	2020년 8월 10일

> 디아더사이드이사서비스의 놀라운 리뷰를 모두 읽었을 때, 나는 어떻게 이삿짐 업체가 이렇게 좋은 리뷰를 많이 받을 수 있는지 궁금했다. 음, 그 이유는 이 업체가 정말로 대단하기 때문이었다!
>
> 이곳 직원들은 시간당 요금을 받고 마치 계단을 뛰어 오르내리는 것처럼 빠른 속도로 일한다. 비용이 저렴할 뿐 아니라 매우 정중하고 전문적이며 성실한 사람들을 만날 수 있다.
>
> 반장 래프는 문틀의 아주 아주 작게 팬 자국을 내게 알려주었다. 내가 백만 년 동안 눈치채지 못했을 자국이지만, 이곳 직원들은 그런 부분까지 신경 써서 일하기 때문에 래프는 내게 알려주어야 한다고 생각했다.
>
> 별점 천만 개 드립니다. 기회가 있으면 이곳을 이용해보시길!

디아더사이드건설The Other Side Builders은 성실성과 품질로 나무랄 데 없는 명성을 얻었다. 그리고 디아더사이드중고품판매점The Ohter Side Thrift Boutique의 온라인 리뷰를 읽다 보면 포시즌스 리조트 후기를 쓴 게 아닐까 하는 생각이 든다. 어떻게 이런 일이 일어났을까? 심하게 망가졌던 사람들이 어떻게 조화롭게 협력해 세계 최고 기업들이 부러워할 만한 성과를 내는 것일까?

그 답은 게임이다.

학생들은 매주 화요일과 금요일 저녁 7시부터 9시까지 이곳에서 '게임'이라 부르는 과정을 진행하기 위해 모인다. TOSA 지도부는 이 과정이 스포츠 경기처럼 치열하고 도전적일 수 있다는 점, 안전을 유지하기 위한 규칙이 있다는 점, 영원히 지속되지 않으며 끝나면 자리를 떠도 괜찮다는 점을 학생들에게 상기시키기 위해 이 용어를 사용한다. 게임이란 20명씩 무리를 지어 앉아 서로에게 있는 그대로 솔직하게 피드백하는 시간이다. 게임은 진실에 가차 없이 노출되는 것이 공감과 성장, 행복으로 가는 가장 좋은 길이라는 믿음을 바탕으로 한다.

게임은 시끄러워도 상관없다. 말은 때로 날것 그대로다. 한 학생이 15~20분 동안 동료 20여 명에게 집중적인 피드백을 받는다. 동료들은 당사자가 부정직하거나 기만적이거나 게으르거나 이기적이거나 오만하게 행동한 증거를 제시한다. 메시지를 듣기 좋게 꾸며 전달하라고 강조하는 일은 거의 없다. 대신 동료들은 개인이 '게임을 받아들이는 법'을 배우도록 돕는 데 초점을 맞춘다. 게임을 받아들인다는 것은 본질상 방어적이지 않고 경청하는 법을 익힌다는 뜻이다. 이곳에서 오래 지낸 학생들은 "그냥 묵묵히 들어. 그런 뒤 피드백 내용을 전부 모아서 오늘 밤 혼자 누워 뭐가 금이고 뭐가 똥인지 판단하면 돼"라고 조언한다.

메시지를 정중하게 전해야 하는 책임을 면하게 해주려고 게임 이야기를 하는 건 아니다. 당신이 이 책에서 배운 모든 내용은 게임과 반대로 하라고 요구한다. 하지만 TOSA에는 그 독특한 환경에서 그 독특한 집단이 어떻게 그 독특한 접근방식으로 도움을 받을 수 있는지 자체 논리가 있다. 당신이 그 논리에 동의하든 말든 우리는 그런 유형의 토론회에 단순히 참여만 한 게 아니라 거기에서 성장하는 법을 배운 사람들에게 일어난 결과를 보고 놀라운 교훈을 얻었다.

새로 들어온 학생들은 당연히 게임을 잘 받아들이지 못한다. 그래서 나가버리거나 부인하거나 듣고 싶지 않은 말을 하는 사람들을 비난한다. 물론 그 태도는 금방 바뀐다. 그들은 곧 다른 사람이 뭐든 하고 싶은 말을 각자 원하는 방식으로 이야기하게 놔두는 법을 배운다. 그들은 자신에게 안전감과 자존감을 확실히 줄 수 있는 존재는 자신뿐임을 알게 되고, 이 발견은 해방감을 준다. 그래서 더 이상 세상을 탓하지 않고 자신의 감정과 관련해 스스로 책임지고 평온을 찾아야 하는 것을 깨닫게 된다.

비유적으로 말하면 그들은 자신의 '펜'을 되찾는 법을 배운다.

펜을 당신의 가치를 정의하는 힘이라고 생각하라. 당신이 펜을 쥐면 가치를 스스로 정의할 수 있다. 당신의 가치는 내재적인가? 외모와 관련되어 있는가? 그것은 당신이 얼마나 많은 것을 이루는지, 얼마나 많은 사람이 당신을 존경하는지, 혹은 특정한 사람이 당신의 사랑에 화답하는지에 달려 있는가?

당신은 펜을 꼭 쥐고 태어났다. 아기는 다른 사람의 의견에 신경 쓰지 않는다. 우리는 의심할 여지가 없어 보이는 무언가를 재확인할 필요가 없었다. 할머니가 우리가 자기를 더 닮길 바라는 것이나, 우리 눈이 갈색이었다면 삼촌이 더 좋아했으리라는 것이나, 언니가 우리가 여동생이길 바랐다는 것은 우리에게 중요하지 않았다. 하지만 자라면서 바뀐다. 주위 사람들의 감정과 판단을 더 잘 인식하면서 혼선이 일어난다. 우리는 더 이상 다른 사람에게 도움이나 정보나 친교, 그러니까 그들이 우리에게 제공할 수 있는 것만 기대하지 않는다. 우리는 자기도 모르는 새에 우리의 펜을 남들에게 넘겨준다.

누구든 당신의 펜을 쥐고 있는 사람이 당신의 '행복의 조건'을 정할 수 있다. 어떤 날에는 당신이 펜을 완전히 쥐고 있다. 어떤 사람은 당신을 좋아하고 또 어떤 사람은 당신을 좋아하지 않는다. 어떤 일은 잘되고 어떤 일은 엉망으로 꼬인다. 그래도 개인적 안전감은 당신에 관한 다른 사람의 의견이 아니라 당신의 지속적 가치와 관련된 내재된 느낌에서 나온다. 당신의 심리적 주가는 누군가가 당신의 농담에 웃는지에 따라 오르내리지 않는다. 당신의 펜은 당신이 쥐고 있다.

그러다 어느 날 의식하지 못하는 새에 미묘한 변화가 일어난다. 당신이 완전히 끝내주는 프레젠테이션을 했다고 해보자. 사람들은 때맞춰 고개를 끄덕이고 당신이 중요한 통찰력을 발휘할 때마다 메모를 끄적인다. 마지막에는 지금까지 한 번도 대화해본 적 없는 동료가 자기가 본 최고의 프로젝트 홍보였다고 칭찬한다. 기분이 좋다. 날아갈 것처럼 기쁘다. 위원회가 회의를 열어 당신의 제안을 승인한다. 기분이 더 좋아진다. 그때 상사가 당신을 옆으로 불러내 말한다. "자네를 위한 멋진 계획이 있어. 내일 얘기하자." 아래를 내려다본 당신은 펜을 놓쳤다는 것을 깨닫는다. 당신의 펜은 지금 저 어딘가에서 돌아다니고 있다. 하지만 알게 뭐야? 살맛 나는데.

변화는 우리가 남들에게 더 이상 정보만 기대하지 않을 때 일어난다. 우리는 그들이 정의해주길 기대한다. 단순히 다른 사람의 인정을 받는 걸 즐기는 게 아니라 인정을 필요로 한다. 그 순간부터 우리는 근본적으로 불안정해진다. 이제 우리의 펜을 쥔 사람들이 우리의 감정적 행복을 지배한다. 오늘 기분이 좋은 만큼 내일은 위험을 안고 있다. 코넬리우스 린지 목사의 말을 빌려 부연하자면, 당신이 칭찬에 의지해서 살면 비판 때문에 죽는다.

간혹 우리는 아무 생각 없이 펜을 넘겨주고 무게중심이 바뀌는 순간을 알아차리지 못한다. 우리는 몸을 너무 앞으로 숙이고 칭찬을 즐기던 것에서 칭찬이 필요한 상태로 바뀌어간다. 때로는 외부 증거가 우리 자신보다 우리를 더 잘 살필 것이라는 순진한 생각에 빠져 그렇게 한다. 또 때로는 그냥 임시방편으로 그렇게 한다. 스스로 중심을 잡는 데 필요한 일을 하길 꺼리고 다른 사람의 승인에 기대는 쪽을 선호한다. 그러다 그런 생활방식은 우리를 근본적으로 불안정하게 만든다는 사실을 1~2차례의 결정적 순간의 대화가 상기시킨다.

피드백을 어떻게 받는지는 메시지 내용보다 당신의 펜이 어디에 있는지와 더 관련이 있다.

피드백의 수수께끼

우리는 TOSA 학생들이 피드백 받기의 달인이 된 것을 본 뒤 우리 데이터의 수수께끼를 이해하기 시작했다. 왜 우리가 당황했는지 더 이해하고 싶다면 사람들이 들려준 '가혹한 피드백' 메시지 중 일부를 다시 읽어본 뒤, 들었을 때 가장 마음이 덜 상하는 말이 무엇인지를 기준으로 순위를 매겨보라.

- "넌 악의적이고 해로운 인간이야."
- "넌 불쑥 대화를 시작해. 사람들한테 시간이 있는지 물어보지도 않고 그냥 네가 편할 때 이야기하잖아."
- "넌 나쁜 놈이야. 도둑놈. 인간쓰레기."
- "당신이 화를 낼 때 다른 사람들은 존중받지 못한다고 느낄

수 있습니다."

• "너 자신을 깊이 들여다보고 단점들을 찾아내 없애야 해."

수백 명에게 이 과제를 주었을 때 가장 흔히 나온 순서는 다음과 같았다.

1. "넌 불쑥 대화를 시작해. 사람들한테 시간이 있는지 물어보지도 않고 그냥 네가 편할 때 이야기하잖아."
2. "당신이 화를 낼 때 다른 사람들은 존중받지 못한다고 느낄 수 있습니다."
3. "너 자신을 깊이 들여다보고 단점들을 찾아내 없애야 해."
4. "넌 악의적이고 해로운 인간이야."
5. "넌 나쁜 놈이야. 도둑놈. 인간쓰레기."

이런 식으로 분류할 때 우리가 암묵적 가정을 한다는 점에 주목하라. 분류는 메시지의 중요도를 기준으로 한다. 우리는 쉽게 바뀌는 행동을 사소하게 비판하는 것은 심한 성격적 결함을 심각하게 비판하는 것보다 상처를 덜 줄 것이라고 가정한다. "못된 인간쓰레기"라고 불리면 깊은 상처를 받는다는 건 의심하지 않는 반면, "넌 불쑥 대화를 시작해"라는 말을 들으면 종이에 베였을 때 아픈 정도일 것이라고 여긴다. 우리의 가치와 다른 사람의 판단을 분리하는 데 필요한 작업에서 초점을 흐리는 것은 바로 이런 믿음이다.

다음은 '메시지가 얼마나 상처를 주었는지'와 '그 상처가 얼마나 오래 지속되었는지'에 관해 우리 연구 대상자들의 보고를 바탕으로 매긴 실제 순위다.

1. "넌 불쑥 대화를 시작해. 사람들한테 시간이 있는지 물어보지도 않고 그냥 네가 편할 때 이야기하잖아."
1. "당신이 화를 낼 때 다른 사람들은 존중받지 못한다고 느낄 수 있습니다."
1. "너 자신을 깊이 들여다보고 단점들을 찾아내 없애야 해."
1. "넌 악의적이고 해로운 인간이야."
1. "넌 나쁜 놈이야. 도둑놈. 인간쓰레기."

모든 메시지가 주관적으로 똑같이 상처를 주었다. 메시지 내용도, 전달 방식도 상처의 크기를 예측하지 못했다! 분명 다른 무언가가 작동했다.

TOSA로 돌아가보자

우리는 TOSA에서 학생들을 관찰하며, 피드백을 어떻게 받아들이는지는 말의 내용이나 전달 방식이 아니라 누가 펜을 쥐고 있는지와 관련이 있음을 다시 확인했다. 피드백 내용이나 의도가 우리 감정을 결정한다는 바로 그 생각이 문제다.

금요일 밤이다. 오늘 게임의 주인공은 쉰다섯 살의 말린이다. 얼마나 세파에 시달렸는지 뱃사람처럼 보이는 그는 마약중독자였고 복역한 전력이 있다. 가만히 있을 때 그의 표정은 기본적으로 심술궂어 보인다. TOSA에 들어온 지 3년이 되었는데, 처음 이곳에 왔을 때 그는 정서적으로 불안한 상태였고 약간의 비판이나 반대에도 화를 내며 장황한 비난을 늘어놓았다. 그는 게임에서 무례하고 자기밖에 모르는 데다 방어적이라며 가차 없는 피드백을 받았다. 하지만 다 지난 일이다.

현재 말린은 디아더사이드건설의 현장 감독이다. 말린 밑에서 일하는 신입생 중 한 명이 게임에서 목청 높여 그를 성토했다. "감독님은 만사를 자기 뜻대로 하려는 사람이에요. 난 바보가 아니에요. 건설 쪽에 경력이 있고 일하는 방법도 알아요. 그렇지만 내 방법이 효과적일지는 중요하지 않아요. 감독님 방식대로 해야 하니까요! 우리 모두를 휘어잡는 데서 전율 같은 걸 느끼세요? 왜 가끔은 내 방식대로 하게 두지 않죠?"

말린은 이 말을 전부 받아들였다. 신입생이 불만을 쏟아놓을 때 그는 몸에 힘을 빼고 편히 앉아 차분하게 들었다. 신입생이 이야기를 계속 이어가는 동안 슬픈 표정이던 말린은 이야기가 끝나자 아래를 바라보며 심호흡을 한 뒤 말했다. "네가 어떻게 느낄지 생각하지 못했어. 네 말이 옳아. 내가 그랬던 게 맞아. 앞으로 고칠게."

3년 전 말린은 진실을 두려워했고 인정받길 갈망했다. 지금 그는 진실을 갈망하고 인정을 두려워한다. 그는 적절한 거리를 두고 인정받는 법, 인정을 확인affirmation이 아니라 정보information로 대하는 법을 배웠다. 어떻게 그럴 수 있었을까?

펜의 두 부분

그는 펜을 되찾는 법을 배웠다.

그럼 펜 개념을 좀 더 자세히 설명하겠다. 피드백이 상처를 주는 경우는 우리가 그 피드백이 우리의 근본적인 심리 욕구인 안전(인지한 신체적·사회적·물질적 안전)과 가치(자긍심, 자존감, 자신감)를 위협한다고 생각할 때다.

펜의 정의를 넓혀, 우리가 이 두 욕구를 확보하기 위해 무엇이 필요한지 정의하는 힘이라고 해보자.

먼저 안전 문제에 초점을 맞춰보자. TOSA 학생은 대부분 끝없이 불안정한 환경에서 성장했다. 그 탓에 그들은 자신이 항상 안전하지 않은 상태에 있고, 더 중요하게는 자신에게 안전을 확보할 능력이 없다고 믿었다. 당신의 성장 환경은 그들과 다를 수 있지만 우리 중 다수는 성장 중에 특정 상황에서 스스로 조심하게 만드는 경험을 한 적이 있다. 그 결과 우리는 필요 이상으로 걱정하며 대화에 임한다.

성인이 되어 자신을 돌볼 수 있는 더 많은 자원을 얻는 동안 우리는 안전에 관한 가정을 업데이트하지 않는다. 그리고 그 가정이 우리 삶을 지배한다. 상사나 배우자, 이웃, 지하철 승객이 우리를 비난하기 시작하면 우리는 실제 위험에 비해 과하게 감정적으로 대응한다. 왜 그럴까? 찬성을 안전과 동일시하고 반대를 위험과 동일시하기 때문이다. 그런데 우리는 자신의 안전을 책임질 역량이 높아지는 동안 이런 등식을 업데이트하지 않는다.

성인이 되었을 때 펜은 우리가 쥐고 있다. 우리에겐 자신을 돌볼 책임과 능력이 있다. 물론 피드백이 경제적 위협("널 해고하겠어"), 사회관계적 위협("널 떠날 거야"), 혹은 신체적 위협("널 패줄 거야")을 포함하는 때도 있다. 이런 경우 어느 정도는 두려움을 느끼는 게 당연하다. 그러나 우리 연구에서 사람들이 보고한 445개 일화를 분석해보니 직접적 위협은 드물게 나타나는 예외였다. 피드백 자체보다 더 우리를 위험에 빠트리는 것은 대개 피드백에 방어적이거나 전투적이거나 분개하는 우리의 반응이다. 우리가 그렇게 방어적인 이유 중 하나는 자신을 보호하는 능력을 과소평가하기 때문이다. 자신감이 있을 때는 화가 나지 않는다. 겁을 먹을 때 화가 난다.

이제 가치를 이야기해보자. 먼저 2가지 가정을 해보겠다.

• 사실을 아는 것은 절대적으로 좋은 일이다. 더 많은 사실을

알수록 삶을 더 잘 헤쳐 나갈 수 있다.
- 다른 사람의 피드백은 완전한 사실이거나 완전한 거짓이거나 둘이 섞여 있다. 보통은 둘이 어느 정도 섞여 있다.

피드백에 현명하게 반응하려면 TOSA 학생들처럼 해야 한다. 피드백을 모두 받아들여 무엇이 사실인지 분류한 뒤 나머지는 버려라. 아쉽게도 우리는 그렇게 하지 않는다. 그 대신 사실이든 거짓이든 사실과 거짓이 섞여 있든 가리지 않고 상처받거나 수치심 혹은 두려움을 느끼거나 화를 낸다. 왜 그럴까? 우리가 속으로 자신이 가치 없는 사람일지 모른다는 걱정을 하며 살기 때문이다. 다른 사람의 의견이 그토록 위협적으로 들리는 이유는 자신은 부족하거나 사랑스럽지 않거나 가치가 없을 거라며 두려워해서다. 다른 사람이 우리의 펜을 쥐고 있으면 우리는 그들이 못마땅해할까 봐 항상 괴로워하며 두려움을 안고 산다. 다른 사람의 피드백이 더 이상 우리의 행동을 지적하는 게 아니라 우리의 가치를 감사監査하는 일이 되는 것이다.

펜을 넘겨주면 우리 자신의 가치를 정의하는 책임을 포기하는 셈이다. 이때 우리는 자존감을 스스로 형성하지 않고 밖에서 찾기 시작하고 그러면 불안감이 끊이지 않는다.

우리가 정말로 한마디 말에 무너질 정도로 불안정한 세상에서 살고 있는가? 우리가 자신의 펜을 통제하는 힘을 잃기 전까지는 그렇지 않다.

피드백을 부드럽게 받아들이는 법

TOSA 학생들은 피드백 수용의 대가가 되었다. 이곳에서는 선배 학생들이 "난 힘든 게임을 안 한 지 너무 오래됐어. 다른 사람이 내 성장을 돕는 게임을 계속했으면 좋겠는데"라고 불평하는 소리를 흔히 들을 수 있다. 피드백이 자신을 규정한다고 느끼던 사람들이 피드백의 수혜자가 되도록 돕는 4가지 도구가 있다. 이러한 도구는 안전과 가치를 확보하기 위해 외부가 아닌 내면으로 방향을 돌린다.

이 도구들을 CURE라는 약어로 기억하자.

마음 가다듬기 Collect yourself. 천천히 심호흡을 하면 당신이 안전하다는 걸 깨닫는다. 이는 신체적 방어를 준비할 필요가 없다는 신호다. 자신의 감정을 주의 깊게 살피는 것도 도움을 준다. 당신이 느끼는 감정에 최선을 다해 이름을 붙여보라. 이름을 붙이면 당신과 감정 사이에 약간 틈이 생긴다. 당신은 상처받았는가, 두려운가, 당황스러운가, 창피한가? 당신이 느끼는 감정을 생각할 수 있으면 감정을 다스릴 힘을 더 많이 얻게 된다. 또 그런 감정을 불러온 스토리를 확인하고 검토해 비판하는 것이 도움을 주기도 한다(5장 참조).

어떤 학생은 마음을 가라앉게 해주는 사실을 의식적으로 떠올림으로써 마음을 가다듬는다. 예를 들면 "이 말은 나를 해치지 않

아. 나는 안전해" 혹은 "내가 잘못했다고 해도 나 자체가 잘못된 사람이란 뜻은 아니야" 같은 긍정적인 말을 반복한다. 말린은 자신의 펜을 되찾아 자기 가치를 정의하는 말을 썼다. "내게는 무한하고 영원한 고유의 가치가 있다. 내 과거도, 다른 사람의 의견도 나를 정의하지 않는다. 내 잠재력과 선택이 내 가치를 정의한다." 게임을 하는 동안 이런 생각을 하면 마음을 다잡는 데 도움을 받을 수 있다. 신을 믿는 사람들은 자신의 가치를 확신하는 데 도움을 주는 기도문을 찾는다.

이해하기Understand. 호기심을 가져라. 질문을 하고 예를 들어달라고 하라. 그런 뒤 그냥 들어라. 9장에서 배운 것처럼 호기심은 방어적인 태도를 막아줄 수 있다. 이해하는 데 초점을 맞추면 개인적인 문제로 생각하려는 걸 막는 데 효과적이다.

퍼즐을 푸느라 바쁘다 보면 자책할 틈이 없다. 최고의 '호기심 퍼즐'은 "합리적이고 이성적이며 괜찮은 사람이 왜 이런 말을 할까"라는 질문에 답하는 것이다. 상대가 하는 말에서 당신 자신을 분리하라. 마치 제3자 이야기를 하는 것처럼 말이다. 그러면 당신이 듣고 있는 말을 평가하고 싶은 마음을 떨치기가 훨씬 쉽다. 그냥 스토리를 이해하려 노력하는 좋은 기자처럼 행동하라.

회복하기Recover. 간혹 이 시점에 중간 휴식을 요청하는 것이 좋다. 통제할 수 있다는 느낌이 들면 안심이 된다. 그리고 당신이 정말로 준비를 했을 때 반응할 권리를 행사하면 통제감을 회복한다. 생각할 시간이 좀 필요하고 그런 기회를 주면 나중에 대답하겠다고 설명하라.

TOSA 학생들처럼 수집과 분류 작업을 분리하라. 피드백을 모두 모은 뒤 나중에 선별하라. 들은 이야기를 평가하기 전에 자신에게 생각하고 회복할 기회를 주어라. 때때로 TOSA 학생들은 간단히 이렇게 말한다. "그 문제를 한번 살펴볼게요." 그들은 들은 말에 동의하지 않는다. 반대하지도 않는다. 그저 자신이 지금까지 들은 이야기를 진지하게 살펴보겠다고 약속한다. 그리고 들은 이야기를 공유한 의미에 추가하고 자신이 완전히 펜을 쥘 때까지 숙성시킨다. 그냥 "내가 이 문제를 제대로 이해하는 게 중요합니다. 시간이 좀 필요해요. 그런 뒤 제가 어떤 결론을 내렸는지 알려드리겠습니다"라고 말해 힘든 에피소드를 끝낼 수 있다. 그런 뒤 안전감과 자존감을 되찾는 데 효과적인 방법을 사용하라.

참여하기Engage. 당신이 들은 이야기를 검토하라. 안전감과 자존감을 잘 회복했다면 방어적으로 피드백에 구멍을 내는 대신 사실을 찾을 것이다. 꼼꼼하게 살펴 공유한 의미를 추려내라. 95%가 쓰레기이고 5%만 금일지라도 금을 찾아내라. 사람들이 당신에게 하는 말에는 항상 적어도 일말의 사실이 있다. 사실을 발견할 때까지 메시지를 샅샅이 뒤져라. 그런 뒤 필요할 경우 그 피드백을 공유한 사람을 다시 만나 당신이 들은 것, 인정한 것, 실천하겠다고 약속한 것을 알려라. 이렇게 하는 건 때로 당신의 관점을 공유한다는 의미일 수 있다. 인정받길 바라는 내재적 욕구 없이 이렇게 할 경우 방어적이거나 전투적일 필요가 없다.

현재 말린에게는 여유로운 자신감이 있고 30년 동안 불화했던 부모, 형제와도 화해했다. 그는 3년 동안 게임에 300번 참여했다. 그렇게 많은 피드백을 받은 말린은 피드백 자체보다 자신이 피드백에 어떻게 대응하는지가 더 중요하다는 것을 배웠다. 그는 자신이 게임을 부정적으로 받아들이는 것을 자신에게 내면 성찰이 필요한 상태임을 알려주는 신호로 보았다. 자신의 안전과 가치의 관리자가 되는 법을 배우면서 그는 마음을 평온하게 가다듬었고 이것은 모든 걸 바꿔놓았다.

피드백으로 얻어맞을 때 우리가 느끼는 고통은 훨씬 더 심각한 문제의 징후다. 더 심각한 문제를 인식하고 해결하는 사람은 결정적 순간의 대화를 더 잘 해낼 뿐 아니라 인생의 모든 부침에도 더 잘 대비한다.

요약: 당신의 펜을 되찾아라

듣기 힘든 피드백에 대응할 때는 당신의 대응이 자신에게 달려 있다는 점을 상기하라. 안전을 확보하고 당신의 가치를 확인하기 위한 조치를 취해 '당신의 펜을 되찾아라.' 그런 다음 다른 사람이 공유한 정보를 어떻게 다룰지 관리하는 4가지 기술을 이용하라.

- **마음 가다듬기**: 심호흡한 뒤 당신이 느끼는 감정에 이름을 붙이고 당신의 안전과 가치를 확고히 해주거나 마음을 가라앉히는 사실을 떠올려라.
- **이해하기**: 호기심을 가져라. 질문을 하고 예를 들어달라고 하라. 그런 뒤 그냥 들어라. 상대가 하는 말에서 당신 자신을 분리하라. 마치 제3자 이야기를 듣는 것처럼 말이다.
- **회복하기**: 정서적으로 회복하고 당신이 들은 내용을 처리하기 위해 필요하면 휴식 시간을 내라.
- **참여하기**: 당신이 들은 이야기를 검토하라. 필요할 경우 그 피드백을 공유한 사람을 다시 만나 당신이 들은 것, 인정한 것, 실천하겠다고 약속한 것을 알려라. 필요할 경우 상황을 보는 당신의 시각을 전투적이지 않은 방식으로 공유하라.

결정적 순간의 대화를 마무리하는 기술은 언뜻 보기엔 간단하다. 마무리를 잘해야 한다는 건 다들 알지만 실제로는 제대로 하지 않아 그 대가를 톡톡히 치른다.

이러한 기술이 뻔해 보인다고 대충 넘어가는 실수를 저지르지 마라. 이 기술은 '상식'이 '관례'는 아니라는 것을 보여주는 적절한 예다. 이 기술을 꾸준히 적용하면 어긋난 기대와 서로 다른 기억 때문에 불가피하게 발생하는 어마어마한 뒤처리를 방지하는 데 효과적이다.

11장 '행동에 나서라'에서 소개하는 기술은 의사결정을 어떤 방식으로 내릴지, 결정적 순간의 대화의 후속 조치로 누가 무엇을 할 것인지 명확히 결론 짓게 도와준다.

대화를 마무리하는 법

11 | 행동에 나서라

결정적 순간의 대화를 행동으로 옮기고 성과를 얻는 법

아무것도 하지 않는 것 역시
하나의 선택이다.

_새뮤얼 존슨

지금까지 우리는 더 많은 의미를 공유하는 것이 대화에 도움을 준다고 제시했다. 자유로운 의미 흐름을 위해 우리는 대화에 재능 있는 사람들을 관찰해 배운 기술을 공유했다. 그 조언의 일부 혹은 전부를 따랐다면 지금쯤 당신은 의미를 공유하는 법을 터득했을 것이다. 이제 그걸 활용할 때다.

여기에서 2가지 기술을 추가하겠다. 더 많은 의미를 공유해도, 심지어 그 의미를 다들 인정해도 그 의미로 무엇을 할 것인지를 두고 모두의 생각이 같은 건 아니다. 우리는 대개 2가지 이유로 생각을 행동으로 옮기는 데 실패한다.

- 어떤 방식으로 결정이 내려질지 그 기대가 명확하지 않다.
- 우리가 내린 결정을 행동으로 옮기는 데 서툴다.

이건 위험할 수 있다. 실제로 사람들이 의미 공유에서 행동으로 옮겨갈 때가 새로운 어려움이 발생하기 딱 좋은 때다.

대화 자체는 의사결정이 아니다

결정적 순간의 대화에서는 대화의 시작과 끝이 가장 위험하기 마련이다. 시작할 때가 위험한 이유는 참여자들을 안심시킬 방법을 찾지 않으면 대화가 틀어지기 때문이다. 대화를 끝낼 때가 위험한 이유는 공유한 의미에서 나온 결론과 결정을 명확히 해두지 않으면 나중에 기대가 어긋나는 상황과 맞닥뜨릴 수 있어서다. 이런 상황은 2가지 방식으로 발생할 수 있다.

결정을 어떤 방식으로 내릴 것인가? 우선 사람들이 어떤 방식으로 결정을 내릴지 이해하지 못할 수 있다. 예를 들어 지금 카라가 잔뜩 화가 나 있다고 해보자. 르네가 사흘짜리 유람선 여행의 예약 확인 메일을 그녀에게 보냈기 때문이다. 이메일에는 바깥쪽 선실로 업그레이드하는 비용 500달러를 선납한 데 감사드린다고 나와 있었다.

일주일 전 카라와 르네는 휴가 계획을 놓고 결정적 순간의 대화를 했다. 두 사람 다 자신의 견해와 취향을 솔직하고 예의 있게 표현했고, 쉽지 않았지만 대화가 끝날 무렵 모두에게 잘 맞는 유람선 여행을 하기로 결정했다. 그런데 지금 카라는 화가 났다. 르네는 어리둥절하다. 그는 카라가 기뻐서 펄쩍 뛸 줄 알았기 때문이다.

카라는 유람선 여행에는 원칙적으로 동의했다. 그러나 특정 유람선 여행에는 동의하지 않았다. 르네는 어떤 유람선 여행이라도 다 괜찮은 줄 알고 독단적으로 결정을 내렸다. 유람선에서 즐거운 시간 보내, 르네.

결정을 내리긴 할 것인가? 의사결정과 관련된 두 번째 문제는 어떤 결정도 내려지지 않을 때 일어난다. 결정적 순간의 대화는 힘들다. 그래서 대화를 끝까지 성공적으로 헤쳐 나갔을 즈음 우리는 간혹 해냈다는 것에 안도해 진심 어린 감사의 표현으로 간단하고 신속하게 대화를 마무리한다. "감사합니다. 이 대화를 나눌 수 있어서 정말 기쁩니다." 그러고는 기분이 좋아져 걸어 나간다. 아무도 울지 않았고 아무도 소리를 지르지 않았으니까. 승리의 기둥에 1승을 기록하라. 그렇지만 우리의 이해를 명확히 하거나 확실한 결정을 내리지 않은 탓에 아이디어가 슬그머니 흩어져 사라지거나 사람들이 그 아이디어로 뭘 해야 할지 알지 못한다.

어떻게 결정할지 정하라

어떤 결정을 내리기 전에 관련된 사람들이 어떻게 결정을 내릴지 정해놓으면 이 두 문제를 다 해결할 수 있다. 사람들이 대화가 곧 의사결정이라고 생각하게 해서는 안 된다. 대화는 관련된 모든 의미를 공유하기 위한 과정이다. 물론 이 과정에는 모든 사람이 관여한다. 하지만 사람들에게 각자의 의견을 공유하도록 독려한다고 해서 꼭 모든 결정에까지 참여시켜야 하는 것은 아니다. 기대가 어긋나지 않으려면 대화와 의사결정을 분리해야 한다. 결정을 어떻게 내릴지, 즉 누가 왜 결정에 관여할 것인지를 명확히 해야 한다.

권한 계통이 명확할 때. 권한을 가진 위치에 있는 사람이 어떤 방법으로 의사결정을 할지 정한다. 예를 들어 회사와 가정에서 결정 방식을 정하는 사람은 각각 관리자와 부모다. 이것은 리더로서 책임지는 것의 일부다. 예컨대 부사장이 시급을 받는 직원에게 가격 변동이나 제품라인을 결정하라고 하진 않는다. 그건 리더들이 할 일이다. 부모가 어린아이에게 주택 보안 장치를 선택하거나 취침 시간을 정하라고 하지는 않는다. 그건 부모가 할 일이다. 물론 직속 부하와 아이가 책임을 질 때는 리더와 부모가 그들에게 더 많은 결정권을 맡기지만, 그래도 어떤 결정 방식을 택할지 정하는 것은 권한을 가진 사람이다. 어떤 결정을 언제 내릴지 판단하는 것은 책임자의 몫이다.

권한 계통이 명확하지 않을 때. 권한 계통이 명확하지 않으면 어떤 방식으로 결정할지 정하기가 상당히 어려울 수 있다. 예를 들어 딸의 학교 담임과 대화한다고 해보자. 담임은 당신의 딸을 유급시키자고 제안한다. 당신은 어떻게 해야 할지 잘 모르겠다. 이 선택은 누가 해야 하는가? 누가 선택할지 누가 정하는가? 모든 사람에게 발언권이 있다면 투표를 해야 하는가? 학교 관계자들의 책임인가? 그럼 그들이 선택해야 하는가? 아니면 궁극적 책임을 지는 사람은 부모이므로 부모가 적절한 전문가와 상담한 뒤 결정해야 하는가? 이 까다로운 문제에 명확한 답이 있긴 한가?

이런 경우에는 대화로 직접 다뤄야 한다. 대화에 참여하는 모든 사람이 최종 선택을 누가 해야 하는지를 포함해 자신의 의견을 공유해야 한다. 이 역시 논의해야 하는 의미의 일부분이다. 누가, 왜 결정할 것인지 솔직하게 이야기하지 않고 의견이 각양각색일 경우 법정에 가서야 해결을 하는 격전이 벌어질 수도 있다. 존스 가족과 캘리포니아주 해피밸리 학군 사이의 소송이 딱 그런 유형의 문제를 제대로 처리하지 않아 벌어진 일이다.

그렇다면 무엇을 해야 할까? 당신 딸의 능력과 관심뿐 아니라 최종 결정을 어떻게 내릴지도 솔직하게 이야기해야 한다. 처음부터 변호사나 소송을 입에 올리지 마라. 그러면 안전지대가 흔들리고 적대적인 분위기를 조성한다. 당신의 목표는 아이에 관해 솔직히 터놓고 건설적으로 이야기를 나누는 것이지 당신의 영향력을 발휘하거나 위협하거나 교사를 이기는 게 아니다. 담당 전문가들의 의견을 경청하고 그들이 어떻게, 왜 개입해야 하는지 논의하라. 결정 권한이 누구에게 있는지 명확하지 않은 때는 최선의 대화 기술을 사용해 의미를 공유하고 어떻게 결정을 내릴 것인지 함께 정하라.

의사결정의 4가지 방법

어떻게 결정할지 정할 때는 이용 가능한 선택지를 놓고 대화하는 법을 알면 도움을 받는다. 의사결정은 흔히 4가지 방법으로 이뤄진다. 바로 명령, 상의, 투표, 합의다. 뒤로 갈수록 사람들의 참여도가 높은 방식이다. 참여도가 높으면 결정에 헌신하는 정도가 높아지는 이점이 있지만 의사결정 과정의 효율성이 떨어지는 단점도 있다.

그렇다면 누가 결정을 내릴지 어떻게 정할까? 요령 있는 사람들은 이 4가지 의사결정 방법 중에서 특정 상황에 가장 알맞은 것을 선택한다.

명령

사람들이 전혀 참여하지 않고 내려지는 결정부터 이야기해보자. 이런 결정은 3가지 방식으로 이뤄진다. 우리가 자신의 책임 영역 내에서 자율적으로 결정을 내리는 것, 외부 세력이 우리에게 요구하는(우리에게 자유 재량권을 전혀 주지 않는) 것, 우리가 결정권을 다른 사람에게 넘겨준 뒤 그들이 이끄는 대로 따르는 것. 사실 살면서 내리는 결정은 대부분 명령으로 이뤄진다. 우리 혹은 다른 사람들은 이메일을 보내거나 구매주문을 승인하거나 프레젠테이션을 구상한다. 다른 사람이 참여하게 하는 것이 예외가 아니라 표준이 되면 세상은 서서히 멈출 것이다.

당신이 상사일 때는 순전히 효율성을 위해 명령형 결정을 많이 내린다. 그리고 그래야 한다. 효율적인 리더가 되는 열쇠는 어떤 결정이 상의나 투표, 합의 형태로 어느 정도 참여를 허용하기 위해 속도를 늦출 가치가 있는지 파악하는 데 있다.

외부 세력이 요구하는 경우는 고객이 가격을 정하거나, 기관이 안전 기준을 지시하거나, 관리기구가 우리에게 요구사항을 통보하는 것을 예로 들 수 있다. 직원들은 상사가 선택하고 있다고 생각하지만 대부분 상사들은 단지 상황에 따른 요구를 전달하고 있을 뿐이다. 이런 것이 명령형 결정이다. 우리의 일은 외부의 명령형 결정 중에서 '무엇'을 할지 결정하는 게 아니다. 그걸 '어떻게' 해낼지 방법을 결정하는 것이 바로 우리의 일이다.

결정권을 다른 사람에게 넘기는 경우는 우리가 참여할 만큼 관심이 없고 위험성이 낮은 문제이거나 위임받은 사람이 올바른 결정을 내릴 것이라고 믿고 판단할 때다. 더 참여해봤자 도움이 되지 않는 경우다. 팀이 탄탄하고 관계가 좋으면 적절히 결정할 것이라 믿을 수 있는 누군가에게 최종 선택권을 넘겨주어 결정을 내리는 경우가 많다. 우리는 굳이 거기까지 관여하고 싶지 않아 다른 사람에게 기꺼이 결정권을 넘긴다.

상의

상의는 결정을 내리는 사람이 선택 전에 다른 사람들에게 의견을 구하는 과정이다. 전문가, 대표 집단, 혹은 의견을 내고 싶어 하는 누구와도 상의할 수 있다. 상의는 의사결정 과정에서 교착 상태에 빠지지 않고 아이디어와 지원을 얻는 효과적인 방법일 수 있다. 적어도 심각한 교착상태에 빠지는 것은 방지한다. 현명한 리더, 부모, 부부는 흔히 이런 식으로 의사결정을 한다. 즉, 아이디어를 모으고 선택지를 평가해 선택한 뒤 더 많은 사람에게 알린다.

투표

투표는 효율성이 가장 중요하고 좋은 선택지가 많은 상황에 가장 적합하다. 팀원들은 자신이 가장 원하는 안이 선택되지 않을 수 있다는 걸 알지만 사실 이 문제를 끝까지 이야기하느라 시간을 낭비하고 싶어 하지 않는다. 그러면 선택지를 잠시 논의한 뒤 투표하자고 요청할 수 있다. 몇 가지 괜찮은 선택지가 있을 경우 투표는 시간을 절약하기에 좋은 방법이지만 팀원들이 어떤 결정이 내려지든 지지하겠다고 동의하지 않으면 사용해선 안 된다. 그럴 때는 합의로 결정을 내려야 한다.

합의

이 방식은 엄청난 축복이 될 수도, 엄청난 좌절감을 주는 저주가 될 수도 있다. 합의하려면 모든 사람이 한 가지 결정에 진심으로 동의할 때까지 이야기를 나눠야 한다. 이 방법은 엄청난 화합을 불러오고 양질의 결정을 내릴 수 있다. 반면 잘못 적용하면 끔찍한 시간 낭비가 되기도 한다. 따라서 (1) 중요한 이해관계가 걸려 있는 복잡한 사안이거나 (2) 모든 사람이 최종 결정을 절대적으로 지지해야 하는 사안일 때만 사용해야 한다.

4가지 중요한 질문

이 4가지 의사결정 방식 중에서 선택할 때 다음 질문을 검토하라.

누가 이해당사자인가? 결정에 정말로 참여하길 원하는 사람과 결정의 영향을 받을 사람을 판단하라. 그들이 결정에 참여할 후보다. 관심 없는 사람은 참여시키지 마라.

누가 지식과 정보를 가지고 있는가? 최상의 결정을 내리는 데 필요한 전문지식을 갖춘 사람이 누구인지 확인해 참여를 독려하라. 새로운 정보를 제공하지 못하는 사람을 참여시킬 필요는 없다.

누가 동의해야 하는가? 당신이 내릴 결정에 권위나 영향력 형태로 협조가 필요한 사람이 누군지 생각해보라. 나중에 이 사람들을 놀라게 해서 노골적인 저항을 받는 것보다는 그들을 결정에 참여시키는 것이 좋다.

얼마나 많은 사람이 참여해야 하는가? 최소한의 인원으로 하되 양질의 결정을 내릴 수 있을지와 그들이 해줄 지원을 감안해야 한다. "좋은 선택을 하기에 충분한 인원인가? 결정을 실행할 때 지원을 얻기 위해 다른 사람을 참여시켜야 할 것인가?"를 물어보라.

소리 내어 말하라

선택지를 검토하고 어떻게 결정을 내릴지 정했다면 그 중요한 의미를 공유해야 한다. 이것은 당연해 보이지만 우리는 사람들이 이 과정을 얼마나 자주 간과하는지에 놀란다. 예를 들어 당신이 신제품의 핵심 기능과 관련해 중요한 결정을 내려야 한다고 하자. 당신은 다양한 전문가에게 많은 의견을 수집하길 원한다. 그래서 '신제품 기능을 논의'하기 위한 회의 초대장을 보냈다.

논의는 활발하게 진행되었고 참석한 전문가들 사이에 상당히 명확한 합의가 이뤄진 상태로 회의가 끝났다. 그 뒤 당신은 시장 조사 자료를 검토하고 재무팀의 피드백을 받았으며 제한적이나마 고객 테스트도 진행했다. 그리고 당신은 이 모든 정보를 취합해 결정을 내렸다. 당신이 내린 결정이었다.

위의 예는 전형적인 상의형 결정으로 당신은 엄청난 만족감을 느낀다. 첫 회의 참석자들에게 당신이 결정한 제품 기능을 요약한 이메일을 보낼 때까지만 해도 그랬다. 그런데 몇 분도 채 지나지 않아 이메일 수신함은 불만에 찬 답장으로 가득했다. 그 메일들의 요지는 뭐였을까? "당신 마음대로 할 거면서 왜 굳이 우리를 참여시킨 거죠?"

자, 무슨 일이 일어난 걸까? 당신은 상의를 해서 결정을 내리겠다고 생각하며 첫 회의에 들어갔다. 반면 회의에 모인 사람들은 의견을 달라는 당신의 요청을 듣고 합의로 결정하는 방식일 것이라고 생각했다. 이런 오해는 충분히 일어날 만하고 사실 흔히 일어난다. 상의형 결정과 합의형 결정을 다룰 때 특히 더 그러하다. 이것은 방지하기가 쉽다. 어떻게 결정을 내릴지 정했을 때 모든 사람에게 알려주면 된다.

간단히 "당신의 의견은 대단히 중요합니다. 결정은 상의를 거쳐 내릴 것이라고 알고 있기 바랍니다. 제가 당신과 다른 분들의 의견을 취합해 결정을 내릴 겁니다"라고 말하면 된다.

혹은 "합의로 결정을 내리고 싶지만 오늘 결정해야 하고 이 회의에 주어진 시간이 1시간뿐입니다. 그 시간 내에 합의에 이른다면 좋겠지만 그러지 못할 경우 제가 여러분의 의견을 취합해 최종 결정을 내리겠습니다"라고 말해도 괜찮다.

당신은 어떤가? 팀이나 부부, 특히 의사결정에 불만을 느끼는 사람들을 위한 좋은 훈련 방법이 있다. 팀이나 관계에서 내리는 중요한 결정의 목록을 작성해보라. 그런 뒤 현재 각 결정이 어떻게 이뤄지고 있는지 이야기하고 4가지 중요한 질문을 사용해 각 결정을 어떻게 내려야 하는지 논의하라. 각 결정의 논의가 끝나면 앞으로 어떻게 결정을 내릴 것인지 정하라. 의사결정 방식을 놓고 결정적 순간의 대화를 하면 많은 불만스러운 문제를 해결할 수 있다.

과제 할당: 결정을 행동으로 옮기는 법

모든 결정적 순간의 대화를 결정으로 끝낼 필요가 있는가? 꼭 그렇진 않다. 대화에서 우리의 목표가 교착상태에서 벗어나고 성과를 높이는 것이라면 대개 그 대화로 무엇이 달라질 것인가를 결정하며 대화를 끝내야 한다. 그렇지만 때로는 새로운 의미를 너무 많이 공유하느라 대화가 끝날 무렵까지도 결정을 내릴 준비를 하지 못할 수도 있다. 괜찮다. 대화가 꼭 결정으로 끝날 필요는 없다. 다만 항상 약속으로 끝나야 한다. 변화하거나 행동을 취하겠다는 약속일 수도 있고, 새로 공유한 의미를 깊이 생각해보겠다는 간단하지만 진지한 약속일 수도 있다.

대화를 약속으로 마무리할 때는 다음 네 요소 WWWF를 검토하라.

- Who: 누가 하는가?
- What: 무엇을 하는가?
- When: 언제까지 하는가?

- Follow: 사후 점검을 어떻게 할 것인가?

누가 하는가

"모두의 책임은 누구의 책임도 아니다"라는 영어 속담이 있다. 특정인에게 특정 임무를 할당하지 않으면 결정을 내리느라 들인 모든 노력이 물거품이 될 수도 있다.

과제를 나눠줄 시간이 오면 '우리'는 없다는 것을 명심하라. 임무를 할당할 때 '우리'는 '나는 아니다'라는 뜻이다. 그런 의미의 암호다. 사람들이 과제를 피하려 하지 않을 때도 '우리'라는 용어는 다른 사람이 책임을 맡는다고 믿게 할 수 있다.

모든 책임에 이름을 붙여라. 직장에서뿐 아니라 집에서도 마찬가지다. 집안일을 배분할 때 각각의 집안일을 맡을 특정 사람을 정해야 한다. 두세 사람에게 어떤 업무를 맡길 경우 그중 한 명을 책임자로 지정하라. 그러지 않으면 나중에 비난이 난무하면서 책임감이 사라질 수도 있다.

무엇을 하는가

당신이 염두에 두고 있는 정확한 결과물을 상세히 설명해야 한다. 기대치가 흐릿할수록 실망할 가능성이 더 커진다. 예를 들어 괴짜 기업가 하워드 휴스가 엔지니어팀에 세계 최초의 증기 자동차를 설계·제작하라고 지시한 적이 있다. 그는 가열한 물을 이용해 달릴 수 있는 자동차라는 자신의 꿈을 공유하면서 거의 아무

지시도 내리지 않았다.

수년에 걸친 각고의 노력 끝에 엔지니어들은 차체에 파이프 수십 개를 설치함으로써 증기 자동차 운행에 필요한 모든 물을 어디에 부을 것인지의 문제를 해결하면서 첫 시제품 제작에 성공했다. 이 차는 본질적으로 거대한 라디에이터였다.

휴스가 엔지니어들에게 충돌 사고가 나면 어떻게 되냐고 묻자 그들은 안절부절못하며 차에 탄 사람들이 냄비 속 랍스터처럼 산 채로 삶길 것이라고 설명했다. 그 말에 너무 화가 난 휴스는 시제품을 가루가 되도록 부숴버리라고 했다. 그렇게 프로젝트는 끝이 났다.

휴스의 사례에서 배워보자. 과제에 처음 합의할 때 원하는 것의 한계 조건을 미리 명확히 해야 한다. 이를테면 "나는 적어도 안전하고 비용 면에서 효율적이며 휘발유로 움직이는 자동차만큼 기능이 풍부한 증기 자동차를 원한다"라고 말해야 한다. 부부의 경우 한 사람이 '결과물'을 대충 건성으로 생각하고 나중에 자신이 말하지도 않은 요구를 충족하지 못했다며 화를 낼 때 이런 어려움에 빠진다. 사랑하는 사람과 함께 방을 리모델링해본 적 있는가? 그러면 지금 우리가 하는 말이 이해가 갈 것이다. 나중에 자원을 낭비하고 감정이 상하니 당신이 원하는 것을 미리 명확히 하는 데 시간을 들이는 편이 더 낫다.

대조 기법을 사용하면 결과물을 명확히 하는 데 도움이 된다. 예전에 사람들이 임무를 잘못 이해하는 것을 본 적 있다면 당신이 원치 않는 것의 예로 사람들이 흔히 하는 실수를 설명하라. 가능하면 구체적인 예를 들어라. 추상적으로 말하기보다 시제품이나 샘플을 가져오면 더 좋다.

우리는 세트 디자이너를 고용하면서 이 특별한 요령을 배웠다. 그 유명 디자이너는 자신이 내놓을 결과물을 모호하고 상투적으로 이야기했는데, 그게 우리에겐 굉장히 그럴싸하게 들렸다. 그는 "제조업 외관으로 쉽게 바꿀 수 있는 현대식 개방형 사무실 환경을 만들어드리겠습니다"라고 낮게 중얼거리며 그런 환경을 연상시키듯 손을 흔들었다. 수만 달러를 들인 뒤 그는 실리콘밸리보다는 〈스타트렉〉에 더 가까워 보이는 결과물을 내놓았다. 우리는 처음부터 다시 시작해야 했다. 그날부터 우리는 사진을 가리키며 원하는 것과 원하지 않는 것을 이야기하는 법을 배웠다.

"〈포천〉 500대 기업의 직원들에게 익숙하지 않을 가구나 색, 장식품, 물건은 사용하지 마세요." "이 사진들에 있는 전형적인 6가지 모습과 비슷하게 만들어주세요." 결과물을 더 명확히 묘사할수록 놀라고 속상할 가능성은 더 줄어든다.

언제까지 하는가

사람들이 과제를 할당할 때 이 요소를 얼마나 자주 빼먹는지 그저 놀라울 따름이다. 사람들은 마감일을 지정하는 대신 그냥 "조만간"이라는 식으로 모호하게 말한다. 마감일을 모호하게 정하거나 말하지 않을 경우, 다른 긴급한 일이 생기면 그 과제는 뒷전으로 밀렸다가 곧 잊힌다. 마감일이 없는 과제는 행동을 촉진하기보다 마음만 무겁게 하기 쉽다. 마감일이 없는 목표는 목표가 아니다. 그냥 지시일 뿐이다.

사후 점검을 어떻게 할 것인가

사후에 과제 진행 상황을 얼마나 자주, 어떤 방식으로 점검할 것인지도 항상 합의해야 한다. 프로젝트 완료를 간단히 이메일로 확인할 수도 있고, 팀 회의나 가족 모임에서 상세하게 보고할 수도 있다. 대개는 그 도중에 진행 상황을 확인한다.

사실 사후 점검 방법을 정하는 건 상당히 쉽다. 가령 "숙제를 다 하면 엄마한테 전화하렴. 그런 다음에는 친구와 놀 수 있어, 알겠지?"라고 말하면 된다.

혹은 중요한 단계별로 점검할 수도 있다. "도서관 조사를 끝내면 알려줘. 그런 뒤 함께 다음 단계를 살펴보자." 물론 각 단계에는 마감일이 있어야 한다. "이 프로젝트의 조사 단계를 완료하는 즉시 알려줘. 11월 마지막 주까지는 시간이 있지만 더 일찍 끝내면 전화해줘."

사람들이 책임감을 느끼게 하고 싶다면 책임질 기회를 주어야 한다. 모든 과제마다 사후 점검할 때의 기대치를 정해두어라.

개인적인 대화일 때의 WWWF

단체나 직장에서는 누가 언제까지 무엇을 하고 사후에 어떻게 점검할지 결정하면서 대화를 끝내는 것이 상당히 간단해 보인다. 많은 조직이 회의 구조를 행동을 정하고 결정을 기록하도록 설계해두고 있다. 그러나 많은 독자가 일대일 혹은 개인적인 결정적 순간의 대화를 생각하며 이 책을 읽고 있고, 그런 대화와 씨름하고 있을 것이다. 아마도 대화 상대는 상사나 동료나 사랑하는 사람이리라. 개인적인 대화에서도 누가 언제까지 무엇을 하고 나중에 어떻게 점검할 것인지 계획하며 끝내는 것은 매우 중요하다. 그러지 않으면 같은 대화를 몇 번이고 반복하기 십상이다. 어떻게 해야 너무 요식적으로 들리지 않으면서 그렇게 할 수 있을까?

개인적인 결정적 순간의 대화를 끝낼 때 행동으로 옮겨가기 위한 세 가지 요령이 있다.

첫째, 이해를 위해 대화를 요약한다. 양쪽이 이해하는 게 같은지 확인하기 위해 대화 내용을 요약하는 건 항상 좋다. 이때 왜 요약하는지 말하면 도움을 받을 수 있다. 예를 들면 "좋아. 정말 유익한 대화였고 우리 둘 다 만족하는 것 같네. 우리가 한 이야기를 요약해볼게. 그냥 내가 제대로 이해했는지 확인하려고 그래"라고 말하면 된다.

둘째, 행동을 확인한다. 이 대화로 무엇이 바뀔 것인가? 이번에도 왜 이걸 확인하는지 공유하면 도움을 받는다. "이렇게 이야기를 나눠서 정말 기뻐. 우리가 좋은 방향으로 가고 있는 것 같아. 앞으로 우리가 각자 해야 할 일을 내가 정확히 알고 있는지 확인하고 싶어. 내가 할 일은…."

마지막으로, 사후 점검 계획을 세운다. 완벽한 사람은 없다. 누군가가, 어쩌면 당신도 자신이 한 약속을 완벽하게 사후 점검하지 못할 수 있다. 괜찮다. 그게 인간이니까. 그렇지만 문제를 일찍 발견해 즉각 바로잡을 수 있도록 사후 점검 계획을 마련해두어야 한다.

직속 부하나 자녀의 일을 사후 점검하는 것도 문제이지만 상사, 상급 리더, 고참 동료의 진행 상황은 어떻게 점검해야 할까? 점검 계획이라기보다 확인 계획으로 생각하면 좋다. 가령 "굉장히 좋은 것 같습니다. 시간을 내 자세히 알아봐주어서 감사합니다. 이 문제를 얼마간 다뤄본 뒤에도 여전히 우리 둘 다 모든 것을 순조롭게 잘 진행하고 있는지 확인하기 위해 다음 주에 다시 간단히 점검하겠습니다"라고 말할 수 있다.

당신의 작업을 기록하라

"무딘 연필 한 자루는 두뇌가 명석한 사람 6명의 가치가 있다"라는 속담이 떠오른다. 당신의 노고를 기억에만 남겨두지 마라. 결정적 순간의 대화를 완료하려 노력했다면, 기억력만 믿었다가 당신이 공유한 모든 의미를 날려버리지 말고 결론과 결정, 과제를 상세히 써놓아라. 누가 언제까지 무엇을 할지 기록해두는 것도 잊지 마라. 그리고 중요한 때(대개 다음 회의)에 기록을 다시 살펴보고 과제를 검토하라.

완료하기로 한 작업을 검토할 때 사람들에게 책임을 물어라. 누군가가 약속을 지키지 못했다면 대화가 필요한 때다. 8장에서 다룬 STATE 기술을 사용해 문제를 논의하라. 사람들에게 책임을 물으면 더 강하게 동기를 부여해 약속을 더 잘 지키도록 할 뿐 아니라 성실한 문화를 조성할 수 있다.

요약: 행동에 나서라

기대가 어긋나고 행동 없이 말로만 끝나는 2가지 함정에 빠지지 말고, 성공적인 결정적 순간의 대화를 훌륭한 결정과 통합된 행동으로 이어나가라.

어떤 방식으로 결정할지 정하기

- **명령**: 다른 사람을 참여시키지 않고 결정을 내린다.
- **상의**: 집단의 의견을 모은 뒤 한 하위집단이 결정한다.
- **투표**: 동의한 사람의 비율이 결정을 좌우한다.
- **합의**: 모든 사람이 동의에 이른 뒤 최종 결정을 지지한다.

명확하게 마무리하기

- 누가 무엇을 언제까지 할지 결정하라.

- 결과물을 명확히 정해두어라.
- 사후 점검 시기를 정하라.
- 약속을 기록한 뒤 사후 점검하라.
- 마지막으로 사람들에게 각자 한 약속의 책임을 물어라.

12 $\rceil$ "맞습니다, 하지만"

까다로운 상황을 위한 조언

> 좋은 말의 가치는 대단하지만
> 비용은 들지 않는다.
>
> _조지 허버트

전 세계에 있는 결정적 순간의 대화 트레이너들을 만나면 수업이
끝날 무렵 꼭 누군가가 손을 들고 "맞습니다. 하지만…" 식의 말
을 한다고 보고한다. 예를 들면 "맞습니다. 하지만 내 상사는 그
렇게 반응하지 않을걸요!"라거나 "맞습니다. 하지만 10대인 제 아
이는 쓰나미는 무시해버릴 겁니다!"라고 말한다. "맞습니다. 하지
만 결정적 순간이 왔을 때 내가 교육 교재를 들고 있지 않으면 어
떡하죠?"라는 말도 흔히 나온다. 요컨대 사람들은 우리가 이야기
한 기술을 자신이 직면한 난관에 적용하지 못할 수십 가지 이유
를 떠올린다.

사실 우리가 공유한 대화 기술은 상상할 수 있는 거의 모든 문

제에 적용할 수 있다. 물론 여느 상황보다 더 힘든 상황은 분명히 있다. 우리는 당신이 이 책에서 알게 된 것이 얼마나 효과적인지 보여주기 위해 몇 가지 까다로운 사례를 골라보았다. 지금부터 각 사례와 관련된 생각을 나눠보겠다.

성희롱이나 그 외의 괴롭힘을 당했을 때

"맞습니다. 하지만 어떤 사람이 딱히 노골적으로 저를 괴롭히진 않는데 그 사람이 저를 대하는 태도가 싫으면 어떻게 하나요? 어떻게 하면 적을 만들지 않고 말을 꺼낼 수 있을까요?"

위험지점

가령 누군가의 말이나 제스처가 모욕적으로 느껴진다고 해보자. 그런데 그 사람이 자주 그러는 것도 아니고 티도 잘 나지 않아 인사팀이나 상사가 도움을 줄 수 있을지 모르겠다. 이런 경우에는 어떻게 해야 할까?

그 상황에서는 보통 모욕을 주는 쪽이 모든 권력을 쥐고 있다고 생각하기 쉽다. 예의를 중시하는 사회 규범들이 다른 사람은 부적절하게 행동해도 괜찮고 내가 그에 관해 문제를 제기하면 과잉 대응하는 것처럼 보이게 만드는 것 같다.

이런 문제는 대개 개인적으로 정중하면서도 단호하게 이야기를 나누면 해소할 수 있다. 이때 가장 큰 과제는 '존중'이다. 그런 행동을 너무 오래 참으면 당신은 자신에게 점점 더 강력한 악당 스토리를 말할 테고, 그러면 몸짓으로라도 총을 발사하는 시늉을 할 정도로 감정이 고조될 수 있다.

해법

스토리의 나머지 부분을 말하라. 대화를 나누기 전까지 오랫동안 그 행동을 참아왔다면 전부 털어놓아라. 그래야 상대를 이성적이고 합리적이며 괜찮은 사람으로 대하는 데 도움을 받을 수 있다. 상대의 일부 행동이 이 묘사에 맞지 않더라도 말이다.

상대에게 어느 정도 존중심을 느낀다면 대화를 시작할 준비를 한 셈이다. 대화의 공동 목적을 정한 뒤 당신의 입장을 말하라. 예를 들면 이렇게 말할 수 있다.

공동 목적 마련하기

"우리가 함께 일하는 데 방해가 되는 문제를 이야기하고 싶어요. 말을 꺼내기 곤란한 문제이긴 하지만, 이야기를 나누면 우리가 서로 더 좋은 동료가 될 것 같아요. 괜찮을까요?"

내 입장 말하기

"내가 당신 사무실에 들어가면 당신은 간혹 나를 아래위로 훑어봐요. 옆에 앉아 컴퓨터를 볼 땐 가끔 내 의자 뒤쪽으로 팔을 감죠. 그런 행동을 한다는 걸 아는지 몰라서 이 이야기를 꺼내기로 했어요. 전 그런 행동이 불편하거든요. 어떻게 생각하세요?"

이렇게 상대를 존중하면서도 단호한 태도로 직접 말하면 문제 행동은 대부분 중단된다. 상대의 행동이 도를 넘고 의도적인 성추행이다 싶으면 위험하게 사적으로 대화를 시도하기보다 인사팀에 연락해야 한다. 또한 이런 대화를 한 뒤에도 문제 행동을 계속한다면 당신의 권리와 안전을 보호하기 위해 인사팀에 도움을 청하라.

배우자가 지나치게 예민할 때

"맞습니다. 하지만 배우자가 너무 예민한 경우엔 어떻게 해야 하나요? 배우자에게 건설적인 피드백을 주려고 해도 너무 강하게 반발하는 바람에 결국 입을 다물게 됩니다."

위험지점
부부는 대개 결혼 첫해쯤 앞으로 어떻게 소통할지 암묵적 합의에 이른다. 가령 한 사람이 너무 민감해서 피드백을 받아들이지 못하거나 다른 쪽이 피드백을 잘 주지 않는다고 치자. 어떤 경우든 서로에게 아무 말도 하지 않기로 사실상 합의한 셈이다. 두 사람은 입을 다문 채 살아가고 엄청나게 큰 문제가 생겨야 상의한다.

해법

이 경우 대개는 내 입장을 말하는 법을 모르는 것이 문제다. 무언가가 거슬리면 일찍 포착하라. 대조 기법을 사용하는 것도 좋다. "내가 문제를 과장하려는 건 아니야. 다만 나는 손쓸 수 없는 지경이 되기 전에 이 문제를 다루고 싶을 뿐이야." 그다음 당신이 아는 사실을 공유하라. 당신이 관찰한 구체적인 행동을 묘사하면 된다. "지미가 방을 어지른 채 놔두면 당신은 아이의 주의를 끌려고 빈정거리잖아. 아이를 '돼지'라고 부르고는 농담이었다는 듯 웃지." 이어 결론을 잠정적으로 설명하라. "그런다고 당신이 원하는 결과를 얻을 것 같진 않아. 지미는 당신 뜻을 이해하지 못해. 난 지미가 당신을 원망할까 봐 걱정돼(당신의 스토리)." 이제 배우자가 당신의 스토리를 어떻게 생각하는지 의견을 물어보라. "당신 생각은 어때?"

마지막으로 안전이 위협받고 있다는 신호가 나타나는지 살피고 안전지대를 만들어라. 당신이 상황을 잘 이야기했는데 상대가 방어적일지라도 말이 통하지 않는다는 결론을 내리지 마라. 당신의 접근방식을 더 열심히 생각하라. 대화 내용에서 벗어나 뭐든 상대를 안심시키는 데 필요한 조치를 취한 뒤 당신의 생각을 솔직하게 이야기하려고 다시 시도하라.

부부가 서로에게 유익한 피드백을 주는 걸 그만두면 평생 친구와 코치의 도움을 잃는 꼴이다. 이러한 부부는 보다 효과적으로 소통하도록 서로를 도울 기회를 수백 번이나 놓친다.

무너진 신뢰를 회복하고 싶을 때

"맞습니다. 하지만 제가 누군가를 믿지 못하면 어떻게 해야 할까요? 그 사람이 중요한 마감일을 어겼거든요. 이제 제가 어떻게 그 사람을 다시 믿을 수 있을까요?"

위험지점

사람들은 종종 신뢰를 당신이 가진 것 혹은 갖지 않은 것이라고 가정한다. 당신이 누군가를 믿거나 믿지 않는다고 생각하는 것이다. 이런 생각은 신뢰에 너무 큰 부담을 준다. "밤 12시 전에는 집에 들어와야 한다는 게 무슨 뜻이에요? 저를 못 믿으세요?" 당신의 10대 아들이 묻는다.

두루 공평하게 신뢰할 필요는 없다. 사실 신뢰의 정도는 매우 다양하고 어떤 문제냐에 많이 좌우된다. 또 동기와 능력이라는 두 요소의 영향도 받는다. 예를 들어 내가 의욕에 차 있어서 당신은 내가 필요하면 CPR을 할 것이라고 믿지만, 내가 CPR에 관해 아는 게 없으니 당신은 내가 잘할 것이라고 믿지는 않는다.

해법

신뢰는 사람이 아닌 사건을 중심으로 다뤄야 한다.

다른 사람에 관한 신뢰 회복을 말하자면, 기대치를 너무 높게 잡지 마라. 모든 순간이 아니라 그 순간에 그 사람을 믿으려고 노력하라. 만사에 그 사람을 믿을 필요는 없다. 그 순간에 안전지대를 만들기 위해 당신의 걱정거리를 솔직하게 말하고 당신이 본 것을 잠정적으로 이야기하라. "네가 계획의 좋은 면만 말하고 있는 것 같아. 잠재적 위험을 얘기해줘야 마음이 놓이겠어. 괜찮지?" 상대가 수를 쓸 땐 그것을 물어보라. 또한 당신의 불신을 다른 사람을 벌주는 몽둥이로 사용하지 마라.

누군가가 한 분야에서 당신의 신뢰를 잃었다고 해서 그 불신을 바탕으로 그 사람의 성격을 통틀어서 인식해선 안 된다. 상대를 믿을 수 없는 사람이라고 과장하는 악당 스토리를 말하면 당신은 상대가 당신의 신뢰를 받지 못할 만하다고 자신을 정당화하도록 돕는 행동을 하게 된다. 그리하여 문제를 키우는 악순환을 시작하고 원하지 않는 결과만 더 얻고 만다.

진취성이 부족한 사람을 대할 때

"맞습니다. 하지만 상대가 뭔가를 해서가 아니라 하지 않아서 문제라면 어떻게 해야 할까요? 일부 팀원은 요청받은 일만 할 뿐 그 이상은 하지 않아요. 문제에 부딪히면 해결하려고 한번 시도는 해봐요. 하지만 성과가 없으면 그만두고 말죠."

위험지점

사람들은 대부분 좋은 행동을 하지 않는 것보다 나쁜 행동을 하는 것을 훨씬 더 많이 이야기한다. 누군가가 정말로 일을 망쳐버리면 리더든 부모든 나서서 조치를 취해야 한다. 그런데 사람들이 단지 일을 뛰어나게 하지 않을 경우에는 뭐라고 말해야 할지 난감하다.

해법

더 높은 새로운 기대치를 설정하라. 구체적인 사례가 아니라 전반적인 패턴을 다뤄라. 누군가가 더 진취적인 모습을 보여주길 바란다면 그 사람에게 직접 말하라. 그 사람이 장애물에 부딪혔을 때 한번 시도해보고 손을 뗀 구체적인 예를 들려주어라. 기대치를 높인 뒤 분명하게 알려주어라. 그 사람이 좀 더 끈기 있고 창의적으로 해법을 찾기 위해 할 수 있었던 일을 함께 떠올려보라.

예를 들면 "자네한테 내가 여행에서 돌아오기 전까지 꼭 끝내야 하는 작업을 잘 마무리하라고 부탁했잖아. 근데 자네는 문제에 부딪히자 내게 연락하려고 시도한 뒤 그냥 네 살짜리 내 아이에게 메시지를 남겼어. 여행 중인 나와 연락하기 위해 할 수 있었던 일은 뭘까?"라거나 "백업 전략을 세우기 위해 뭐가 필요했을까?"라고 물어보라.

누군가의 진취성 부족을 당신이 어떻게 보완하고 있는지 살펴보라. 당신이 사후 점검의 책임을 맡았는가? 그렇다면 그 사람에게 책임을 지라고 이야기하라. 과제를 확실하게 완료할 수 있도록 같은 과제를 여러 사람에게 맡겼는가? 그러면 분명 더 많은 자원이 필요한 작업에만 다른 사람을 투입하도록 처음 그 과제를 할당받은 사람에게 진행 상황을 일찍 보고하라고 말하라.

다른 사람이 적극적으로 일할 것 같지 않다는 예상을 행동으로 티만 내지 말고 당신의 기대치를 솔직하게 이야기하라. 그리고 팀원들에게 책임을 맡기는 한편 당신이 소외되지 않도록 일찍 정보를 공유받기로 합의하라.

까다롭고 개인적인 주제를 이야기할 때

"맞습니다. 하지만 위생 문제처럼 지극히 개인적인 것은 어떻게 하죠? 혹은 누군가가 너무 따분한 사람이라 남들이 그 사람을 피한다면요? 이런 개인적이고 민감한 문제를 어떻게 얘기할 수 있을까요?"

위험지점

사람들은 대부분 민감한 문제를 마치 전염병처럼 여기고 피한다. 누가 그들을 탓할 수 있겠는가? 유감스럽게도 두려움과 잘못 적용한 동정심이 정직과 용기를 이기면 사람들은 유용한 정보를 받지 못한 채 수년을 보낼 수 있다.

사람들은 솔직하게 이야기할 때 가끔 침묵에서 공격으로 급발진한다. 농담조로 이야기하거나 별명을 붙이거나 그 외에 모호한 피드백으로 슬쩍 알려주려는 은근한 시도는 간접적이고 무례하다. 또한 아무 말도 하지 않는 시간이 길어질수록 마침내 그 이야기를 했을 때 상대가 받는 고통은 더 커진다.

해법

대조 기법을 사용하라. 상대의 감정을 해치고 싶지 않으며 도움을 줄 수 있는 사실을 알려주고 싶다고 설명하라. 공동 목적을 만들어라. 상대가 당신이 좋은 의도로 그 말을 한다는 것을 알게 하라. 그리고 개인적인 성향 문제라 이야기를 꺼내기가 망설여지지만, 그 문제가 상대에게 좋지 않은 영향을 미치는 까닭에 대해 말해야 한다고 설명하라. 문제를 잠정적으로 묘사하라. 지나치게 강조하거나 과장하지 마라. 구체적인 행동을 묘사한 뒤 해법으로 옮겨가라.

이런 이야기를 나누기가 결코 쉽진 않지만, 공격적이거나 모욕적이어서는 안 된다.

더 많은 상황에 대한 조언

결정적 순간의 대화는 주의 깊게 계획을 세운 뒤 정확하고 우아하게 시작하는 것이 중요하다. 예상 가능한 몇몇 두려운 대화만 그런 게 아니다. 당신은 대개 아무 경고 없이 결정적 순간의 대화와 맞닥뜨리며, 언제든 거의 누구와도 그런 대화를 나눌 수 있다. 대화 기술을 계속 연습하다 보면 더 빈틈없이 준비하고 까다로운 상황도 더 능숙하게 헤쳐 나갈 수 있을 것이다. 그렇지만 우리는 이쯤에서 당신을 놔두고 떠날 생각이 없다.

그 반대로 우리는 방대한 "맞습니다. 하지만" 시나리오, 즉 사람들이 대화 기술을 사용하기 어렵다고 느끼는 상황을 수집했다.

- 미묘한 차별이나 인종차별을 어떻게 수면 위로 올릴 것인가?
- 근거 없는 비난에 어떻게 대응할 것인가?
- 가혹하고 심지어 잔혹하게 느껴질 사실을 어떻게 전달할 것인가?
- 거짓말쟁이를 어떻게 상대할 것인가?
- 권력을 가진 사람에게 사실을 어떻게 이야기할 것인가?
- 존중하지 않는 사람에게 어떻게 이야기할 것인가?
- 내 도덕관념과 가치를 어떻게 옹호할 것인가?

수년 동안 우리는 주간 뉴스레터와 블로그 '결정적 기술Crucial

Skills'에 이런 결정적 순간의 대화를 하기 위한 요령, 조언, 대본을 제공해왔다. 매주 독자들의 현실적 질문에 우리가 답한 글을 읽어보길 바라며, 당연히 당신의 질문도 환영한다. 또한 당신은 가장 필요할 때 딱 맞는 조언을 얻기 위해 1,000건이 넘는 대답을 모은 데이터베이스도 검색할 수 있다.

위의 상황과 그 외의 여러 결정적 순간의 대화와 관련해 더 많은 조언이 궁금하다면 다음 사이트를 방문하기 바란다.

cruciallearning.com/blog

13 │ 대화 원칙 총정리

대화 준비와 학습을 위한 도구

> 나는 어떤 논쟁에서도 이길 수 있다.
> 사람들은 이 사실을 잘 알기에 파티에서 나를 피한다.
> 그들은 종종 나를 존중한다는 표시로 나를 초대하지 않는다.
>
> _데이브 배리

이 책을 앉은 자리에서 단숨에 읽어치웠다면 아마 흑멧돼지를 통째로 삼킨 아나콘다가 된 느낌일 것이다. 소화할 게 너무 많다.

이 시점에 당신은 특히 결정적 순간의 대화처럼 예측할 수 없고 빠르게 진행되는 대화에 이 모든 개념을 제대로 적용할 수 있을지 의문이 들지도 모른다.

이번 장에서는 지금까지 소개한 대화 도구와 기술을 기억하고 사용하기 편리하게 만드는 어려운 작업을 돕겠다. 먼저 이 기술을 사용해 인생을 바꾼 사람들에게 들은 이야기를 공유한 뒤, 대화 원칙 9가지를 시각적으로 정리한 모델을 제시하겠다. 마지막으로 모든 대화 원칙을 적용할 수 있는 결정적 순간의 대화 사례를 소개한다.

2가지 핵심 원칙

수년 동안 우리는 다양한 독자에게 어떻게 이 개념을 새로운 습관으로 만들었는지에 관해 많은 이야기를 들었다. 어떤 사람은 현재 진행 중인 결정적 순간의 대화에 도움을 줄 것 같은 한 가지 기술을 선택해 진전을 보았다. 그냥 한 가지 새로운 도구를 사용해 행동을 취하는 것도 좋은 출발점이다. 그렇게 해서 좋은 결과가 나오면 습관화할 때까지 이 도구를 계속 사용할 가능성이 크다.

어떤 사람은 기술보다 원칙에 더 초점을 맞췄다. 예를 들면 다음 두 핵심 원칙을 염두에 두고 대화에 접근하는 능력을 키우는 것으로 시작했다.

과정을 살펴보라. 긍정적 변화의 첫 번째 원칙은 과정을 살피는 것이다. 즉, 대화 기술을 개선한 사람들은 자신이 제대로 대화하고 있는지 아닌지 계속 자문한다. 이것만으로도 큰 차이를 불러온다. STATE, AMPP, CURE 등의 기술을 기억하지 못하거나 아예 배운 적 없는 사람도 자신 혹은 상대가 침묵에 빠지거나 공격하고 있는지 자문해보면 도움을 받을 수 있다. 눈앞의 특정 문제를 어떻게 해결할지는 잘 모를지라도 대화를 나누지 않으면 좋을리 없다는 건 알 수 있고, 그래서 대화로 돌아가기 위한 시도를 할 것이다. 밝혀진 바로는 무언가를 시도하는 것이 아무것도 하지 않는 것보다 낫다.

그러니 "우리가 지금 얼렁뚱땅 넘어가려 하는가, 아니면 대화를 나누고 있는가?"라는 중요한 질문을 던져야 한다는 것을 꼭 기억하자. 이 질문은 훌륭한 출발점이다.

많은 사람이 과정을 살필 때 친구들로부터 추가로 도움을 받는다. 가족이나 팀 단위로 책을 읽으며 공부하거나 교육받는 사람도 있다. 이들은 개념과 아이디어를 공유하면서 공동 어휘를 배운다. 이처럼 사람들이 결정적 순간의 대화에 관해 함께 이야기를 나누면 변화하는 데 도움을 받는다.

아마 일상 대화에서 대화 자체를 두고 가장 흔히 나오는 말은 "우리 대화가 이상한 방향으로 흘러가는 것 같아"일 것이다. 이렇게 상기시키는 간단한 한마디는 피해가 심각해지기 전에 일찍 알아차리도록 도와준다. 우리가 임원진, 업무팀, 부부들을 관찰해보니 침묵이나 공격으로 향하기 시작했다는 사실만 알려주어도 상대는 대개 "그러네. 내가 해야 할 말을 하지 않고 있었어"라거나 "미안해. 내가 내 생각을 너한테 강요하려 하고 있었네"라며 문제를 인식하고 바로잡는 행동을 취했다.

안전지대를 만들어라. 두 번째 원칙은 안전지대를 만들라는 것이다. 우리는 대화란 자유로운 의미 흐름으로 이뤄지며 그 흐름을 가로막는 가장 큰 장애물이 불안이라고 이야기했다. 당신과 상대가 대화에서 벗어났다는 것을 알아차렸다면 불안을 덜어줄 무언가를 하라. 뭐든 하라. 우리가 몇 가지 기술을 제안했지만 그것은 일반적인 방법 몇 가지만 소개한 것뿐이며 전부가 아니다. 불안을 덜어주기 위해 할 수 있는 일은 당연히 많다. 당신의 과제가 불안을 없애는 것임을 인식하기만 해도 열에 아홉은 도움을 주는 일을 본능적으로 할 것이다.

때로는 질문을 던지고 상대의 의견에 관심을 보여 상대를 안심시키고 또 때로는 적절한 스킨십(사랑하는 사람과 가족에게 해당한다. 스킨십을 희롱과 동일시할 수 있는 직장에서는 부적절하다)으로 안전함을 알릴 수도 있다. 상황이 위태로워질 때 사과하거나 미소를 짓거나 짧은 '휴식 시간'을 갖자고 요청하는 것도 안전감을 되찾는 데 도움을 준다. 요지는 안전지대를 만드는 데 있다. 당신이 상대의 관심사에 신경 쓰고 그것을 존중한다는 증거를 보여주는 무언가를 하라. 그리고 대조 기법부터 이끌어내기까지 우리가 이 책에서 다룬 거의 모든 기술이 안전지대를 구축하기 위한 도구를 제공한다는 것을 기억하라.

이 두 원칙은 대화를 인식하고, 발전시키고, 유지하기 위한 토대다. 대화의 개념에서 이 두 원칙은 사람들이 대부분 쉽게 받아들여 결정적 순간의 대화에 적용할 수 있다. 이제 우리가 다룬 나머지 원칙을 이야기해보자.

결정적 순간의 대화를 준비하는 법

이 개념들을 행동으로 옮기는 데 도움을 주는 마지막 도구를 소개하겠다. 이 도구는 결정적 순간의 대화로 자신이나 다른 사람을 코칭하는 효과적인 방법이다. 또한 당신이 정확히 어느 부분에서 막혀 있는지, 거기서 빠져나오려면 구체적으로 어떤 기술을 사용하는 것이 유용한지 확인하는 데 실질적인 도움을 준다.

'결정적 순간의 대화를 위한 코칭'을 정리한 표를 살펴보자. 1열에는 우리가 공유한 대화 원칙 9개가 있고, 2열에는 각 원칙과 관련된 기술을 요약한 내용이 있다. 마지막 열에는 당신이나 다른 사람을 코칭하기 위한 최상의 출발점으로, 대화에 특정 기술을 적용하는 데 도움을 줄 질문이 나온다.

원칙	기술	결정적 질문
1. 초점을 맞출 주제를 선택하라 ➡ 3장	• 구분하기 • 선택하기 • 단순화하기	• 내가 정말 원하는 것을 위해 다뤄야 할 적절한 주제는 무엇인가?
	• CPR 파악하기	• 이 문제는 내용, 패턴/과정, 관계 중 어디에 해당하는가?
2. 진심을 가지고 시작하라 ➡ 4장	• 당신이 정말로 원하는 것에 초점을 맞추기	• 지금 내가 하는 행동이 내가 원하는 것을 반영하는가? • (나, 다른 사람, 관계를 위해) 내가 정말로 원하는 것이 뭘까? • 내가 정말로 원하는 것을 위해 지금 나는 뭘 해야 하는가?

3. **내 스토리를** **돌아보라** **➡ 5장**	• 행동 경로를 되짚어보기	• 나는 지금 어떻게 행동하고 있는가? • 나는 어떤 감정을 느끼고 있는가? • 어떤 스토리가 이런 감정을 만들어 내는가?
	• 스토리와 사실을 분리하기	• 내가 보거나 들은 것(사실) 중 무엇이 내 스토리를 뒷받침하는가? • 내 스토리와 어긋나는 다른 사실이 있는가?
	• 3가지 교묘한 스토리를 조심하기	• 내가 희생자, 악당, 무기력자 스토리를 말하고 있는가?
	• 스토리의 나머지 부분을 말하기	• 이 문제에서 내가 모르는 척하고 있는 내 책임은 무엇인가? • 합리적이고 이성적이며 괜찮은 사람이 왜 이런 행동을 할까? • 내가 정말로 원하는 것을 얻기 위해 지금 내가 해야 하는 일은 무엇일까?
4. **과정을** **살펴보라** **➡ 6장**	• 대화가 결정적으로 바뀔 때를 알아차리기 • 안전 문제에 신경 쓰기 • 스트레스 상황에서 당신의 스타일을 관찰하기	• 나는 침묵하려 하는가, 공격하려 하는가? • 다른 사람들은 침묵하려 하는가, 공격하려 하는가?
5. **안전지대를** **만들어라** **➡ 7장**	• 사과할 때는 사과하기 • 대조 기법을 사용해 오해를 바로잡기 • CRIB 기법으로 공동 목적 달성하기	• 왜 안전감이 위협받고 있는가? • 공동 목적과 상호 존중이 유지되고 있는가? • 안전감을 회복하기 위해 무엇을 할 것인가?

6. 내 입장을 말하라 ➡ 8장	• S: 사실을 공유하기 • T: 당신의 스토리를 들려주기 • A: 상대방의 입장을 물어보기 • T: 잠정적으로 말하기 • E: 다른 의견을 적극적으로 구하기	• 내가 정말로 다른 사람의 의견에 마 음이 열려 있는가? • 내가 진짜 문제를 이야기하고 있는가? • 내 생각을 자신 있게 표현하고 있는가?
7. 상대방의 입장을 알아보라 ➡ 9장	• A: 묻기 • M: 그대로 비춰주기 • P: 다른 말로 바꿔 표현하기 • P: 이끌어내기	• 내가 다른 사람들의 의견을 적극적 으로 알아보고 있는가?
	• A: 동의하기 • B: 추가하기 • C: 비교하기	• 내가 불필요한 반대를 자제하고 있 는가?
8. 당신의 펜을 되찾아라 ➡ 10장	• C: 마음 가다듬기 • U: 이해하기 • R: 회복하기 • E: 참여하기	• 내가 안심하기 위해 무엇을 해야 하 는가? • 내 가치를 확인하기 위해 무엇을 해 야 하는가?
9. 행동에 나서라 ➡ 11장	• 어떻게 결정을 내릴지 정하기	• 어떤 방식으로 결정을 내릴 것인가?
	• 결정과 사후 점검 계획을 기록해두기	• 누가 언제까지 무엇을 할 것인가? • 사후 점검을 어떻게 할 것인가?

이 모든 원칙이 어떻게 작용하는지 보자

마지막으로 결정적 순간의 대화를 한창 나누던 중에 이러한 원칙을 어떻게 적용하는지 보여주기 위해 포괄적인 사례를 하나 소개어 있다. 어머니의 세산을 나누는 문제를 놓고 당신과 여동생이 나누는 힘든 대화다. 이 사례는 어느 부분에 원칙을 적용하는지 보여주고 대화에 나오는 각 원칙을 간략하게 검토하기 위해 마련했다.

대화는 당신이 가족의 여름 별장 이야기를 꺼내면서 시작된다. 한 달 전에 어머니의 장례식을 치렀고 이제 재산과 유품을 나눌 시간이다. 당신은 이런 이야기를 나누는 게 달갑지 않다.

당신은 어머니가 돌아가시기 전 몇 년 동안 거의 혼자 어머니를 돌봤기 때문에 그 보상을 받아야 한다고 생각한다. 그래서 문제가 더 복잡해진다. 여동생은 그렇게 생각하지 않을 것 같다.

당신의 결정적 순간의 대화

당신　여름 별장을 팔아야겠어. 사용하지도 않고 또 지난 4년 동안 어머니를 돌보느라 내가 쓴 돈을 갚아야 해서 현금이 필요해.

여동생　제발 죄책감부터 심어주지 마. 엄마를 돌보는 데 보태라고 내가 매달 돈도 보냈잖아? 내가 일 때문에 출장을 자주 가지만 않았어도 내가 엄마를 모셨을 거야.

당신은 감정이 이미 격해지고 있다는 것을 알아차린다. 당신은 방어적으로 바뀌고 여동생은 화가 난 것 같다. 당신은 결정적 순간의 대화에 들어섰는데 출발이 좋지 않다.

초점을 맞출 주제를 선택하라

이것저것 다뤄야 할 주제가 당신의 머릿속을 어지럽힌다. "돈을 어떻게 갚을 것인가?" "남은 재산을 어떻게 나눌 것인가?" "어머니를 돌보는 문제를 두고 감정이 상했는가?" "당신과 여동생 사이에 불신이나 무시하는 마음이 있는가?" "어머니가 돌아가신 슬픔이 감정에 섞여 있는가?" 등등이다. 한 가지 주제를 이야기하기로 합의해야 대화를 진행할 수 있다.

모든 주제가 중요하기에 당신은 여동생에게 결정권을 주어 당신이 여동생의 감정에 신경 쓰고 있음을 보여주기로 한다.

> **당신**　(이끌어내기) 몇 가지 다른 일을 먼저 이야기해야 별장 문제를 상의할 수 있을 것 같아. 네가 마지막에 어머니를 돌보는 데 소홀해서 내가 널 원망한다고 생각하니? 네가 이야기를 나누고 싶은 게 그 문제야?

진심을 가지고 시작하라

대화를 잠시 멈추고 당신이 정말로 원하는 게 무엇인지 자문해보라. 이 질문은 여동생과 만나기 전에 하는 게 가장 좋다. 그러면 여동생이 감정적일 때 당신이 옆길로 새지 않도록 돕는 장기적인 시각을 얻을 수 있다.

궁극적으로 당신은 여동생을 대신해 추가로 쓴 시간과 돈을 정당하게 보상받길 원한다. 또 여동생과의 좋은 관계도 원한다. 당신은 여동생이 슬픔에 잠겨 있고 마지막 순간에 어머니를 돌보지 못했다는 죄책감까지 느낄 수 있다는 걸 알고 있다. 당신은 여동생이 그런 감정을 극복하도록 돕고 싶다. 동시에 어리석은 선택은 하고 싶지 않다. 그래서 이 주제로 접어들며 자신에게 묻는다. "어떻게 하면 내가 정당한 대우를 받으면서 여동생을 도울 수 있을까?"

내 스토리를 돌아보라

당신은 자신이 희생자 스토리와 악당 스토리를 말하고 있다는 것을 알아차린다. 당신은 어머니를 돌보는 일을 소홀히 한 여동생을 원망해왔다. 그렇지만 그런 감정을 여동생에게 이야기한 적은 없다. 당신은 여동생을 악당 취급했다. 여동생에게 더 도와달라고 요청하는 것보다 그 편이 쉽기 때문이다. 당신은 "이 문제에서 내가 모르는 척하고 있는 내 책임은 무엇인가?"를 자문해보고 '스토리의 나머지 부분을 말해야 한다.' 또한 당신이 필요한 것을 솔직하게 말한 적도 없으면서 당신에게 도움이 필요한지 헤아리지 못한 여동생을 탓하고 있다는 것도 분명히 알아야 한다.

당신은 자신에게 묻는다. "합리적이고 이성적이며 괜찮은 사람이 왜 그런 행동을 했을까?" 이 질문은 당신은 어머니와 엎어지면 코 닿을 거리에 살았던 반면, 여동생은 비행기로 2시간 거리에 사는 상황이 일이 이렇게 된 것과 연관이 깊다는 사실을 보도록 도와준다. 분명 여동생이 더 많은 일을 자청해서 할 수도 있었다. 단순히 여동생이 게으르고 무심해서라기보다 더 많은 요인이 작용했다.

이제 당신은 입을 열 감정적 준비를 했다.

과정을 살펴보라

대화를 내용과 과정 2가지 수준으로 나눠라. 여동생이 말하는 것(내용)에 주의를 기울이되 안전이 위협받고 있다는 신호(과정)가 나타나는지에도 주목하라.

여동생은 보상에 관한 당신의 제안에 대응하면서 공격 태세로 바뀌었다. 비난조로 말하고 목소리도 높아졌다. 과정을 살피던 당신은 그런 모습을 여동생이 불안해한다는 신호로 인식한다.

안전지대를 만들어라

대조 기법을 사용해 여동생이 당신의 목적을 이해하도록 도와라. 상대가 당신의 의도를 믿으면 까다로운 내용을 다룰 때 더 안심한다.

당신 나는 지금 우리 둘 다 여러 가지 일에 많은 감정이 있다는 걸 알아. 우리는 슬픔에 잠겨 있어. 그리고 해결해야 할 문제들도 있지. 우리에겐 남매로서 함께 쌓아온 시간이 있어. 나는 우리가 안고 있는 현실적인 문제를 둘 다를 위해 공평하게 애끼히고 싶어. 돈과 과련뒤 이러한 문제들이 네가 엄마를 얼마나 사랑하는지와 관련이 있다고 말하는 게 아니야. 아무튼 내가 널 사랑하고 네가 슬플 때 내가 곁에 있다는 걸 네가 알아줬으면 좋겠어. 나도 네가 필요해. 비용 문제를 이야기하기 전에 내가 널 돕기 위해 할 수 있는 일이 있을까?

여동생 마지막에 내가 엄마를 더 자주 찾아뵀더라면 얼마나 좋았을까. 엄마를 실망시킨 게 괴로워. 오빠도 실망시키고. 그런데 난 오빠가 그걸 날 공격하는 데 사용하는 것 같은 기분이 들어.

당신의 펜을 되찾아라

당신이 의도적으로 죄책감을 심어주려 한다는 여동생의 주장은 듣고 있기 힘들다. 처음에는 수세에 몰린 기분에 공격하고 싶은 마음이 든다. 그때 숨을 들이마신 뒤 여동생의 그런 의견이 당신을 규정하진 않는다는 것을 자신에게 상기시킨다. 당신은 여동생이 느끼는 감정은 여동생의 감정일 뿐임을 자신에게 일깨우며 여동생의 행동 경로를 이해하기 위해 호기심을 발동한다. 왜 여동생은 그렇게 느꼈을까?

상대방의 입장을 알아보라

당신은 이렇게 물으며 이끌어내기를 한다. "마지막에 상황이 그렇게 된 걸 내가 원망한다고 느낄 만한 일이 있었던 것 같은데, 정말 그래? 내가 어떻게 했기에 그렇게 보였을까?"

여동생이 생각을 털어놓는 동안 당신은 자신이 걱정거리를 '솔직하게 털어놓지' 않고 '행동으로 티를 냈다'는 것을 깨닫는다. 당신은 간혹 분개했다는 것과 당신은 어머니를 쉽게 도울 수 있었지만 여동생은 그러기 힘들었다는 점을 감안하면 그 감정 중 일부는 불공정하다는 것을 인정한다. 그 문제를 해결한 당신은 다음 주제로 옮겨간다.

내 입장을 말하라

당신은 여전히 보상 문제를 해결하길 원한다.

당신   이제 비용에 관해 이야기해도 될까?

당신이 아는 사실과 내린 결론을 공유하되 여동생이 안심하고 자신의 스토리를 들려줄 수 있도록 이야기해야 한다.

당신   난 엄마를 돌보는 데 돈을 많이 썼고 또 간병인을 부르지 않고 보살피느라 고생을 많이 했어. 너도 엄마에게 신경 쓴 건 알아. 그렇지만 솔직히 내가 너보다 일상적인 뒤치다꺼리를 더 많이 한 것 같아서 엄마 유산의 일부를 내가 쓴 돈을 얼마간 갚는 데 사용하는 게 공평해

보여. 네 생각은 어떠니? 신심으로 내 생각을 듣고 싶어

여동생 알겠어, 그럼 나한테 청구서를 보내지 그랬어?

여동생은 당신의 제안이 만족스럽지 않은 것 같다. 당신은 여동생의 목소리에 긴장감이 묻어 있고 어조에도 진심으로 동의하는 게 아니라 마지못해 받아들인다는 것이 드러나고 있음을 알아차린다.

다시, 상대방의 입장을 알아보라

여동생과 좋은 관계를 유지하는 것이 당신의 목표 중 하나이므로 여동생이 자신의 생각을 공유하는 것이 중요하다. 여동생의 생각을 적극 알아보기 위해 질문 기술을 사용하라.

당신 (그대로 비춰주기) 네 말투를 보니 내 제안이 맘에 들지 않는 것 같아.

(묻기) 내가 미처 생각하지 못한 부분이 있니?

여동생 아니야, 오빠가 나보다 더 권리가 있다고 느낀다면 그렇겠지 뭐.

당신 (이끌어내기) 내가 부당하다고 생각해? 내가 네가 도움을 준 부분을 인정하지 않는다는 거야?

여동생 내가 지난 2년 동안 엄마 곁에 많이 있지 못했다는 건 알아. 일 때문에 출장을 자주 가야 했어. 그래도 할 수 있

을 때마다 엄마를 보러 왔고 엄마 치료비에 보태라고 매
달 돈도 보냈어. 더구나 오빠가 필요하다고 생각하면 간
병인 쓰는 비용도 돕겠다고 제안했잖아. 난 오빠가 불공
평할 정도로 많은 책임을 진다고 느끼는 줄 몰랐어. 그
래서 오빠가 재산을 더 많이 가져가겠다는 게 뜬금없어
보여.

당신 (다른 말로 바꿔 표현하기) 그러니까 너도 도우려고 최선을
다했는데 내가 보상받아야 한다고 생각해서 놀랐구나.

여동생 어, 그래.

이제 당신은 여동생의 스토리를 알았지만 한 가지 점에 동의할
수가 없다. 이럴 때는 ABC 기술을 사용해 당신의 생각이 어떻게
다른지 설명하라. 당신은 어떤 부분에는 여동생의 시각에 동의한
다. 그래서 당신이 동의하는 부분은 강조하고 동의하지 않는 부
분은 알리기 위해 추가하기 기법을 사용한다.

당신 네 말이 맞아. 넌 돕기 위해 많이 노력했고 너처럼 자주
오려면 돈이 많이 들었을 거라는 것도 알겠어. 내가 전
문 가정 간병인을 두지 않은 이유는 엄마가 내가 돌보는
걸 더 편하게 여기셨고 나도 기꺼이 돌봤기 때문이야.
난 내가 하는 일을 너한테 얘기한 적 없고 그 일로 재산
분할에서 다른 대우를 받을 수 있을 거라고 기대한 적도

없어. 내 덫이야.

가정 간병인 비용이 들지 않게 도운 부분을 경제적으로
인정해달라는 요구가 내 입장에서 합당하다는 생각에
는 변함이 없어. 그렇지만 그런 결정을 내리기 전에 네
가 의견을 낼 기회를 주지 않았어. 여기에다 너는 몰랐
겠지만 사실은 부수적인 비용도 좀 들었어. 엄마가 마지
막 18개월 동안 복용한 신약이 예전 약보다 2배 비싸고
보험은 입원비 일부만 보장했거든. 비용이 늘어났지.

여동생 그럼 오빠가 걱정한 게 그 비용이야? 그 비용을 어떻게
부담할지 결정하기 위해 내역을 살펴볼 수 있을까?

행동에 나서라

당신은 그 비용을 갚을 명확한 계획을 세우고 두 사람 다 그 계
획에 동의하길 원한다. 어떻게 할 것인지 합의한 뒤 누가 언제까
지 무엇을 할지 기록하고 사후 점검 방법도 정하라.

당신 나는 우리가 내기로 동의한 금액을 초과한 비용을 전부
기록해두었어. 내일 함께 그 비용을 살펴보고 나한테 얼
마나 지원해줘야 공정할지 이야기할까?

여동생 좋아. 재산에 관해 이야기하고 어떻게 나눌지 계획서를
작성해보자.

대화로 이끌기

당신과 여동생은 아직 헤쳐 나갈 일이 많다. 그래도 당신의 모든 의미를 공유하고 여동생에게도 의미를 공유하도록 독려하면 대화로 이끌 수 있다. 의미가 자유롭게 흐르면 앞으로의 논의는 이런 대화를 시도해 잘 해내지 못했을 경우보다 더 유익하고 덜 힘들 것이다.

내 결정적 순간의 대화: 애프턴 P.

어느 여름 내 남편은 스위스 제네바에 있는 UN에서 인턴으로 일할 좋은 기회를 얻었다. 그곳에 있는 동안 나는 여성들을 위한 한 비정부기구의 제네바 대표와 친분을 쌓았다. 그녀는 다가오는 인권 증진과 보호에 관한 소위원회를 준비하고 있었다.

그 위원회가 하는 일의 중요성을 알던 나는 아동 인권 침해를 막기 위해 UN의 지원을 구하는 활동에 참여했다. 초점은 아동 유괴와 안전, 특히 종교적 표현 억압, 소년병, 여자아이들이 성 노예로 팔려 가는 문제에 맞췄다. 이런 끔찍한 일은 대체로 일부 국가 관료들에게 외면당하고 있었다.

위원회 측이 우리가 소위원회에 제출할 보고서 작성 계획을 세우면서 나는 어떤 것은 공유하고 어떤 것은 공유하지 않는 점이 걱정스러웠다. 우리 비정부기구의 위원장이 불만

을 표시한 특정 국가 이름을 언급하지 말라고 강력히 귀했기 때문이다. 정치에 물들지 않은 스물두 살짜리 학생이던 나는 "왜 안 되나요?"라고 물었다. 위원회는 아동 학대를 '모르는 척하는' 특정 국가 관료들에게 불쾌감을 주어 관계를 해치지 않도록 극도로 조심해야 한다고 말했다.

나는 고민에 빠졌다. 실질적인 변화를 촉진하길 원했기 때문이다. 만약 일반적인 얘기만 하면 우리 보고서가 별로 영향력이 없을 것 같았다. 나는 그 포럼에서 우리가 절호의 기회를 놓치는 건 아닌지 걱정스러웠다. 나는 곧《결정적 순간의 대화》를 떠올렸고 그 책을 챙기지 않은 것을 후회했다. 스위스에서 여름을 보내며 그 책이 필요할지 누가 알았겠는가? 다행히 기본 내용은 기억이 났고 나는 그 원칙에 따라 솔직하면서도 예의 있게 민감한 정보를 제시하는 것이 가능하다는 내 믿음을 피력했다.

놀랍게도 위원회는 내게 보고서를 다시 작성해달라고 요청했다. 나는 감격했지만 문화가 서로 다른 다양한 국가에서 온 사람들을 신중하게 대하지 않으면 자칫 피해를 끼칠 수 있다는 위험성이 두렵기도 했다. 나는 깨어 있는 시간의 대부분을 이 일에 매달리고 몇 날 밤을 새우면서 사실을 명시했다. 또한 고통받는 아동의 인권 보호라는 공동 목적에 초점을 맞춰 문제를 솔직하면서도 정중하게 묘사하기 위해 애썼다. 위원회는 내 보고서가 솔직한 동시에 민감한 내용을 적절히 드러내고 있다는 데 동의했다.

놀라운 일은 계속 이어졌다. 발표 열흘 전 위원회가 나에게 소위원회에서 발표를 맡아달라고 요청한 것이다! 몹시 놀랐지만 영광스러웠다. 또다시 걱정이 극에 달했으나 나는 곧바로 수락했고 뜬눈으로 며칠 밤을 새우며 발표를 준비했다.

내 차례가 왔을 때 짜릿한 기분과 약간의 불안이 느껴졌다. 발표를 마치고 나니 많은 청중이 감동한 듯 보였고 심지어 몇 명은 눈가에 눈물이 맺혀 있었다. 어떤 사람들은 내용 공유와 문서 작성을 목적으로 서둘러 내 보고서의 복사본을 요청했다. 내게 다가온 사람 중 일부는 감정에 북받쳐 있었고, 많은 사람이 민감한 사안을 언급해준 것에 대해 내게 감사를 표했다.

이 경험으로 많은 것을 배웠다. 특히 적절한 기술을 이용하면 솔직하면서도 정중할 수 있다는 걸 아는 게 중요하다는 커다란 교훈을 얻었다. 결정적 순간의 대화 기술은 두려운 경험을 내 신념을 더 확고히 굳히는 잊지 못할 기회로 바꿔주었다.

결론: 소통이 아니라 성과에 관한 책

우리가 처음 출발한 지점에서 이야기를 마무리해보자. 우리는 이책 초반부에서 우리가 다소 의도치 않게 소통이라는 주제를 다루게 되었다고 말한 바 있다. 우리의 최대 관심사는 소통에 관한 책을 쓰는 게 아니었다. 그보다는 결정적 순간, 그러니까 사람들의 행동이 조직, 관계, 삶에 상대적으로 큰 영향을 미치는 순간을 확인하고 싶었다.

그런데 연구를 하다 보니 자꾸만 사람들이 정서적·정치적으로 위험한 대화에 다가가야 하는 순간에 초점이 맞춰졌다. 우리가 그 순간을 '결정적 순간의 대화'라고 부르게 된 것은 그 때문이다. 우리 자신과 우리가 정말로 원하는 것 사이에 있는 장벽이 '지체 시간'이라는 것을 거듭 확인했다.

문제는 우리에게 문제가 있다는 게 아니다. 진짜 문제는 우리가 문제가 있다는 걸 알아차린 시점부터 그 문제에 효과적으로 맞서 논의하고 해결할 방법을 찾을 때까지 걸리는 지체 시간이다. 지체 시간을 줄이면 모든 것이 더 나아진다.

우리가 이 책을 쓴 유일한 동기는 독자들이 가장 신경 쓰는 '성과 향상'을 돕는 것이었다. 그리고 우리의 가장 큰 희망은 독자들이 실제로 성과 향상을 이루는 것이다. 행동을 취하라. 당신이 지금 개선할 수 있는 결정적 순간의 대화를 확인하라. 마지막 장에 나온 도구를 이용해 이전보다 더 효과적으로 대화에 접근하도록 도울 원칙이나 기술을 확인하고 시도해보라.

우리의 연구가 분명히 보여주는 것 중 하나는 완벽이 발전을 이루는 건 아니라는 점이다. 더듬더듬 나아간다고 걱정할 필요는 없다. 장담하건대 이 개념들을 실천하려고 꾸준히 노력하면 관계와 성과를 극적으로 끌어올릴 수 있다.

그 순간은 정말로 결정적이며 사소한 변화도 엄청난 발전으로 이어질 것이다.

결정적 순간의 대화

두 사람 이상이 의견에 차이가 있고, 중요한 이해관계가 걸린 문제를 다루고 있으며, 감정이 격해질 때 일어나는 대화.

의미 공유 대화

둘 이상의 사람 사이에서 의미가 자유롭게 흐르는 대화. 의미 공유가 활발해지면 대화 당사자들이 '안전감'을 느끼고, 어떤 주제든 더 효과적으로 듣고 말할 수 있게 된다.

지체 시간

문제가 있다는 걸 알아차린 시점부터 그 문제에 효과적으로 맞서 논의하고 해결할 방법을 찾을 때까지 걸리는 시간. 지체 시간이 줄어들수록 성과와 관계가 극대화된다.

행동 경로 모델

경험, 생각, 감정이 어떻게 행동으로 이어지는지 시간순으로 정리한 모델.

스토리

행동 경로 모델에 따르면, 사람들은 타인의 행동을 관찰하고 그 행동이 나온 동기를 추측한다. 더 나아가 그 행동이 좋은지 나쁜지 평가한다. 이런 추측과 평가를 '스토리'라고 부른다.

1장. 결정적 순간의 대화란 무엇인가

1. Clifford Notarius and Howard Markman, *We Can Work It Out: Making Sense of Marital Conflict* (New York: G.P. Putnam's Sons, 1993), 20–22, 37–38.
2. Dean Ornish, *Love and Survival: The Healing Power of Intimacy* (New York: HarperCollins Publishers, 1998), 63.
3. Ornish, *Love and Survival: The Healing Power of Intimacy*, 54–56.

2장. 결정적 순간의 대화 마스터하기

1. Rodwin, B. A., Bilan, V. P., Merchant, N. B., Steffens, C. G., Grimshaw A. A., Bastian, L. A., and Gunderson, C. G., "Rate of Preventable Mortality in Hospitalized Patients: A Systematic Review and Meta-analysis," *J Gen Intern Med.* 2020 July, 35(7): 2099–2106. Epub 2020 Jan 21. https://pubmed.ncbi.nlm.nih.gov/31965525/.

부력을 설명하는 책을 읽은 뒤 이제 수영을 할 수 있겠다고 생각한 적 있는가? 장담하건대 그런 일은 일어나지 않는다. 수영과 마찬가지로 책만 읽는다고 결정적 순간의 대화 기술을 정복할 수 있는 게 아니다. 반복해서 연습해야 한다. 우리는 그 과정을 훨씬 쉽게 만들었다.

다음은 상을 받은 결정적 순간의 대화 교육과정에서 사용하는 자료다. 현재 독자 여러분에게 이 자료를 웹사이트에서 무료로 제공하고 있다. 이제 당신은 준비를 마쳤다!

CrucialConversations.com

결정적 순간의 대화 사례 영상

결정적 순간의 대화에 어떻게 접근할지 모르겠는가? 당신만 그런 게 아니다. 다양한 예를 살펴보고 이 책에서 가르친 기술을 사용한 실제 사례연구를 보기 바란다.

스트레스를 받을 때 당신의 스타일 알기

대화가 힘들어지면 당신은 어떻게 하는가? 당신의 유형을 알아보기 위해 '스트레스 상황에서의 스타일 테스트'를 해보라. 당신이 결정적 순간의 대화에 보통 어떻게 반응하는지 아는 데 도움을 준다.

결정적 순간의 대화 모델로 자신에게 신호 주기

책을 다 읽은 당신이 직면할 커다란 과제 중 하나는 배운 내용을 기억하는 일이다. 당신이 배운 새로운 기술을 상기하게 해줄 시각적 신호를 다운로드하라.

결정적 기술 커뮤니티에 참여하기

12장이 도움이 되었는가? 우리의 주간 뉴스레터를 구독하고 당신이 겪고 있는 힘든 "맞습니다, 하지만" 질문을 해보라. 우리 공동 저자와 전문가들이 매주 독자 여러분의 질문에 답을 해준다.

공동 저자의 토론 질문

이 토론 질문을 이용해 독서 모임을 이끌어보라.

바이탈스마트VitalSmarts에서 이름을 바꾼 크루셜 러닝Crucial Learning은 사람들이 자신을 향상시키도록 도움으로써 세상을 더 나은 곳으로 만든다. 우리는 사회학 연구와 혁신적인 교육 설계를 결합하여 삶에서 가장 다루기 힘든 개인적·조직적 문제를 비롯해 대인관계 문제 해결을 위한 입증된 기술을 가르치는 유연한 학습 경험을 개발한다. 또한 성과에 상대적으로 큰 영향을 미치는 행동에 초점을 맞추고 결정적 기술을 이용하는 소통, 성과, 리더십 교육과정을 제공한다.

여러 상을 받은 우리의 교육과정과 베스트셀러 저서로는《결정적 순간의 대화》《결정적 순간의 책무Crucial Accountability》《인플루엔서》《습관의 힘》《쏟아지는 일 완벽하게 해내는 법》등이 있다. 이러한 교육과정과 책은 수백만 명이 더 나은 관계와 성과를 얻도록 도왔고, 〈포브스〉 선정 글로벌 2,000대 기업의 거의 절반이 조직의 건강과 성과를 높이기 위해 이 결정적 기술의 도움을 받아왔다.

《어떻게 바꿀 것인가?》

"자포스Zappos의 핵심 가치 중 하나는 '변화를 받아들이고 주도하라'다. 이 책은 새롭고 강력한 방식으로 한 사람의 삶과 경력을 어떻게 더 나은 방향으로 변화시키는지 보여준다."_토니 셰이(자포스 전 CEO)

《인플루엔서》

"인간 행동에 영향을 미치는 것은 리더들이 직면하는 가장 힘든 과제 중 하나다. 이 책은 오래 지속되는 행동 변화를 일으키는 데 강한 통찰력을 제공한다."_시드니 토렐(일라이 릴리 앤 컴퍼니 명예회장)

《습관의 힘》

"예리하고 도발적이며 유용한 책."_짐 콜린스(《좋은 기업을 넘어 위대한 기업으로》 저자)

《쏟아지는 일 완벽하게 해내는 법GTD》

"나는 독실하고 열렬한 GTD 신자다. GTD의 접근방식은 전체가 내 생산성뿐 아니라 더 광범위한 행복까지 끌어올린다. GTD는 전 세계를 장악했다. 이것은 진정한 하나의 운동이다."_다니엘 핑크(《드라이브》 저자)

《결정적 순간의 책무Crucial Accountability》

"최근 10년 동안 단 하나의 경영학 서적만 읽어야 한다면 나는 그 책이 《결정적 순간의 책무》여야 한다고 주장하련다."_톰 피터스(《초우량 기업의 조건》 저자)

크루셜 러닝이 제공하는 탁월한 트레이닝 과정

 Crucial Conversations.
FOR MASTERING DIALOGUE

결정적 순간의 대화

이해관계 및 감정이 얽혀 있는
민감한 상황에서 나의 의견을
효과적으로 전달하는 방법

 Crucial Conversations.
FOR ACCOUNTABILITY

결정적 순간의 책무

조직 내에서 책임감을 증진하고
성과를 향상하며
반드시 실행하게 하는 방법

 Getting Things Done.

GTD

일의 우선순위, 체력, 워크플로우를
관리하여 스트레스를 낮추고
지속적인 생산성을 유지하는 방법

 The Power of Habit™

습관의 힘

작은 변화를 통해
전문가로 성장할 수 있는
습관을 만드는 방법

 Influencer

인플루엔서

나와 조직의 변화를 이끌어내는
리더십의 강력한 방법

크루셜 러닝의 트레이닝 프로그램에 대한 더욱 자세한 정보는 국내 파트너 (주)인사이드아웃
(02-6241-1429)으로 전화하거나 www.InsideOut.kr에 접속하여 확인하실 수 있습니다.

Inside.Out ○○ Crucial Learning.